아쉬탕가 요가의 힘

아쉬탕가 요가의 힘

키노의 프라이머리 시리즈
완벽 가이드

유연성과 힘, 내면의 평화를 가져오는
아쉬탕가 요가의 상세한 수련 안내서

키노 맥그레거 지음
홍승준, 김윤 옮김

침묵의 향기

진지한 마음으로 요가를 배우는 모든 수련생에게 이 책을 드립니다.

나의 스승이신 스리 K. 파타비 조이스와 R. 샤랏 조이스,

늘 나를 응원해 주시는 부모님,

언제나 나의 영웅으로 있어 줄 남편에게 이 책을 바칩니다.

멋진 사진들을 찍어 준 존 밀러,

편집을 위해 애써 준 잭 포렘과 그레그 나디,

나의 대리인 밥 실버스타인에게 특별히 감사드립니다.

여러분의 노고와 신뢰가 없었다면 이 책은

세상에 나오지 못했을 것입니다.

차례

감사의 말

아쉬탕가 요가를 수련한 지 채 일 년도 되지 않았을 때 스리 K. 파타비 조이스와 그분의 손자 R. 샤랏 조이스를 만났는데, 이 만남은 나에게 진정한 은총이자 행운이었다. 새로운 수련생이 찾아올 때마다 늘 즐거워하셨던 파타비 조이스는 요가의 정수를 체험한 분의 참다운 기쁨으로 환히 웃으며 반겨 주었다. 내가 지난 12년 동안 통증과 부상, 치유를 겪으면서도 매주 6회 아쉬탕가 요가 수련을 계속 이어 올 수 있었던 것은 주변 사람들까지 함께 웃게 만드는 그분의 웃음, 그분의 너그러움과 인자함, 비길 데 없는 끈기와 깊은 지혜가 심어 준 신뢰 덕분이었다. 세계 각지를 돌면서 아쉬탕가 요가를 가르치던 파타비 조이스께 배울 때마다 그분의 가슴에서 발산되는 특유의 평화로운 행복감이 느껴졌다. 나는 그분 밑에서 십 년 넘게 수련을 했는데, 그분은 볼 때마다 늘 수련생들에 대한 열정과 사랑, 활력으로 가득 차 있었다. 그분과 똑같은 스승이나 사람은 앞으로도 결코 없을 것이다. 그러니 우리는 그분을 대신할 사람을 찾으려 할 필요가 없다. 나는 그저 운 좋게 그분께 배웠던 요가의 전통을 계속 수련하고 가르치기를 소망할 뿐이다.

나에게 아쉬탕가 요가를 처음 가르쳐 주신 라이언 스필만 선생님과 고빈다 카이 선생님께 감사드린다. 부모님은 내 삶에서 발휘되는 요가의 치유력을 알아보셨고, 세상 사람들과 요가를 나누겠다는 나의 꿈을 믿어 주고 응원해 주셨다. 남편은 언제나 가르침과 발전, 사랑의 원천이 되어 주었다. 아쉬탕가 요가의 길을 걷는 동안, 수많은 분들이 수호천사처럼 나를 인도해 주었다. 나에게 가르침을 준 모든 분들에게 늘 감사드린다. 내가 아직 젖먹이였던 1970년대에 마이소르를 찾아간 1세대 선생님들이 없었다면, 나는 지금 이렇게 여러분과 아쉬탕가 요가의 유산을 나눌 수 없었을 것이다. 이 요가에 삶을 헌신했던 팀 밀러, 낸시 길고프, 데이비드 스웬슨 같은 선생님들 덕분에 나 역시 젊은 시절에 아쉬탕가 요가를 접할 수 있었다.

영적 구도자의 여정은 끝이 없으며, 최고의 스승들은 언제나 열린 마음으로 새로운 수련생을 받아들인다. 그러나 아무리 많은 지원과 도움을 받는다 해도 영적 여정이란 홀로 걸어가야 하는 외로운 탐구의 길일 수밖에 없고, 어떤 방향으로 걸음을 내딛든 우리가 내딛는 한 걸음 한 걸음에 대한 직접적인 책임은 우리 자신에게 있다. 우리가 길을 가면서 발견하는 것은 자기 자신의 힘이며, 그것은 오직 우리 자신만이 발견할 수 있는 것이다.

만일 여러분이 지금 이 책을 읽는 대신에 플로리다 사우스 비치에 있는 우리 요가 센터의 수련실에 나와 함께 앉아 있다면, 내가 처음 하는 말은 아마 이러할 것이다. "환영합니다! 오늘 이렇게 와 줘서 고마워요." 왜냐하면 당신을 만난 것이 기쁘기 때문이고, 요가는 나의 삶이자 열정이므로 요가를 함께 나눌 기회를 갖는 것이 늘 감사하기 때문이다.

그리고 아마 또 이렇게 말할 것이다. "요가 하시는 것을 축하드립니다." 당신이 요가의 세계에 첫 걸음을 내딛기 위해 찾아왔든, 아니면 지금까지 해 온 수련을 더 심화하고 풍부하게 하는 두 번째 걸음을 내딛기 위해 찾아왔든 마찬가지다.

나와 수련생들의 경험에 따르면, 매일 꾸준히 요가를 수련하면 오래가는 참된 평화를 누리게 된다. 요가의 길은 자기의 의식이라는 횃불로 밝히는 길이며, 먼 옛날 인도의 현자들로부터 면면히 전승된 스승들의 계보에 의해 보호된 길이고, 오늘날 요가를 수련하는 무수히 많은 사람들에 의해 꽃을 피우는 길이다. 당신의 몸과 마음, 영혼이 요가의 성스러운 움직임 속에서 편안히 휴식하게 될 때, 당신은 온전히 평화로운 삶을 살고자 하는 전지구적 공동체에 참여하게 된다. 요가의 진정한 마법은 어떤 특정한 동작들에 있는 것이 아니라, 당신을 포함하여 요가를 수련하는 사람들의 삶을 변화시킬 수 있는 보편적인 능력 속에 있다. 그래서 나는 오늘 당신을 환영하며, 참된 변화를 가져오는 이 지혜를 당신이 발견하고 껴안는 행운(또는 아마도, 좋은 카르마)을 얻은 것을 축하하는 것이다.

나의 요가 여정

많은 미국인이 그렇듯이 나도 요가를 처음 접한 곳은 체육관이었다. 당시 열아홉 살이던 나는 영적인 것들보다는 운동에 더 관심이 많았는데, 에어로빅 체조를 하는 몇몇 동료들이 체육관에서 요가 수업을 받고 있다는 것을 알게 되었다. 그들은 나보다 팔 근육이 잘 단련되어 있었고 머리서기 동작들을 잘 해내고 있었다. 이 점이 나의 호기심을 자극했다. 그래서 요가 수업이 진행되는 모습을 지켜보았는데, 몸을 뻗고 호흡하고 굽히는 동작들이 잘 이해되지는 않았다. 하지만 왠지 익숙하게 느껴지는 이런 동작들에 내 안의 무언가가 이끌렸다. 그래서 한번 시도해 보기로 마음먹었다.

그 당시에는 요가에 여러 가지 종류가 있다는 사실을 모르고 있었는데, 돌아보면 그때 내가 처음 배운 요가는 시바난다 전통의 요가였다. 부드럽게 뻗고, 이완하고, 깊이 호흡하는 데에 중점을 둔 수업은 차분하고 평온했지만, 아직 어리고 활동적이어서 가만히 있기 힘들었던 나에게는 그 요가 수업이 무척 지루하게 느껴졌다. 사실 너무나 지루하게 느껴져서 그 수업에 다시는 나가지 않았다. 하지만 요가에 관한 무언가가 나와 공명을 했던 것 같다. 왜냐하면 한 달쯤 지나서 양쪽 아킬레스건을 다쳤을 때 치유에 도움이 될 것 같아 다시 요가를 찾았기 때문이다. 당시에는 이 결정으로 인해 곧 내면의 자기와 다시 연결되고 평생의 여정을 시작하게 될 줄은 꿈에도 모르고 있었다.

그때 나는 부상이 심해서 발목보조기를 하지 않고는 걷는 것조차 힘들었다. 나를 진찰한 스포츠 전문 의사들은 수술을 권유했다. 그렇지만 나는 수술을 하는 대신에 시바난다 전통의 요가 책들과 다른 하타 요가 책들을 구입했고, 체육관 등록을 취소했으며, 그렇게 십 년이 넘는 긴 치유와 회복의 길이 시작되었다. 그리고 이 길은 몸의 건강뿐 아니라 그 훨씬 이상의 것들을 발견하게 해 준 길이 되었다. 요가 수련은 나에게 깊은 수준의 정서적, 영적 치유를 선사했고, 그래서 나는 이 놀라운 변화의 힘을 가진 전통을 사람들과 나누는 데 삶을 헌신하게 되었다.

이 책에 실린 일련의 자세들은 내가 스승인 파타비 조이스와 샤랏 조이스께 직접 배운 아쉬탕가 요가(Ashtanga Yoga) 중 쉽게 따라 할 수 있는 부분을 소개한 것이다. 이 책을 계기로 우선 집에서 스스로 요가를 수련해 본 다음, 자격을 갖춘 지도자의 안내를 받아 수련을 계속해 가기 바란다. 나의 삶을 완전히 변화시킨 요가로 당신을 안내하게 된 것은 나에게 영광이며, 결국은 참된 자기 자신을 만나는 여행인 요가의 여정에 당신도 동참하기를 바란다.

참된 자기를 바르게 자각하여 지혜를 얻으면 자기 자신을 깊고 분명하고 직접적으로 알게 될 것이다. 매일 규칙적으로 수련을 하면, 자신의 몸이 변화되는 것을 보게 되고, 더 큰 활력을 느끼게 되며, 실제로 더 행복해지고 더 자비로워질 것이다.

이런 동작들을 자주 수련한다고 해서 요가 여정의 종착지에 도달하게 되는 것은 아니다. 만일 내가 여러 가지 수준의 아쉬탕가 요가 동작들을 시연하는 동영상들이 담긴 DVD나 이 책에 실린 사진들을 초보자가 보았다면, 자신은 결코 그런 동작들을 해낼 수 없을 것이라고 느낄지 모른다. 나 역시 처음 요가를 시작했을 때는 그러했다. 하지만 모든 요가 지도자들과 숙련자들도 처음에는 초보자였음을 떠올리며 용기를 내어 최선을 다해 보기 바란다. 우리 지도자들도 하나같이 의심이 들 때가 있었고, 그만두고 싶은 순간들이 있었으며, 아플 때도 있었고 피로할 때도 있었다. 그렇지만 우리는 그만두지 않았으며, 이것이 바로 큰 교훈이자 성취다. 요가의 영원한 지혜가 중점을 두는 것은 아사나(asana, 자세)들을 완벽하게 하는 것 자체가 아니라, 오랜 기간 헌신적인 수련을 통하여 얻어지는 평정의 상태이다. 내면의 평정과 균형에 도달하도록 촉진하는 것은 자기의 영감과 헌신, 가슴과 영혼이다.

아쉬탕가 요가의 심장부

요가를 더 깊이 탐구하고 싶어진 것은 내 삶을 바꾼 계기가 된 그 부상 때문만은 아니었다. 나는 과거의 아픔과 고통에서 벗어나는 길을 찾고 싶었다. 세상에서 길을 잃고 홀로 헤매는 것 같았지만, 내 삶이 나아가야 할 방향을 찾도록 도와줄 사람이나 방법을 알지 못했다. 내 몸은 간절히 건강과 치유를 원하고 있었고, 내 가슴은 더욱 평화로운 삶을 갈망했다. 그리고 그때 내가 의지할 수 있다고 느낀 것은 오로지 요가밖에 없었다.

체육관에서 하는 요가 강좌에 참여하거나 집에서 혼자 책을 보며 동작을 따라 하는 것보다는 전문 요가원에서 배울 때 요가를 훨씬 깊이 있게 배울 수 있을 것 같았다. 그래서 아쉬탕가 요가 수업을 처음 받기 위해 마이애미 비치 요가원의 마당을 가로질러 가는데, 마치 다른 세계로 들어온 것 같았다. 작은 분수가 보글보글 솟아오르고 있었고, 열린 문을 통해 감미로운 향기가 퍼져 나오고 있었다. 그곳에서 참관 수업비로 15달러를, 요가 매트를 빌리는 데 1달러를 냈고, 체육관에서 하던 경쟁적인 운동에서 벗어나 처음으로 수련실에서 올바른 지도를 받게 되었다.

접수처에 있던 친절한 사람이 나를 요가 수련실로 안내해 주었다. 수련실의 제단 위에는 꽃들이 꽂혀 있는 꽃병과 이국적이고 낯선 동상들이 놓여 있었고 인도인들의 사진이 걸려 있었는데, 그 생소한 광경을 보면서 내가 도대체 무슨 일을 벌인 것일까 하는 의문이 들었다. 나는 완전히 새로운 세계에 발을 들여놓았기에 조금 불안해하면서도 동시에 흥분하고 있었다. 그때 선생님이 들어왔는데, 그의 까만 곱슬머리와 이전에 아쉬탕가 요가를 경험해 보았느냐고 묻는 부드러운 음성이 내 마음을 편안하게 진정시켜 주었다. 내가 처음이라고 대답하자, 그는 "그럼, 할 수 있는 만큼만 해 보세요."라고 말하며 미소를 지었는데, 왠지 약간 조롱하는 듯해서 이 수업에 참여한 것이 과연 옳은 선택이었을까 하는 의구심이 들었다.

내 마음속에서는 갈등이 일어났고, 당장 매트를 접어 집에 가 버리자던 냉소적인 마음이 막 승리하려던 찰나, 선생님이 옴(OM) 만트라로 수업을 시작했다. 아쉬탕가 요가 수련이 시작되었고, 수업은 거의 두 시간 가까이 멈추지 않고 계속되었다. 발목은 부상당한 상태였지만 나 자신이 비교적 운동에 소질이 있다고 생각했기에 별 문제가 없을 줄 알았는데, 수업을 받으면서 비로소 알게 되었다. 내가 얼마나 약하고 뻣뻣하고 둔한지를!

첫 순서로 난생처음 '태양 경배'를 하게 되었는데, 팔굽혀펴기 비슷한 동작을 하는 동안, 나는 줄곧 바닥에 배를 대고 마치 물 밖에 나온 물고기처럼 버둥거려야 했다. 몸을 바닥 위로 들어 올릴 수도 없었고, 마음을 안정시킬 수도, 편안하게 호흡할 수도, 선 채로 몸을 굽혀 발가락에 손을 댈 수도 없었거니와, 선생님이 앞에서 힘들이지 않고 하는 듯한 그 어떤 동작도 제대로 따라 할 수가 없었다. 수업이 절반 정도 진행되었을 무렵, 나는 어떤 학생이 앉아 있는 자세에서 그대로 엉덩이를 들어 올린 뒤, 절반 물구나무서기 자세로 들어가는 모습을 보았다. 마치 곡예를 보고 있는 것 같았다. 나도 따라 해 보려 했지만 내 몸은 마치 바닥에 붙어 버린 듯 꼼짝도 하지 않았다. 단 1인치도 들어 올릴 수가 없었다.

머리서기를 할 때쯤에는 더는 계속 진행할 수가 없는 상태였다. 팔은 부들부들 떨리고 있었고, 기력이라고는 조금도 남아 있지 않았다. 다행히 때마침 선생님이 다가와서는 휴식을 취하라고 말해 주었는데, 그때만큼 누구에게 고마워해 본 적이 없었다! 마침내 수업이 끝났을 때는 땀으로 범벅이 되어 바닥에 누워 있었다. 그렇지만 내 삶에서 진정으로 행복하고 자유로운 기분을 느낀 것은 그때가 처음이었다. 나의 마음은 맑아졌고, 호흡은 깊어졌으며, 입술에는 부드러운 미소가 감돌았고, 어떤 고동치는 느낌이 척추 맨 아랫부분에서 시작하여 머리 꼭대기까지 쭉 올라갔다. 나의 영혼이 오랫동안 품었던 의문들에 대한 답을 얻은 듯했다. 내 가슴은 마치 고향에 온 듯 몸 안에서 편안함을 느꼈다. 나는 수련실에서 나와 생애 첫 요가 매트를 샀고 10회 수업을 등록했다. 그리고 그곳에서 매주 화요일과 목요일에 요가를 수련하다가, 뉴욕대학교에서 공부하기 위해 뉴욕시로 이사했다.

이사한 뒤에는 전통적인 마이소르(Mysore) 방식의 아쉬탕가 요가를 수련하는 그룹에 참여하게 되었다. 전통 방식에서 권장하는 대로 일주일 중 6일을 수련했는데, 첫째 주에는 근육통이 심해서 물 컵을 들 때조차 팔이 덜덜 떨릴 정도였다. 눈썹 화장을 할 때에는 화장대 모서리에 팔꿈치를 괴어야 했다. 그래도 그것은 아주 좋은 경험이었다. 내가 이 몸의 타고난 잠재력을 난생처음 진정으로 느끼고 있었기 때문이다. 그것은 마치 요가의 새로운 단계로 나아가는 것 같았으며, 나는 그 모든 순간을 즐겼다.

뉴욕에서 나는 이 요가의 전통을 가르치고 전한 분이, 인도 남부의 작은 도시 마이소르에 살고 있던 스승 스리 K. 파타비 조이스라는 것을 알게 되었다. 매일 밤 잠자리에 들기 전 그분의 책 《요가 말라(Yoga Mala)》를 읽었고, 그분의 지혜와 지식이 내 정신에 깊이 스며들기를 바랐기에 글자 하나하나를 천천히 읽으면서 소화하려고 했다. 책을 다 읽은 날 밤, 나는 아직 만나지도 않은 파타비 조이스에 대한 꿈을 꾸었다. 잠에서 깼을 때 내 입에서는 "인도에 가야겠어."라는 말이 흘러나왔다. 2주 후에는 비행기 표를 샀다. 여름방학 두 달 동안 뉴욕에서 인턴 과정을 마치는 대신, 나는 앞으로 있을 많은 인도 여행 중 첫 번째 여행길에 올랐다.

우리 문화와는 몹시도 다른 낯선 땅 마이소르에 도착했을 때, 나는 앞으로 어떤 경험을 하게 될지 감이 잡히지 않았다. 2001년 당시 대학생이었던 나는 구루(guru; 스승)라는 개념에 의구심을 품고 있는 상태였다. 거의 30시간이나 걸려 두 개의 대륙을 건너고 3개의 공항을 거쳐서 마침내 마이소르에 도착했다. 나를 태운 택시는 소들이 마음대로 돌아다니고 제대로 포장되지도 않은 먼지투성이 도로를 달려, 마침내 락슈미푸람의 오래된 동네에 있는 '아쉬탕가 요가 닐라얌(Ashtanga Yoga Nilayam)'에 내려 주었다.

계단을 올라 뒷문으로 들어가 보니, 스리 K. 파타비 조이스는 땀범벅이 된 열두 명의 수련생을 지도하고 있었고, 더 많은 수련생들이 자기 차례를 기다리고 있었다. 그분은 돌아서서 나를 바라보고는 수련을 하러 왔느냐고 물었다. 그 순간 의심은 말끔히 사라지고 마음이 열렸다. 나는 무릎을 꿇고 대답했다. "예, 수련을 하러 왔어요. 고맙습니다, 스승님." 나는 나의 스승을 찾았음을 알아차렸다. 단순히 그분을 꿈에서 보았기 때문이 아니라, 그분의 존재 자체가 나의 마음을 열어 주었고 고통을 누그러뜨려 주었으며 평화를 가져다주었기 때문이다. 그날 이후로 나는 그분을 '구루지(Guruji)'라고 불렀는데, 이는 제자가 영적 스승으로 받아들인 선생님을 공경하여 부르는 호칭이다. 이 책에서는 그분을 분명히 가리키기 위해 파타비 조이스라고 지칭하겠지만, 내 마음속에서 그분은 언제나 구루지이다.

수련생들이 저마다 지속적인 평화를 발견하기 위해서는 때로는 고되더라도 아쉬탕가 요가의 길을 꾸준히 걸어야 한다는 그분의 가르침이 내 안에서 반향을 불러일으켰다. 그분은 결코 스스로를 마법 같은 치유자로 포장하지 않았다. 대신에, 자신은 그분의 스승이었던 스리 T. 크리슈나마차리야가 전수해 준 요가를 가르치는 평범한 사람일 뿐이라고 늘 말했으며, 요가는 모든 사람을 위한 것이라고 언제나 강조했다.

내가 요가를 가르치는 사람이 될 줄은 꿈에도 몰랐다. 어렸을 적에는 대법원 판사나 정치인, 또는 사회변혁 단체에서 일하는 것을 꿈꾸었었다. 그런데 놀랍게도, 첫 번째 인도 여행을 다녀온 뒤로 사람들이 내게 요가를 가르쳐 달라고 부탁하기 시작했다. 내겐 그럴 자격이 없다고 느껴서 더 자격 있는 지도 강사들을 소개해 주었지만, 그들은 한사코 나에게 배우기를 원했다. 그래서 요가를 가르치기 시작했다. 2002년에 두 번째로 인도에 수련하러 갔을 때는 아일랜드에 요가원을 가지고 있던 동료 수련생이 나에게 워크샵을 이끌어 달라며 초대를 했다. 영광스럽기도 하고 놀랍기도 한 제안이었는데, 결국 겸허히 받아들였다. 이제 나는 남편과 함께 사우스 비치에 있는 요가원을 운영하고 있고, 전 세계를 돌아다니며 내 인생을 바꿔 준 이 요가의 전통을 나누고 있다. 우리가 세운 이 요가원에 매일 들어설 때면 나그 참파 향기가 코에 스며들고, 매주 수련하는 수백 명의 수련생들이 자아내는 분위기가 반갑게 맞이한다.

지금(2013년)까지 나는 12년 가까이 아쉬탕가 요가를 가르쳤다. 플로리다의 우리 요가원에서 수련생들을 지도하는 것 외에도 해마다 20개 나라 35개 도시에서 요가를 지도한다. 그러니 내가 북미와 남미, 아시아, 유럽 등 수많은 장소에서, 초보자부터 숙련자에 이르기까지 남녀노소 가리지 않고 수천 명의 수련생을 가르치고 있다고 말해도 과언이 아닐 것이다. 물론 개인적으로도 수없이 많은 시간을 들여 계속 수련해 왔으며, 처음 배운 수업에서 시작하여 늘 더 높은 숙련의 경지를 향해 느리지만 확고하게 계속 앞으로 나아가고 있다. 여러분이 이 여정을 시작하면 아마도 때로는 난관들과 의구심, 좌절감과 마주치게 될 것이다. 나 자신의 경험과 우리 수련생들의 경험을 통해 그 점을 잘 알고 있다. 하지만 또한 여러분이 이 여정을 멈추지 않고 계속 나아갈수록 마음은 더욱 맑아지고, 정서는 더욱 균형 잡히며, 더 큰 활력과 행복을 느끼게 될 것이라는 점도 잘 알고 있다.

요가를 수련한다는 것은 어떤 역경에도 굴하지 않고 자기 자신을 믿겠다고 결심하는 것이다. 그것은 고통에서 해방되기 위해 스스로 힘을 얻는 길을 걷겠다고 선택하는 것이다. 마음을 훈련시켜 확고부동하게 만들면, 고통의 굴레를 풀고 참된 자유로 인도하는 길을 따르게 된다. 진지한 수련생들과 함께 아쉬탕가 요가를 나눌 때마다, 세상을 좀 더 평화로운 곳으로 만들고 싶다는 어린 시절의 꿈이 실현되어 간다. 여러분도 수련의 혜택을 누리고, 그로 인해 여러분의 삶까지 변화되기를 소망한다.

요가 수련의 실천 지침

아쉬탕가 요가는 역동적이고 땀을 많이 발산하는 방식의 요가로서 몸 안의 독소를 밖으로 배출하여 몸을 정화(淨化)한다. 이 요가 수련의 바탕을 이루는 세 가지 주요 요소는 요가 자세(아사나), 요가 호흡법, 그리고 각각의 동작에 부여된 응시점이다. 요가 자세들은 순서에 따라 연속적으로 배치되어 있는데, 각각의 자세는 이전의 자세를 기반으로 행해지며, 점점 어려워진다. 원칙적으로는 한 번에 하나의 자세씩 지도자에게 직접 배워야 한다. 만일 여건이 되지 않아 홀로 수련하게 된다면, 충분한 시간을 가지고서 천천히 전체 시퀀스(sequence; 동작 순서)를 익히는 것이 중요하다. 흥미가 느껴지는 자세들로 건너뛰거나, 시작부터 모든 동작을 한꺼번에 하려 하는 것은 좋지 않다.

가장 좋은 결과물을 얻기 위해서는 시리즈의 동작들을 순서대로 처음부터 끝까지 차근차근 치유하는 마음가짐으로 수련하고, 각각의 새로운 동작에 익숙해지도록 충분한 여유를 가지며, 신체 자세를 완벽하게 하는 것보다는 깊이 호흡하는 데에 더 중점을 두고 주의를 기울이는 것이 좋다. 만일 순서를 지키지 않고 자기의 현재 수준을 넘어서는 동작들로 건너뛰고 싶은 유혹을 떨쳐 버리지 못하겠거든, 그런 동작의 사진들은 아예 보지도 말고 따라 하지도 말기를 강력히 권하고 싶다. 그리고 2부에 있는 수련에 관한 장들로 넘어가기 전에 1부에 있는 이론 전체를 읽어 보면 좋을 것이다. 땀 발산을 통한 독소 배출 효과는 태양경배만 하든 전체 시리즈를 다 하든 상관없이 효과를 볼 수 있다.

아쉬탕가 요가는 단순히 정해진 순서대로 따라 하는 운동만이 아니다. 이 요가는 몸을 알아차리는 기법으로서 더 깊은 평화와 더 많은 활력, 더 좋은 건강과 더 큰 행복을 경험하도록 돕는다. 요가의 길을 걸으면서 어느 단계에 있든지 항상 기억해야 하는 점은, 몸의 소리에 귀를 기울이고, 신체적이든 정신적이든 감정적이든 자신의 한계를 존중하라는 것이다. 내면의 여행은 서두른다고 좋은 것이 아니며, 요가에서

- 날마다 치유 의식을 행한다는 마음가짐으로 이 수련을 대할 때 가장 좋은 결과를 얻게 될 것이다. 가능하면 집 안의 한 공간을 온전히 요가 수련을 위한 공간으로 한정하여 사용한다.
- 작은 초를 켜 놓거나 향을 피우면 수련 공간에 경건한 분위기가 더해질 것이다. 언제 어디서든 요가 수련을 할 때는 이렇게 하는 것이 좋다.
- 수련을 할 때마다 요가와 내면의 여행에 헌신하는 마음으로 수련을 시작한다.
- 이런 아사나들을 집에서 얼마간 수련한 뒤에는 자기만의 역량과 필요에 알맞게 지도해 줄 수 있는 분을 찾는 것이 좋다. 지도 강사를 찾을 때는 인가받은 선생님들에게 자문을 구하고, 수련에 적합한 요가원인지를 알아보며, 다른 수련생들의 추천을 참고한다.

배워야 할 가장 중요한 수업 중 하나는 인내와 수용이다. 언제든지 극심한 불편함이 느껴지면, 휴식을 취하며 조금 뒤로 물러나라. 여러분이 반드시 배울 필요가 있는 것을 배울 시간은 충분히 있다는 것을 기억하면서……

요가를 수련하는 동안 관절에 통증을 느낄 만큼 무리하지는 말아야 한다. 하지만 동시에, 자기의 의식을 넓히고 몸의 변화를 일으킬 수 있는 지점까지는 도전해 보기 바란다. 난생처음 요가를 시작하는 독자라면 이 책에 있는 동작들을 처음 따라 하고 나서 약간의 근육통을 경험할 수 있는데, 그것은 정상적인 현상이다. 그러니 안전하고 검증된 방법으로 몸을 변화시키는 느낌을 편히 즐기기 바란다.

이 책의 개요

이 책은 '1부 이론'과 '2부 수련'으로 나뉘어 있다. 이론에 관해 다룬 네 개의 장에서는 아쉬탕가 요가의 역사와 철학적 배경을 소개한다.

1장에서는 아쉬탕가 요가의 역사와 전통을 설명한다. 나의 스승인 스리 K. 파타비 조이스에 관한 이야기도 포함되어 있다. 내가 아쉬탕가 요가를 수련하면서 알게 된 것들과 나 자신에 관한 이야기도 일부 실려 있다.

2장에서는 아쉬탕가 요가 수련의 바탕을 이루는 세 가지 요소인 호흡, 자세, 응시에 대하여 자세히 다룬다. 나의 스승은 자주 말씀하시기를, 아쉬탕가 요가는 수련생들에게 바르게 호흡하는 법을 가르치기 위한 것이며, 나머지(자세들)는 사실 그저 구부리는 것이라고 하셨다. 그리고 호흡이 없이는 요가도 없다고 하셨다. 산스크리트 어로 드리쉬티(drishti)라고 하는 주요 응시점은 한곳에 주의를 집중하도록 마음을 훈련하기 위한 것이다. 호흡, 자세, 응시라는 세 가지 요소가 삼지창처럼 하나로 엮이는 아쉬탕가 요가의 접근법을 트리스타나(Tristana) 방법이라고 부른다. 트리스타나는 매일의 수련을 바르게 이끌어 주는 방법이다.

3장에서는 수련자 개인뿐 아니라 지구 전체가 건강할 수 있도록 돕는 요가적인 식습관을 소개했다. 비폭력이라는 원칙 위에 세워진 요가 철학은 헌신적인 수련생들에게 모두를 평화롭게 하는 식습관을 갖도록 권장하며 채식을 고려해 보도록 요청한다. 음식을 포함하여 우리가 소비하는 모든 생산물에 대하여 책임감을 갖는 것은 우리의 내면과 외부가 평화로워지도록 돕는 생활 방식의 일부이다.

4장은 내가 가장 중요하게 생각하는 메시지, 즉 "요가는 참되고 변함없는 내면의 평화, 즉 깨달음을 향해 나아가는 영적인 길이다."를 위한 토대가 된다.

이 책의 2부에서는 아쉬탕가 요가의 실제 수련에 관하여 다룬다. 독자들이 쉽게 알아보고 따라 할 수 있도록 복합적인 순서를 자세별로 나누어 설명했고, 집에서 아사나를 수련하는 데 필요한 도움말과 사진을 덧붙였다. 태양경배, 서서 하는 자세, 앉아서 하는 자세, 후굴, 마치는 자세 등 아쉬탕가 요가 프라이머리(primary) 시리즈의 다섯 가지 자세 그룹을 각각 하나의 장씩 할애하여 설명하였다.

요가를 처음 시작하는 초보자라면 한 번에 하나의 장씩만 시도해 보고, 초보자를 위한 지침을 따르기 바란다. 하나의 장에 있는 아사나들에 충분히 익숙해졌다면 다음 장으로 넘어가도 된다. 이런 식으로 계속해 나가면 마침내 전체 시퀀스를 할 수 있게 될 것이다. 처음 시작할 때는 하루에 20분 정도 수련하고, 차츰 동작들을 더해 가면서 수련 시간도 늘려 가면 된다. 프라이머리 시리즈 전체를 약 1시간 반 안에 마칠 수 있게 되기까지는 몇 년이 걸릴 수도 있다. 이미 아쉬탕가 요가 프라이머리 시리즈를 수련하고 있는 독자라면, 이 장들을 통해 자세 정렬법이나 기술적인 부분, 자세들의 내력 등에 관해 자세한 설명을 들을 수 있을 것이다.

이 책은 아쉬탕가 요가 수련이 어떻게 신체적인 부분과 영적인 부분을 연결하여 지속적인 변화를 가져올 수 있는지를 보여 줄 것이다. 요가 매트를 펼치고 요가의 여정에 헌신하기로 결심할 때, 여러분은 신체적인 것을 영적인 힘으로 변화시킬 수 있는 마음의 힘에 다가가게 된다.

이 길에서 노력 없이 결과를 얻을 수 있는 사람은 아무도 없다. 일정 기간 꾸준히 믿음을 가지고 노력하기 위해서는 신체적인 것 너머에 있는 자기 내면의 어떤 공간과 연결되어야 한다. 더 높은 의식에 도달하여 이 세상에 치유의 힘으로 자기 자신을 헌신할 수 있을 때 비로소 요가의 은총이 주어진다. 이 여정에 숙달되기 위해서는 시간과 헌신이 필요하다. 요가는 일시적인 즉효약이 아니지만, 이 길 위에서 경험하는 모든 이로움들은 참된 것이며 오래갈 것이다.

1부

이론
Theory

1

아쉬탕가 요가의
역사와 전통

요가 수련은 인류 공동체 전체에 유익하며 지금과 미래에 모두
행복을 가져다준다. 그러므로 꾸준히 요가를 수련하면, 우리는
육체적, 정신적, 영적 행복을 얻게 되며, 우리의 마음은 참된 자
기를 향해 흐를 것이다.

– 스리 K. 파타비 조이스

이 오래된 길에서 가장 중요한 것은 요가를 통해 영적인 이로움을 얻는 것이지만,
대다수 수련생들이 처음 흥미를 느끼는 것은 신체적인 측면이다. 물론 요가를 수련
하면 몸은 더 튼튼해지고 스트레스는 줄어들며, 마음은 더 행복해지고 평화로워진
다. 사람들은 요가를 또 하나의 운동 방법으로 보기 쉽지만, 요가의 진정한 치유 효
과는 몸과 마음을 통합적으로 보고 다루는 요가의 접근법에서 나온다.

현대의 연구는 마음과 몸이 긴밀하게 연결되어 있다는 것을 발견했는데, 인도의
요가 전통은 수천 년 전부터 이 사실을 알고 있었다. 사실, 마음과 몸은 따로 나눌 수
없는 하나의 연속체다. 몸은 마음과 영혼의 신체적 표현이라고 볼 수 있다. 그래서
우리가 습관적으로 생각하고 행동할 때, 생각의 패턴들이 마음속에 뿌리박히게 되
며 몸에서는 신체적인 상태로 나타나게 된다.

현대인의 생활양식은 만성적인 스트레스, 건강에 좋지 않은 식습관, 낮은 심혈관
기능, 낮은 면역 기능, 오래 지속되는 불안감뿐만 아니라 다른 많은 문제를 일으키는
원인이 되는데, 이런 문제들은 꾸준한 요가 수련으로 호전되고 치유될 수 있다. 요가
자세들은 이미 자리 잡은 마음의 패턴들을 실제로 변화시키며, 뇌의 부정적인 사고

"요가에 관한 75개 이상의 실험이 의학 학술지에 실렸다. 이 연구들은 요가가 안전하고 효과적으로 신체 활동을 증진하는 방법일 뿐만 아니라, 그 명상적인 성격으로 인해 심리적으로도 중요한 혜택을 줄 수 있음을 보여 주었다."
—스테파니 하아스, MFA, RYT[1]

과학적으로 증명된 요가의 효과 예:

• 유연성과 민첩성이 좋아진다.
• 더 잘 균형 잡힌다.
• 삶의 만족감이 증가하고 몸에 대한 자신감이 향상된다.
• 고혈압이 완화된다.

1 스테파니 하아스, "관절염 환자를 위한 요가", 존스 홉킨스 관절염 센터, 2009년 6월 23일 개정. www.hopkinsarthritis.org/patient-corner/disease-management/yoga-for-arthritis

회로를 건강하고 행복한 패턴으로 바꾸어 준다. 지금껏 써 보지 않은 방향으로 몸을 구부리고 움직여 주면, 마음은 지속적인 행복을 가져오는 방식으로 작용하게 된다.

아사나를 수련하기만 해도 치유 효과를 볼 수 있다. 몸을 앞으로 굽히는 동작(전굴)은 허리와 배의 과도한 지방을 제거하며, 소화 기능이 잘 이루어지도록 돕는다. 몸통을 비트는 동작은 마치 젖은 수건을 쥐어짜듯이 몸을 비트는데, 이 동작은 소화기관이 더 효율적으로 일하게 하며 불어난 살이 빠지도록 돕는다. 장기들에 가해지는 부드러운 압력은 그동안 쌓인 독소들이 바깥으로 배출되도록 돕는다. 몸을 정화하는 자세들을 깊은 호흡과 함께 수련하면 스스로 회복되고 새로워지는 신체의 능력이 더욱 향상된다. 호흡은 묵은 독소들과 노폐물을 제거할 뿐만 아니라, 마음을 맑고 고요하게 하는 또 하나의 방법이다.

깊은 호흡은 신경계에 직접적인 영향을 준다. 요가 수련의 놀라운 효과 중 일부는 호흡 조절의 힘에서 나온다. 아사나를 수련하는 동안 우리는 호흡을 알아차리고, 호흡이 길어지고 깊어지게 하는 기법을 사용하여 주의 깊게 호흡을 조절한다. 길고 느리고 일정한 호흡은 마음-몸을 편안히 이완되게 하며, 이런 마음-몸 상태는 건강과 치유에 긍정적인 영향을 미친다. (이 부분은 2장에서 더 자세히 다룬다.)

몸의 지혜에 귀 기울이기

요가 자세들은 육체를 통해 영적인 세계에 다가갈 수 있게 한다. 영적인 깨어남을 향해 나아가는 이러한 과정을 통해, 헌신적인 수련자들은 자기를 덮고 있는 껍데기 층들을 하나씩 벗겨 낼 수 있다. 하나하나의 신체 자세들은 몸을 치유하고 마음을 훈련하는 기회를 준다. 그래서 꾸준히 수련하는 요가 수행자들은 생활 방식과 존재 방식, 행동 방식이 더 깊이 조화로워진다.

요가는 몸이 들려주는 소리에 귀 기울이는 법을 배우는 안식처와 같다. 마치 마음 뒤편에서 자동으로 돌아가는 부정적인 생각들, 자기 자신을 제한하는 생각들을 벗어나 누리는 휴가처럼, 요가의 집중된 고요함은 마음의 참된 본성을 알아보는 공간을 열어 준다. 몸의 말에 귀 기울이는 능력이 극대화되고 더없이 섬세해지면, 영혼의 말에 직접 귀를 기울일 수 있게 되며 영혼의 안내를 꾸준히 받으려 하게 된다.

요가 수행자가 내적인 몸(inner body)에 세심한 주의를 기울이고 감지하게 되면 날마다 자신의 상태를 알아볼 수 있는 기회를 갖게 된다. 이 내적인 수준과 자주 연결되면, 일상생활을 하는 동안 자신의 행동이 조화롭게 이루어지고 있는지 아닌지를 더욱더 잘 알아차릴 수 있는 것이다. 몸의 지혜는 그 진실함에 있으며, 요가 수행자의 지혜는 몸의 지혜에, 때로는 몸의 탁월한 자각 능력에 기꺼이 귀 기울이려는 태도에 있다. 그런 태도로 대하면 몸은 자기의 육체적인 이야기, 영적인 이야기를 분명히 들려줄 것이다. 요가를 오래 수련한 사람들은 공상에 불과한 변덕스러운 생각이나 욕망과, 진실한 내면의 메시지를 구별하는 법을 배우게 된다. 마치 공중에 매달린 줄을 타듯이, 그들은 변하기 어렵고 파괴적인 오래된 습관들에 떨어지지 않고 섬세하게 줄을 타면서 현명한 안내를 받아 앞으로 나아가는 법을 배운다.

요가 자세들의 고대 기원

요가 아사나가 어째서 신체단련 방법에 불과한 것이 아니라 진정한 영적 전통의 일부인지를 이해하려면, 인도의 영적 수련법 중 하나였던 아사나의 역사적 전통에 대해 어느 정도 알 필요가 있다. 요가에 관한 증거로 알려진 것 중 가장 오래된 것은 3천 년 이전의 인더스 계곡 문명에서 사용된 파슈파티 인장(印章; 도장)들에서 발견된다. 여기에는 아쉬탕가 요가 프라이머리 시리즈의 밧다 코나아사나, 혹은 아쉬탕가 요가 네 번째 시리즈의 뿌리 잠금 자세인 물라반다아사나와 비슷한 요가 자세를 취하고 있는 사람의 모습이 묘사되어 있다.

인도의 가장 오래된 영적 문헌인 베다들은 기원전 3,000년에서 1,200년 사이에 만들어졌다고 하는데, 여기에는 영적인 경험에 이르기 위한 실제적인 지침들이 포함되어 있다. '아사나'라는 용어는 《아타르바베다》(기원전 1,500년경)의 요가 관련 문맥에 나오며, 파드마아사나처럼 발바닥이 위로 향하게 하여 두 발을 꼬고 앉은 고행자를 묘사하는 우주 창조 신화에도 나온다. 베다들은 개인과 사회, 우주가 조화를 유지하도록 다층적이고 조직적으로 종교 의식을 행하는 방식이었다. 네 가지 베다 중 《아타르바베다》는 신비한 주문을 주로 다루는 반면, 《리그베다》, 《사마베다》, 《야주르베다》는 주로 신성한 경험을 체계적으로 정리하기 위한 시들과 종교 의식으로 이루어져 있다.

그 다음 시기의 인도 철학 사상은 기원전 900년에서 500년 사이에 저술된 우파니샤드들에 상세히 기록되었다. (우파니샤드는 원래 '가까이 앉는다'는 뜻으로, 참된 스승의 발치에 앉아 배울 필요가 있음을 나타낸다.) 이 경전들은 현실의 배후에 있는 진실을 발견하여 고통에서 해방되는 데에 중점을 둔다. 우파니샤드는 베다 시대의 문화에서 진보했음을 보여 주며, 초기의 경전들은 직접 요가를 언급하고 있지는 않지

- 통증이 완화된다. 만성적인 허리 문제, 관절염, 손목 터널 증후군, 골다공증으로 인한 통증 포함.
- 우울증 완화에 도움이 된다.
- 긴장, 불안감, 걱정이 완화된다.
- 월경 전 증상, 갱년기 증상의 완화에 도움이 된다.
- 심장에 유익하며, 심혈관 기능이 향상된다.
- 면역 기능과 소화 기능이 향상된다.
- 몸과 마음이 이완되게 한다.

아직 체계적으로 연구되지 않았을 뿐, 요가를 수련하면 이런 효과들 외에도 많은 이로움을 얻을 수 있다. 예를 들어, 식이장애 완화, 숙면, 더 많은 활력, 더 깊은 알아차림, 공감 능력의 향상, 뇌파의 안정 등에 도움이 된다.

만 요가 사상과 기법의 원형이 서술되어 있다. 《카타 우파니샤드》는 '요가'라는 단어가 처음 등장하는 경전이며, 특히 절대적인 한 점(點) 집중과 고요한 내면을 위해 몸과 마음을 주의 깊게 훈련시키는 행위에 관해 이 단어를 사용하고 있다. 이 경전은 말한다. "감각 기관의 꾸준한 제어(다라나)를 그들은 요가라 여긴다. 그 뒤에는 계속 주의를 기울이게 된다(아프라마따). 왜냐하면 요가는 얻을 수도 있고 잃을 수도 있기 때문이다."(카타 우파니샤드 2.3.11, 게오르그 포이어스타인 번역)

요가 이론의 발전과 요가 아사나의 발전을 구분할 필요가 있다. 아사나는 요가 전체를 온전히 대표하는 것이 아니며, 아사나의 발전에 관한 증거보다 요가의 발전에 관한 증거가 더 많다. 아사나가 요가의 철학과 이론이라는 더 넓은 맥락 속에서 발전해 온 것은 사실이지만, 그 둘을 같은 것으로 여기는 것은 옳지 않다. 아사나는 요가의 한 부분이며, 아쉬탕가 요가의 여덟 가지 단계 중 (아마도 기초적인) 한 단계이다.

수련으로서 요가 자세들은 인도의 사상이 담긴 고대 서사시 《마하바라타》에 기록되어 있는데, 이 서사시에는 만두카아사나(개구리 자세)와 비라아사나(영웅 자세)가 언급되어 있다. 《마하바라타》는 선한 편과 악한 편 사이에 벌어지는 전쟁을 자세히 서술하는 서사시인데, 드리타라쉬트라 왕과 산자야가 나누는 대화 형식으로 이루어져 있다. 《바가바드 기타》라고 알려진 부분은 쿠루크셰트라 들판에서 18일에 걸친 전투가 발발하기 전, 크리슈나와 아르주나가 나눈 대화로 이루어져 있다. 비야사가 지은 《바가바드 기타》에서, 비슈누 신의 화신인 크리슈나는 왕자이자 전사인 아르주나에게 완전한 행위의 요가, 완전한 헌신의 요가, 완전한 지혜의 요가를 가르친다. 《요가 야갸발키야》(기원전 200년경)에서는 파드마아사나(연꽃 자세), 심하아사나(사자 자세), 마유라아사나(공작 자세)에 대해 설명하며, 정화를 위한 신체 자세들과 영적 깨달음을 위한 명상 자세들을 구분한다.

인도 마우리아 왕조 시기였던 기원전 2세기경, 파탄잘리는 요가 수행에 관한 책 《요가 수트라》를 편집했다. 네 개의 장으로 이루어진 이 책에서 파탄잘리는 요가란 마음을 한 점(點)에 집중하는 것이라고 정의하며, 아쉬탕가 요가의 여덟 가지 길에 대해서도 그 개요를 분명히 설명한다. 아사나 수련은 이 길에서 세 번째 단계에 해당한다.

이러한 요가 철학은 기존의 봉헌 의식(야갸)을 타파스(tapas)라고 하는 개인 수행과 결합시킨다. 타파스란 정화를 위하여 괴로움까지 감내하는 수행을 뜻한다. 원래 '더운 열기'를 의미하는 타파스는 신체적인 요가 수련의 효시와 같은 것이었다. 엄격한 금욕과 수련은 정화의 수단이었고, 이를 통해 내적인 불이 깨어나게 되며, 이 불 속에 봉헌이 이루어진다. 본래의 베다 의식은 호마, 즉 불에 봉헌하는 제의였다. 아그니(agni; 불)는 신들의 사자(使者)로 여겨지는 신적 존재였으며, 불 속에 바쳐지는 봉헌물은 아그니를 통해서 신들의 세계로 전달된다고 여겨졌다.

파탄잘리의 요가 체계에서 아사나는 앉아서 명상하는 자세를 의미한다. 《요가 수트라》에 대한 최초의 주석서인 《요가 바시야》에서 비야사는 13개의 아사나를 열거했는데, 이들은 모두 앉아서 명상하는 자세들이다. 파탄잘리는 아사나가 견고하고 편안해야 하며, 수행자는 이완된 상태로 힘들이지 않으면서 무한한 존재에게 초점을 맞추어야 한다고 말한다. 그러나 《요가 수트라》를 이루는 196개의 경구 중에서 아사나 수련에 직접 관련된 것은 단지 몇 개뿐이며, 나머지 대부분은 영적 수행에 관한 철학적 내용으로 이루어져 있다.

그래서 아사나는 스승을 통해 구전으로 제자에게 전수되었고 자세에 관한 세부 사항들도 스승을 통해서만 직접 전달되었을 것이라는 추측이 있지만, 정말로 그랬는지는 확인할 길이 없다. 또 하나의 견해는, 요가 경전에 아사나에 대한 언급이 거의 없는 것을 보면, 아사나는 요가의 여정에서 덜 중요한 위치에 있거나 영적 여정을 위한 준비 단계에 해당함을 나타낸다고 보는 것이다.

하지만 파탄잘리의 《요가 수트라》에 설명된 요가의 여덟 가지 길에서는 궁극의 자유와 해방이 요가의 최종 목적이며, 이 목적을 이루기 위해서는 수행과 무집착을 꾸준히 향상시켜야 한다고 하는데, 아사나는 여기에서 중요한 역할을 한다. 어떤 학자들에 따르면, 《요가 수트라》의 1장(사마디 파다)은 이미 감각들을 제어하고 마음의 평정을 유지할 수 있게 된 숙련된 수행자들을 위해 수행과 무집착의 수단들을 열거한다. 그리고 2장(사다나 파다)은 아쉬탕가 요가의 여덟 가지 단계를 열거하는데, 이 단계들은 더 깊은 수행의 기초를 닦고자 하는 수행자들을 위한 것이다.

지난 천 년 동안 신체 수련으로서 아사나에 대한 전문 서적들이 세상에 나왔는데, 그중에서 가장 영향력 있는 책은 아마도 《하타 요가 프라디피카》(1400년경)일 것이다. 이 책에는 수많은 요가 아사나들이 열거되어 있으며, 아사나별로 기법과 영적 혜택들이 상세히 기술되어 있다. 이 책의 저자인 스와미 스와트마라마는 호흡 수련, 마음의 한 점 집중과 요가 자세의 수련이 결합되면, 마침내 끊임없이 이어지는 고통의 사슬에서 해방될 수 있다고 단호히 말한다. 이 시대의 모든 신체적인 요가 수련은 하타 요가의 범주에 들어간다고 할 수 있다. 《요가 우파니샤드》(1500년경), 《쉬바 상히타》(1700년경), 《게란다 상히타》(1800년경)는 더 많은 요가 자세들을 자세히 설명하며, 파탄잘리의 원칙들을 계승한다.

하타 요가는 파탄잘리 요가 체계의 범주에 들어가지만, 둘 사이에는 유의미한 차이가 있다. 《하타 요가 프라디피카》에서는 하타 요가를 라자 요가를 향해 올라가는 사다리라고 언급하는데, 《요가 수트라》에서는 파탄잘리의 요가 체계를 라자 요가라고 지칭하지는 않는다. 그리고 《요가 수트라》에는 하타 요가와 라자 요가 둘 다 명확히 언급되어 있지 않지만, 이 두 가지 요가의 기초적인 요소들이 포함되어 있다. 일반적으로 라자 요가는 파탄잘리의 아쉬탕가 요가와 같은 것이거나, 아쉬탕가 요가의 여덟 단계 중 세 가지 '내적인 단계'(다라나, 디야나, 사마디)로 이루어진다고 추정한다. 어느 쪽이든, 하타 요가와 라자 요가는 관련이 있으면서도 구별되는 길이다. 나의 스승은 자주 말씀하시기를, 아쉬탕가 요가의 마지막 세 단계는 내면적인 수행법이라고 하셨다. 파타비 조이스의 요가 체계는 파탄잘리의 아쉬탕가 요가와 하타 요가를 혼합한 것으로 보인다.

오늘날 요가는 다양한 모습으로 계속해서 진화하고 있으며, 꾸준한 매일 수련에 기반을 둔 영적 깨달음의 과학이라고 이야기되고 있다. 아쉬탕가 빈야사 요가는 스리 T. 크리슈나마차리야를 비롯한 주요 제자들의 탁월한 손길을 통해 이 고대의 영적 계보에서 출현하게 되었다. 이 요가의 자세한 역사는 이어지는 부분에서 소개한다. 아사나 수련의 영적인 성격은 아쉬탕가 요가의 트리스타나에 핵심이며, 여기에 대해서는 2장에서 자세히 얘기한다. 모든 자세들은 궁극적으로 영혼의 해방을 목표로 한다는 점을 알아차리지 않는다면, 그런 움직임들은 단지 신체적인 운동에 불과할 것이다. 자세들은 인간 의식의 가장 깊은 수준에 접근하는 능력을 통해 치유의 혜택을 이끌어 낸다.

아쉬탕가 요가의 기원

아쉬탕가 요가의 역사적인 기원은 전설에 가깝다. 전통을 거슬러 올라가면 바마나 리쉬라는 고대 현자에 이르게 되는데, 《요가 코룬타》를 지었다고 여겨지는 것 말고는 그에 관해 알려진 것이 거의 없다. 이 전설적인 경전마저도 원본은 더 이상 존재하지 않는다. 개미들에게 갉아먹히고 세월이 흐르면서 훼손되어 없어졌기 때문이다.

이 계보를 이은 인물은 라마 모한 브라마차리이며, 그는 히말라야 성산인 카일라스의 동굴에서 부인 및 세 자녀와 살았다고 한다. 이 세 자녀가 어떻게 되었는지, 어디로 갔는지, 요가를 가르치는 스승이 되었는지는 아무도 모른다. 라마 모한 브라마차리는 《요가 코룬타》의 필사본을 바탕으로 제자인 스리 T. 크리슈나마차리야를 가르쳤다. 전해진 바로는, 때가 되어 크리슈나마차리야가 스승을 떠날 때, 라마모한 브라마차리는 그에게 나가서 널리 요가를 가르치되 자신의 거처에 대해서는 사람들에게 말하지 말 것을 다짐받았다고 한다.

크리슈나마차리야의 가르침은 오늘날 서구에서 가르치는 대다수 요가의 원천으로 알려져 있다. 그의 제자들은 셀 수 없이 많은데, 그중에는 위대한 스승들인 B. K. S. 아헹가(아헹가 요가), 스리 K. 파타비 조이스(아쉬탕가 빈야사 요가), A. G. 모한(스바스타 요가), T. K. V. 데시카차르(비니 요가), 인드라 데비 등이 있다.

요가의 계보는 가계도와 비슷하다. 여러분을 가르치는 스승은 다른 스승의 제자이며, 그 스승 역시 다른 스승의 제자였다. 인도의 역사에서 요가는 스승에게서 제자로 끊임없이 이어지면서 5천 년 가까이 전승되어 왔다. 최근 학자들은 아사나 수련의 계승이 한 번도 끊어진 적 없이 이어져 왔는지에 대해 의문을 제기하지만, 내면의 평화 추구라는 요가의 영적 정수는 인간의 영혼 자체만큼이나 오래되었으며 영원한 것이다. 컴퓨터와 프린터, 외장하드가 없던 시대에 대부분의 요가 지식은 기억을 통해서 습득되고 전해지며 보존되었다.

스리 K. 파타비 조이스의 아쉬탕가 빈야사 요가는 역동적인 형태의 하타 요가이며, 일주일에 6일은 매일 한 번 이상 매트 위에서 수련하라고 한다. 거의 매일 수련해야 한다는 것이 때로는 부담스럽게 느껴질 것이다. 처음 아쉬탕가 요가를 시작했을 때는 나도 마찬가지였다. 매일 수련을 마치고 나면, 잘 따라 하지도 못한 것 같은데 온몸이 다 쑤시고 아팠다. 나는 체력이 뛰어나게 좋지도 않았고 몸이 엿가락처럼 유연하지도 않았다. 하지만 몇 년간 꾸준히 수련을 하자 체력이 좋아졌고 몸도 유연해졌다.

몸을 많이 구부려야 하는 요가 자세들을 따라 할 수 없다는 이유로 아쉬탕가 요가가 자신과 맞지 않다고 여기는 사람들이 많다. 아쉬탕가 요가를 수련하는 데 필요한 유일한 자격은 연습을 좋아하고 가능한 한 매트 위에 자주 서는 것이다. 아사나를 얼마나 잘할 수 있는지는 그리 중요하지 않다. 요가를 통한 내면의 성장은 내면의 평화를 진지하게 추구할 때 촉진되기 때문이다. 내가 해낼 수 있었으니 당신도 해낼 수 있다.

이 책에서 내가 전하는 것들은, 나의 스승께서 2009년 5월 18일 돌아가시기 전까지 70년 이상 가르쳤던 내용에 따른 것이다. 파타비 조이스의 경이로운 삶과 유산은 그분의 육체적인 현존을 훨씬 뛰어넘는 것이며, '구루'라는 단어의 정의와 같은 것이라고 해도 과언이 아닐 것이다.

그분은 1915년 7월에 인도 남부의 코우쉬카라는 작은 마을에서 태어났다. 그날은 '구루 푸르니마(Guru Purnima)'라는 인도의 국경일이었는데, 모든 스승을 공경하고 감사하는 날이다. 그분의 삶은 스승과 제자 사이의 성스러운 관계라는 전통의 체현과도 같았다. 파타비 조이스는 12살에 스리 T. 크리슈나마차리야를 만나서 처음 요가를 알게 되었고, 헌신적인 제자가 되어 열심히 요가를 수련했다. 이후에는 마이소르 대학교에서 요가와 산스크리트 어(고대 인도의 언어)를 배웠으며, 오랫동안 교수로 재직한 뒤 비드완(산스크리트 어 명예교수)이라는 칭호를 받았다. 파타비 조이스는 자신이 서양에 소개한 아쉬탕가 요가를 가르치는 데 헌신하다가 93세의 나이로 생을 마감했다. 그분은 인도 남부에 있는 마이소르라는 작은 도시에서, 스승 크리슈나마차리야에게 배운 아쉬탕가 요가를 흔들림 없는 성실함으로 보존하며 가르쳤고, 그 덕분에 수없이 많은 사람들이 꾸준한 수련을 통해 혜택을 입게 되었다. 그분의 한결같은 인내와 불굴의 노력이 없었다면, 오늘날 우리가 알고 있는 아쉬탕가 요가는 세상에 존재하지 못했을 것이다.

아쉬탕가 요가의 영적 수련

아쉬탕가는 원래 '여덟 개의 가지(eight limbs)'를 의미한다. 파탄잘리는 《요가 수트라》에서 야마(yama; 도덕률), 니야마(niyama; 자기정화와 공부), 아사나(asana; 자세), 프라나야마(pranayama; 호흡 제어), 프라티야하라(pratyahara; 감각 제어), 다라나(dharana; 집중), 디야나(dhyana; 명상), 사마디(samadhi; 삼매)를 요가의 '여덟 가지'라고 말한다.

가장 바람직한 것은 요가 지도자들이 이 여덟 가지 전부를 잘 체득하고 나서 수련생을 가르치는 것이다. 그러면 수련생들이 요가의 전체 여정을 잘 통과할 수 있도록 바르게 인도할 수 있기 때문이다. 하지만 모든 사람이 짧은 수련 기간에(어쩌면 평생을 수련한다고 하더라도) 사마디의 여러 단계를 쉽게 체득할 수는 없을 것이다. 파탄잘리가 설명한 방법은 최고 수준의 구루에게만 가능한 일일지도 모른다. 어떤 요가 지도자들에 따르면, 신체적인 요가는 더 깊은 요가 상태를 위한 준비 단계일 뿐이며, 그런 상태들은 깨달음을 얻은 영적 스승의 인도를 통해서만 경험될 수 있다고 한다.

파타비 조이스는 꾸준한 신체적 수련이 영적인 심장 주변을 정화하며, 여섯 가지 독(毒)인 카마(kama; 욕망), 크로다(krodha; 분노), 모하(moha; 망상), 로바(lobha; 탐욕), 맛사리야(matsarya; 질투), 마다(mada; 나태)를 제거한다고 가르쳤다. 이 여섯 가지 독은 '아리샷바르가(arishadvarga)'라고 불리며, 이 용어는 고대 인도의 대서사시인 《마하바라타》의 제3장에 나온다. 아디 샹카라차리야는 이 서사시의 일부분인《바가바드 기타》를 해설하였다. 8세기경에 살았던 아디 샹카라차리야는 비이원론(非二元論)과 아드바이타 베단타 철학을 정립한 인도의 위대한 영적 스승으로서, 그의 가르침은 삶과 영성(靈性), 신성(神性)에 관한 파타비 조이스의 철학에 큰 영향을 미쳤다. 구루지는 수련생들이 요가의 혜택을 경험하려면 날마다 수행을 해야 한다고 강조했다. 여섯 가지 독을 제거하기 위해서는 강한 결심으로 수련하고, 깊이 뿌리박힌 부정적인 행동 패턴(삼스카라)의 층들을 변화시켜야 하는데, 이것들은 요가의 정화법을 통해서 뿌리 뽑힐 수 있다. 아쉬탕가 요가의 여덟 가지 단계를 매일 실천하면 마음이 서서히 평화롭게 변하게 된다.

야마는 도덕적인 계율이며, 세상에서 윤리적으로 살아가는 법을 말해 준다. 여기에는 아힘사(ahimsa; 비폭력), 사티야(satya; 진실함), 아스테야(asteya; 훔치지 않음), 브라마차리야(brahmacharya; 성욕의 절제), 아파리그라하(aparigraha; 무집착)가 포함된다. 니야마는 윤리적인 지침이며, 자기 자신과 어떻게 관계해야 하는지를 알려 준다. 니야마는 샤우차(shaucha; 정결), 산토샤(santosha; 만족), 타파스(tapas; 열과 정화), 스와디야야(svadhyaya; 영적 자기탐구), 이슈와라 프라니다나(ishvara pranidhana; 신에게 헌신)로 이루어져 있다.

이런 전체적인 접근법으로 영적인 발전을 이루어 가다 보면, 내적 정화의 불(아그니)이 점화되어 건강에 해로운 습관들, 몸 안의 독소들, 감정적인 장애들을 문자 그대로 태워서 소멸시킨다. 아그니는 몸 안의 영적 에너지가 일깨워질 때 함께 점화되며, 엄청난 내적 열이 수반된다고 한다. 아그니는 소화의 불과도 연관된다.

《요가 수트라》나 산스크리트 어구들, 현대 철학을 기억하고 암송하는 것만으로는 마음이 고요해지지 않는다. 정보 자체는 참된 앎이 아니기 때문이다. 파타비 조이스는 매일 행하는 수련의 진정한 효과를 자신의 몸과 삶 속에서 직접 체험해야 한다고 강조했다. 그럴 때만 요가의 성스럽고 영원한 가르침의 지혜가 일상생활 속에 스며들어 체화될 수 있기 때문이다. 그뿐 아니라, 참된 자신이 누구인지도 알 수 있는데, 자기에 대한 이런 앎이 바로 우리에게 힘을 불어넣는 요가의 정수이다. 요가는 사람들에게 억지로 변화를 요구하는 것이 아니라, 내면을 감화시킴으로써 사람들을 변화시킨다. 그리고 이처럼 변화될 수 있는 토대를 마련해 주는 것은 날마다 행하는 수련이다.

아쉬탕가 요가의 신체적 수련

아쉬탕가 요가는 신체적인 수련을 통해 영적 수련으로 나아가도록 한다. 처음에는 몸, 호흡, 시선에 마음을 집중하면서 요가 자세를 행하며 땀을 흘리는 것으로 시작한다. 이 책에서 얘기하는 이론의 대부분은 아쉬탕가 요가 전통의 공식적인 언급이 아니라, 꾸준히 발전해 온 나의 개인적인 경험에 바탕을 둔 것이다. 여러분이 이 책을 거울삼아 자기 내면을 깊이 성찰하고, 아쉬탕가 요가의 이치와 놀라운 효과를 발견하기 바란다.

아쉬탕가 요가 수련은 크게 여섯 가지 그룹의 자세로 나뉜다. 첫 번째 그룹은 프라이머리(Primary) 시리즈라고 하며, 상당한 노력이 필요한 자세들로 이루어져 있다. 대부분의 사람들은 72가지 자세로 이루어진 이 시리즈의 요소들을 평생에 걸쳐 연마하게 될 것이다. 산스크리트 어로는 요가 치킷사(Yoga Chikitsa)라고 하는 이 시리즈는 장기와 생체 조직, 분비샘, 지방, 그리고 각종 해로운 물질을 정화한다.

프라이머리 시리즈에는 몸을 정화하고 건강을 유지하는 데 필요한 모든 요소가 포함되어 있다. 여기에는 수리야 나마스카라(태양 경배), 전굴(앞으로 굽히기), 비틀기, 후굴(뒤로 젖히기), 강력한 들어 올리기, 머리서기, 그 외에 다른 많은 동작이 포함되는데, 이런 자세들은 내적인 불을 지피는 역할을 한다. 아쉬탕가 요가의 특징은 일련의 자세들을 순서에 따라 능숙하게 해낼 수 있을 때까지 반복해서 연습해야 한다는 것이다. 현재 연습하는 자세에서 어느 정도 진전을 보일 때까지는 다음 자세로 넘어가지 않는다. 일련의 자세들을 똑같은 순서로 계속해서 반복하면, 그 자세들에 대한 지식적인 이해를 뛰어넘어, 동작을 내면 깊은 곳과 연결시키는 운동감각적인 지성이 깨어나게 된다.

아쉬탕가 요가 프라이머리 시리즈는 뒤에 나오게 될 일종의 '관문(통과하기 어려운 난관)' 같은 자세들에 대비하여 유연성과 힘을 길러 준다. 관문이 되는 자세들은 수련생이 아사나와 기법을 얼마나 잘 이해하고 있는지를 시험한다. 이런 관문 자세들은 연관된 자세들 가운데 가장 고난도 자세들이기 때문이다. 이 시리즈는 수리야 나마스카라로 시작하는데, 수리야 나마스카라는 마음을 안정시키고 내적인 불의 열기를 돋우려는 것이다. 프라이머리 시리즈 수련은 오금줄을 늘이고, 등을 펴고 강하게 만들며, 코어 근육(core muscles)을 더 발달시키고, 몸 전체를 정화한다. 수리야 나마스카라는 요가 수련생에게 헌신(bhavana)의 태도를 길러 주는 자세이기도 하다. 서서 하는 자세들 중 관문이라고 할 만한 자세는 웃티타 하스타 파당구쉬타아사나(선 다리 들기 자세)이다. 이 동작을 취하는 동안 한쪽 다리로 서서 균형을 잡으며, 다른 다리를 들어 올리고, 앞으로 굽히며, 아랫배를 끌어당기고, 엉덩관절(고관절)은 바깥으로 회전해야 한다.

이 자세에 익숙해지면 이제 다음 자세들로 넘어갈 준비가 된 것이다. 앉아서 하는 자세에는 네 가지 종류의 마리챠아사나(현자 마리치에게 헌정하는 자세)가 포함되어 있다. 이 자세들은 일련의 '묶는(bind)' 동작들이 요구되는데, 반연꽃 자세를 취하거나 다리를 강하게 뻗은 상태로 등 뒤에서 양손을 맞잡거나, 다리를 팔에 끼고 비틀며 양손을 맞잡는다. 마리챠아사나 이전까지 주의 깊게 배치되어 있는 모든 아사나는 이 네 가지 자세를 쉽게 취하는 데 필요한 내부적인 힘과 유연성을 기르기 위한 것이다. 마리챠아사나 D는 이 자세들의 정점이며, 반연꽃 자세를 취한 상태에서 하는 비틀기 동작 중 가장 어렵다고 할 수 있다.

프라이머리 시리즈는 숩타 쿠르마아사나(잠자는 거북 자세)에서 최고조에 이르는데, 여기에서는 두 다리를 목 뒤에 거는 동작을 시도할 때, 신체 내부의 힘, 엉덩관절(고관절)의 바깥 회전, 전굴(앞으로 구부리기)을 할 수 있는 능력이 강력한 시험대에 오른다. 이 자세 이후에는 우르드바 다누라아사나(위로 향한 활 자세) 및 다른 후굴(뒤로 구부리기) 동작들을 수월하게 할 수 있도록 척추를 늘여 주는 몇몇 동작이 따라온다. 후굴은 그 자체로 척추의 힘과 유연성을 시험하는 관문 같은 동작이다. 프라이머리 시리즈의 방식은 아사나를 탄탄하고 안정되게 수련하게 하여, 신체의 정렬과 내부적인 힘, 유연성을 시험하는 다음 단계의 자세들에 미리 대비시키는 것이다.

아쉬탕가 요가의 두 번째 시리즈인 인터미디어트(Intermediate) 시리즈는 산스크리트 어로 '나디 쇼다나(Nadi Shodhana; 신경의 정화)'라고 한다. 여기에는 더욱 심화된 후굴들, 엉덩관절(고관절)을 열어 주는 동작들, 힘을 쓰는 자세들이 포함되어 있는데, 수련자들은 신경 체계를 정화하는 데 중점을 두게 된다.

그 다음에 나오는 어드밴스드(Advanced) 시리즈는 힘과 우아함이 균형을 이루며, 총 네 개의 시리즈로 이루어져 있다. 세 번째 시리즈는 어드밴스드 A, 네 번째 시리즈는 어드밴스드 B, 다섯 번째 시리즈는 어드밴스드 C, 여섯 번째 시리즈는 어드밴스드 D라고 한다. 현재 나는 어드밴스드 A와 B, 즉 세 번째와 네 번째 시리즈를 수련한다.

파타비 조이스는 "요가는 99%의 수련, 1%의 이론"이라고 자주 말씀하셨다. 요가 수행자에게 최고의 지식이란 직접 경험했기에 분명하게 확신할 수 있는 지식이다. 그리고 이런 직접 경험을 위한 장(場)은 바로 아사나 수련이며, 아사나를 정기적으로 수련하면 강력한 정화의 땀이 분비된다. 요가의 효과를 깨닫기 위해서는 최대한 많이 수련해야 한다. 이것은 이론으로 설명될 수 있는 것이 아니며, 자기 안에서 직접 체험해야 하는 것이다. 자세, 호흡, 집중의 세심한 조화를 통해 내적인 정화의 불이 점화되며, 근본적인 변화의 여정이 시작된다. 아쉬탕가 요가를 수련하면 곧

많은 양의 땀과 정화의 열기를 경험하게 될 것이다.

아쉬탕가 요가는 일주일에 6일 수련하는 것을 권장한다. 전통적으로 이 수련은 '마이소르 방식'으로 하는데, 이 방식은 지도자의 안내에 따라 단체로 똑같이 움직이는 것이 아니라, 자기만의 호흡과 움직임에 따라 수련을 한다. 파타비 조이스가 살면서 가르쳤던 인도 남부의 도시 마이소르의 이름을 딴 이 방식은 가장 안전하고 좋은 수련 방식이다. 자세들의 순서를 기억하면 내면에 주의를 집중할 수 있는데, 그것이 요가의 진정한 목적이다. 만일 다음에 어떤 동작을 해야 할지 모른다면, 당신의 주의는 자기의 내면을 향하지 못하고 항상 가르치는 지도자에게 쏠리게 될 것이다. 반면에, 만일 지도자가 당신에게 알맞게 권해 준 자세들의 순서를 기억할 수 있다면, 전체 수련은 더욱 깊이 잠재의식 수준까지 들어갈 수 있다.

마이소르 방식으로 수련을 하다 보면, 똑같은 자세를 하더라도 수련에 깊이 몰입되는 날들이 있는가 하면, 좀 더 가볍고 부드럽게 해야 하는 날들도 있을 것이다. 이렇게 그날그날의 상태에 맞춰 자연스럽게 변화를 주면서 수련을 하면, 부상을 방지할 수 있고, 몸이 들려주는 말을 더 잘 알아듣도록 훈련되며, 몸의 내부를 더 잘 알아차리게 된다. 덧붙여, 마이소르 방식은 아쉬탕가 요가의 여섯 가지 시리즈 중 가장 고난도 자세들을 배울 수 있는 거의 유일한 방법이다. 이런 고난도 자세들을 숙련되게 행하면서 가르칠 수 있는 사람은 거의 없기 때문이다.

초보자에게는 일주일에 6일 수련이 버거울 수 있다. 그래서 나는 보통 처음에는 일주일에 3일 수련을 권장한다. 이렇게 시작하여 꾸준히 정기적으로 수련할 수 있게 되면, 6개월마다 하루씩 늘려서, 나중에는 일주일에 6일을 수련할 수 있게 한다. 운동으로 시작한 요가가 헌신적인 영적 수련으로 옮겨가기 위해서는 정기적으로 꾸준히 수련해야 한다. 그리고 참된 자기 자신과 내면 깊이 연결되는 시간을 갖는 영적 의식을 매일 행하기 위해서는 지속적인 헌신이 필요하다. 일주일에 6일 수련은 요가의 내적 여정을 나아가는 데 필요한 정신적, 영적, 헌신적 의지를 향상시키기 위한 것이다.

요가를 내면의 평화를 위해 평생 해야 하는 일로 받아들인다면, 가능한 한 꾸준히 매일 수련할 수 있어야 한다. 편리할 때나 기분 내킬 때만 수련을 한다면, 그것은 요가라기보다는 마음 내키는 대로 하거나 마는 취미에 가까울 것이다. 영적으로 깨어나기 위해서는 그저 여가 활동 하듯이 하는 수련이 아니라 진지한 영적 수련이 필요하다. 참된 영적 수련은 지금 여기에 있는 가장 깊은 진실을 보기 위해 필요한 모든 행동을 부단히 하는 것이다. 가장 깊은 진실이란, 마치 다른 요일에는 존재하지 않는 듯이, 월요일과 수요일에만 보겠다고 선택할 수 있는 것이 아니다.

순전히 신체적인 면으로만 보면, 주 6일 수련은 유익하면서도 상당한 노력과 의지가 필요한 일이다. 자세들을 더 자주 수련하면 더 빨리 효과를 보게 될 것이다. 일주일에 한두 번만 수련할 때보다 근력과 지구력, 유연성이 더 빠르게 좋아지는 것이다. 사실, 일주일에 한 번 요가 수업에 참여하는 것이 수련의 전부인 사람들은 일주일에 한 번씩 애를 쓰는 셈인데, 그러면 똑같은 약점들과 문제들에 계속 직면하게 된다. 지속적인 수련을 통해 자신을 향상시킬 수 있는 기회를 갖지 못하기 때문이다.

주 6일 수련을 하게 되면 아마 몸이 쑤실 것이다. 그런데 이 쑤심에 관해 염두에 두어야 할 점은, 정화를 향한 여정에서 어떤 아픔은 받아들이는 것이 좋다는 것이다(앞에서 언급한 '타파스'의 개념을 참고하라). 다시 말해, 오래된 습관을 놓아 보낼 때, 몸을 정화할 때, 또는 집착들을 놓아 버릴 때 느껴지는 아픔은 정화의 길을 가는 동안 받아들여야 하는 것이다. 타파스는 감각, 음식, 몸의 제어를 의미하기도 하는데, 그것은 결국 순수하고 조화로운 사트바적인 마음이 일어나도록 돕는다. 주 6회 수련은 자신의 약한 부위와 뻣뻣함을 정화하는 과정에서 일어나는 통증들을 경험하는 속도가 더 빨라지게 하고, 더 강하고 유연한 몸과 마음이라는 정화의 결과를 경험하는 속도도 더 빨라지게 한다.

여러 번 마이소르를 방문하면서 나는 수련생들이 자신의 근육통에 대해 파타비 조이스께 세세하게 얘기하는 모습을 심심치 않게 보았다. 그럴 때면 그분은 대개 "통증은 좋은 것입니다."라고 말씀하시곤 했다. 우리 안에 있는 정화의 불이 잘 작용하도록 하는 유일한 길은 통증과 함께 머무르고, 통증을 분명히 보고, 통증을 피해 달아나지 않는 것이다. 사람들은 본능적으로 통증에 대해 두려움과 회피, 부정이라는 반응을 보이지만, 요가에서는 통증을 깨어남의 수단으로 이용한다. 요가 수련 중에 경험하는 근육통은 화끈거리거나 떨림으로 나타나는 경우가 많은데, 이런 통증은 받아들일 만한 것들이다. 하지만 관절의 통증은 다른 종류의 것이며, 그런 통증을 경험할 때는 한동안 수련을 중단해야 한다. 요가가 제공하는 안전한 공간에서 어떤 통증들을 받아들이는 법을 배우면, 통증이라는 '자극'과 달아나려는 몸 마음의 '반응' 사이에 잠시 멈추는 시간을 가질 수 있게 된다. 그 강력한 멈춤 안에서, 당신은 과거에 형성된 반응 패턴에 휩쓸리는 대신, 스스로 자기의 행동을 선택할 수 있게 된다.

과거의 경험들은 마음속에 깊은 자국을 남기는데, 이것을 산스크리트 어로는 '삼스카라(samskara)'라고 한다. 이렇게 새겨진 인상들은 미래의 경험에 영향을 미치고, 마음속에 깊은 습관의 패턴을 이루며 쌓이게 된다. 만일 삼스카라들이 모여서 더 큰 끌림이나 회피의 패턴을 이루게 되면, 이것을 산스크리트 어로 '바사나(vasana)'라고 한다. 삼스카라들과 바사나들은 우리를 계속 반복되는 쳇바퀴 속으로 끌어당기며, 그 안에서 우리는 과거의 행동과 패턴, 사건들을 계속해서 반복하게 된다. 그리고 삼스카라들과 바사나들은 우리가 취할 미래의 행동과 카르마들도 상당 부분 결정한다. 요가의 종류 중에는 카르마 요가가 있는데, 이 요가에서는 삼스카라를 놓아 보내기 위한 노력의 일환으로 생각과 행동을 잘 알아차리면서 행한다. 삼스카라와 바사나는 요가의 명상법을 통해 태워 없앨 수 있다. 요가 수련을 통해 잠재되어 있는 부정적 카르마와 행동 패턴들을 줄이고 싶다면, 가능한 한 자주 수련을 해야 할 것이다.

이 지점에서는 수련에 대한 정의가 중요하다. 삼스카라를 태워 없애기 위해서는 아사나와 함께 마음 수련을 하는 것이 무엇보다 중요하다. 파탄잘리의 《요가 수트라》에서는 '수련'을 평화로운 사마디(samadhi; 삼매) 상태와 집착하지 않는 마음 상태를 기르는 것이라고 정의한다. 아사나는 이와 같은 존재의 심오한 상태들을 능동적으로 수련하는 방법 가운데 하나다. 《요가 수트라》 2장 48절에서는 아사나를 꾸준히 수련하면 그 결과로 쾌락과 고통, 집착과 회피 등의 이원성에서 해방된다고 말한다.

영적인 길에 놓여 있는 두 가지 장애물은 집착과 회피인데, 이 둘은 쾌락과 고통이라는 경험에서 나온다. 훈련되지 않은 인간의 마음은 쾌락을 추구하며 고통을 피해 달아나려고 하는데, 이런 끊임없는 노력이 고통의 순환 고리를 더욱 강화한다. 요가 수행자는 꾸준한 아사나 수련을 통해 마음의 균형 상태를 유지하여, 마침내 이 중독 패턴에서 해방되는 법을 깨우치게 된다.

하지만 이런 내면의 평화는 아무 대가 없이 값싸게 오지는 않는다. 내면의 여행은 구걸하거나 빌리거나 속여서 할 수 있는 것이 아니다. 새로운 존재 방식을 만들어 가는 것은 스위치를 켜는 것 같이 단순한 일이 아니다. 우리는 새로운 소망을 품고 산 밑에 서서, 정상으로 이어지는 길고 때로는 고된 길을 올려다본다. 오랫동안 인내하면서 성실하게 노력하면 무엇이든 이룰 수 있다. 그러나 막상 역경을 만나게 되면 대부분의 사람들은 중도에 그만두어 버리거나, 익히 알려진 쉬운 길을, 평범한 결과 이상은 얻기 힘든 그런 길을 택해 버린다. 이런 선택이 잘못된 것은 아니지만, 삶의 잠재력을 최대한 실현하며 살아갈 수 있는 훨씬 강력한 길이 있다. 요가는 의심을 통과하여 성취하는 삶으로 들어가는 길로 인도한다.

요가 매트 안에서 요가 수련생은 호흡, 자세, 응시를 하나로 엮으면서 어려운 동작들을 반복해서 수련한다. 크리슈나마차리야는 요가란 "불가능한 것을 가능한 것으로 만들고, 가능한 것을 긴 시간 수련하여 쉬운 것으로 만드는 과정"이라고 표현했다. 그런데 많은 수련생들은 불가능한 것을 곧장 쉬운 것으로 만들려 하다가 요가의 길에서 벗어나고 만다. 아직은 자신에게 불가능한 어려운 동작을 당장 쉬운 것으로 만들고 싶어 한다면, 당신은 당연히 실패할 것이다. 왜냐하면 변화는 그렇게 빨리 일어나지 않기 때문이다. 그러니 서두르는 대신, 아직은 그 동작이 불가능함을 인정하면서 시작하고, 그 어려움을 통해 무언가를 배울 필요가 있다. 그 힘들고 싫은 자리에 계속 머무르면서 조금씩 배우다 보면, 곧 그 불가능해 보이는 동작도 머지않아 가능할 수 있음을 알게 될 것이다. 처음부터 어려운 동작을 제대로 해낼 수 있는 사람은 거의 없다. 만일 누가 어떤 동작을 가볍고 쉽고 자유롭게 하고 있다면, 그런 자세들은 모두가 수년간의 노력과 실패, 심지어 통증을 통해 얻어진 것이다.

요가라는 내면의 탐구 여행을 시작한다면, 도저히 정상까지 오를 수 없어 보이는 산을 마주하더라도, 처음에는 밑바닥에서 시작하여 끈기를 가지고 천천히, 꾸준히 산을 올라가는 것이 바람직한 과정이다. 때로는 이겨 내지 못할 것 같은 역경도 만나겠지만, 그런 역경이야말로 당신을 근본적으로 변화시키는 힘을 지니고 있다. 정복할 수 없는 것을 정복할 때, 내면의 두려움을 직면할 때, 당신은 그런 분투의 너머에 있는 참된 자기 자신을 경험할 기회, 영원히 평화롭고 힘 있고 사랑으로 가득한 내면의 자리를 경험할 기회를 갖게 된다. 그것이 요가의 궁극적인 목적이다.

가볍고 쉽고 자유롭게 하는 아사나는 이 길에 들어서도록 유혹하는 과정일지도 모른다. 요가는 허구적인 한계들의 세계를 뛰어넘을 때 자신의 삶과 수련에서 이런 거짓된 한계들을 실제로 극복할 수 있다고 가르친다. 이 길을 걷는 동안 경험하는 모든 자세, 모든 동작, 모든 호흡은 자기 존재의 본질을 새롭게 정의해 줄 것이다.

어떤 면에서 요가는 자기 자신에게 힘을 부여하는 가장 기본적인 길이다. 그런데 여기서 말하는 자기 자신은 서구 심리학에서 말하는 에고는 아니다. 그것은 내면에 있는 지고의 참나(참된 자기 자신)이며, 영혼은 이 참나를 직접 경험할 때 자기를 초월할 수 있고 작은 자아가 죽을 수 있다. 요가 수련은 작은 자아를 극복하여 내면의 빛이 환히 빛나도록 하기 위한 것이다.

지도자를 찾아서

요가의 전통은 스승과 제자의 관계라는 성스러운 결속으로 이어져 내려오고 있다. 그러나 가장 위대한 스승들의 가르침조차도 실은 제자가 내면의 진실한 소리를 발견하도록 안내하는 이정표의 역할을 할 뿐이다. 스승의 진심 어린 지도를 받으며 오랫동안 계속 수련을 한다면, 자기 내면에 있는 참된 스승의 발견이라는 값진 선물을 받을 수 있을 것이다. 진정한 지도자라면 자기가 한 말이라는 이유로, 또는 어떤 오래된 경전에 쓰여 있다는 이유로 수련생이 그 말을 맹목적으로 따르기를 원하지는 않을 것이다.

요가 지도자를 찾을 때는 검증된 전통과 계보에 따라 가르치는 사람을 찾기 바란다. 아쉬탕가 요가처럼 공인된 요가 학교는 대부분 인터넷 홈페이지에 지도자들의 목록을 공개한다. 그러니 자신이 사는 곳 근처에 그런 지도자가 운영하는 요가원이 있는지 찾아볼 수 있다. 좋은 지도자란 단순히 몇 시간의 이수 과정을 수료하고 수료증을 받은 사람을 말하는 것이 아니다. 직관적으로 신뢰할 수 있고 그의 존재 자체에 끌리는 그런 사람을 찾는 것이 좋다. 아주 좋은 지도자라면 해부학적, 기술적 도움도 함께 줄 수 있을 것이다.

아쉬탕가 요가 전통의 지도자들은 이 전통적인 수련의 바탕에 있는 기본적인 철학을 잘 이해하고 있어야 한다. 성스러운 전통을 존중하는 요가 학교들은 흔히 소속 지도자들이 학생들을 가르치기 전에 추가적인 훈련을 받도록 한다. 예를 들어, 마이애미에 있는 나의 요가 센터에서는 다른 곳에서 훈련 프로그램을 이수하고 온 지도자들을 포함하여 모든 지도자를 직접 훈련시킨 뒤에야 학생들을 가르치도록 한다.

지도자와 요가원을 고르는 일은 좋은 신발을 사기 위해 가벼운 마음으로 쇼핑을 하는 것과는 다르다. 이 일은 사실 몸과 마음, 영혼을 다 동원해서 잘 알아보아야 하는 일이다. 믿고 따를 수 있는 지도자를 찾는 것이 중요하다. 수년간 그 지도자 밑에서 수련한 경험이 있는 사람들의 조언을 구하는 것도 좋다.

요가는 원래 어떤 교조나 종교와는 상관없이 참된 자기의 실현을 향해 나아가는 길이다. 그리고 모든 요가는 그 의미상 자신이 직접 실천해야 하는 영역이다. 왜냐하면 아무도 당신을 대신하여 날마다 수련을 해 줄 수 없고, 당신을 대신하여 깨어 있는 삶을 살아 줄 수도 없기 때문이다. 요가에 관한 글을 아무리 많이 읽고 지도자의 설명을 아무리 많이 들어도, 자기의 몸과 마음, 영혼에서 실제로 느끼기 전에는 그 길의 어떤 것도 당신에게는 실제가 아니다. 지도자들과 전통은 당신에게 길을 알려 주지만, 그 길은 오직 당신의 두 발로 직접 걸어야만 한다.

전통적으로 스승의 역할은 영적인 여정을 가는 데 반드시 필요한 요소라고 여겨졌다. 하지만 현대의 요가 지도자들 중에는 독학을 장려하면서 전통을 경시하는 경우가 있다. 독립적인 풍토에서 성장한 서양의 요가 수련생들에게 구루(스승)라는 개념은 더 받아들이기 힘든 것이다. 그러나 인도의 전통에서는 스승과 제자의 관계가 내면세계로 들어가는 여정에 꼭 필요한 성스러운 부분이다.

아쉬탕가 요가는 이제 공인받은 지도자들에 의해 30개 이상의 나라에서 배울 수 있게 되었다. 이 지도자들 중에는 파타비 조이스의 아들 만주 파타비 조이스(캘리포니아), 딸 사라스와티 랑가스와미(마이소르), 손자 R. 샤랏 조이스(마이소르)가 있으며, 샤랏 조이스는 현재 파타비 조이스의 뒤를 이어 이 계보를 이끌고 있다. 아쉬탕가 요가 지도자를 찾을 때는 그가 인도의 K. 파타비 조이스 아쉬탕가 요가원에서, 혹은 다른 상급 공인 지도자의 안내를 받으며 충분한 기간 수련을 했는지 확인해 보기 바란다. 당신이 인도 마이소르로 직접 가서 수련을 하거나, 스리 K. 파타비 조이스 혹은 R. 샤랏 조이스에게 직접 인가받은 공인 지도자를 찾을 수 있다면 가장 좋을 것이다. 근처에 인가받은 지도자가 없다면, 이 책과 같은 아쉬탕가 요가 서적이나 인가받은 지도자들의 동영상, www.ashtanga.com에 있는 풍부한 정보를 참고하여 집에서 수련을 시작해 볼 수 있다. 그런 후에는 워크샵이나 집중수련 코스 등에 참여하여 배우면서 수련을 더욱 심화시키고 완성시켜 갈 수 있다.

이렇게 해서 아쉬탕가 요가를 진지한 마음으로 수련하게 되면, 이제 자신을 이끌어 줄 올바른 지도자를 찾아야만 한다. 나는 아직도 마이소르에서 파타비 조이스를 처음 만났던 순간을 기억한다. 그 순간이 나의 인생을 영원히 바꾸어 놓았고, 아직도 매일의 수련에 영감을 불어넣어 주고 있다. 오직 당신의 가슴만이 이러한 경험으로 자신을 인도할 수 있다. 내면의 여정이란 오직 자신이 믿고 사랑하는 사람과만 나눌 수 있는 신성한 공간이기 때문이다.

요가의 영웅적인 치유 여정

우리 내면의 고요한 세계는 일상생활에서 받는 스트레스에 파묻혀 보이지 않을 때가 많다. 그러나 요가 수련을 시작할 때 우리는 내면의 소리에 귀 기울이는 고요한 공간으로 들어가는 문을 열게 된다. 바로 여기, 내면의 세계에서 치유가 일어난다. 요가가 가장 기본적으로 추구하는 것은 당신이 몸, 마음, 영혼을 깊이 이해하도록 돕는 것이다. 이런 의식 상태는 참된 자기 자신이라는 잃어버린 세계를, 그 평화롭고 자유롭고 아름다운 세계를 되찾도록 돕는다.

모든 사람이 행복을 원한다. 사람들이 서로 아무리 달라 보여도, 모든 사람은 참된 평화와 영원한 자유를 얻고 싶어 한다. 즐거우면서도 어려운 요가 자세들을 통해 우리는 장애물을 극복하고 자유를 얻는 법을 배워 간다. 이것이 아마 요가가 수련생에게 주는 가장 큰 선물일 것이다.

요가의 내적 여정에서 모든 헌신적인 수련자들은 아름다운 통찰의 순간들을 만나게 된다. 이런 경험은 영적인 깨어남과 초월적인 치유 경험으로 이어진다. 하지만 동시에 장애물들도 만난다. 게으름, 두려움, 자신감 부족, 낮은 자존감, 그리고 불가능해 보이는 자세들에 좌절하여 생기는 분노 등이 그것들이다. 이러한 장애물들—대개는 내면 깊이 뿌리내린 패턴들과 관련이 있다—은 신화에서 영웅의 여정을 가로막는 강력한 악마, 사기꾼, 유혹하는 자와 다르지 않다. 영웅의 전투에 관한 신화 속 이야기들에서 이런 시험과 시련들은 사실 자기의 가장 깊은 비밀들을 직면할 수 있는 기회, 두려움을 극복하고 돌아올 수 있는 기회를 나타낸다. 신화에서 모든 영웅이 직면한 장애물들은 내면의 여정을 나타내는 것들이다. 요가의 내적 여정은 모든 수련자로 하여금 자기만의 서사시에서 주인공이 되게 한다. 수련을 할 때 당신은 자기만의 탐구 여행을 떠나 《오디세이》의 오디세우스나 《바가바드 기타》의 아르주나 같은 영웅이 될 기회를 갖는다. 붓다에서부터 영화 〈스타워즈〉의 루크 스카이워커에 이르기까지 모든 신화 속 영웅들의 여행을 하나로 묶는 요인은 근본적인 변화 속에 극적인 영적 깨어남의 씨앗들이 담겨 있다는 것이다. 위대한 신화의 영웅들이 자기의 도전 과제들을 홀로 직면하듯이, 요가 수련생들도 결국 스스로 책임지고 자기의 자유를 얻어야 한다.

나에게 열한 번의 인도 여행은 내면의 모험 여행에서 열한 편의 장과 같았고, 그 여행을 통해 나는 영적인 힘의 본질을 점점 더 깊이 알게 되었다. 처음 여행을 갔을 때는 영적인 길에 필요한 신체의 힘과 마음의 안정을 함께 실현하려면 내가 얼마나 먼 길을 가야 하는지를 겸허히 볼 수 있었다. 그러나 스승의 세심한 지도를 받으며 수년간 헌신적인 수련을 한 끝에, 모든 힘이 흘러나오는 근원인 내면의 영원한 자리와 연결될 수 있었다. 나는 원래 아쉬탕가 요가의 어려운 자세들을 할 수 있을 만큼 선천적으로 강하거나 유연한 사람이 아니었다. 그래서 잠들어 있던 힘을 일깨워야 했는데, 그것은 나의 상상을 훨씬 넘어서는 것이었다. 물구나무서기를 포함하여 팔로 균형 잡는 자세들이나 후굴 등 어려웠던 모든 자세들이 내 영혼의 근본적인 변화에 따라 차츰 쉬운 것으로 변해 갔다. 아쉬탕가 요가 수련법은 아주 단순하다. 아마 그 원리들을 읽으면 이해된다고 생각하겠지만, 나는 오랫동안 수련을 거친 후에야 비로소 이 수련법이 얼마나 강력한지를 깨닫기 시작했다.

2

수련의 핵심 요소:
호흡, 자세, 응시

마이소르에 처음 갔을 때 파타비 조이스는 세 가지에 중점을 두라고 말씀하셨는데, 그것은 호흡, 자세, 응시였다. 트리스타나(Tristana) 방법이라고 하는 이 세 가지 요소가 아쉬탕가 요가의 기초를 이룬다. 물론, 신체적으로뿐 아니라 영적으로도 온전히 변화되고 내면의 평화를 얻기 위해서는 1장에서 설명한 아쉬탕가 요가의 여덟 가지 영적 길 전체를 따르는 것이 중요하다. 하지만 아사나를 안전하게 행하는 데 실제적인 안내가 되는 것은 트리스타나 방법이다.

요가 전통 중 오늘날 가장 일반적인 측면은 요가 자세의 수련인데, 이 수련은 깊은 치유 효과를 가져올 수 있다. 이 책의 2부에서는 각각의 자세에 대하여 상세하게 다룬다. 전굴 자세들은 몸을 앞으로 구부리고 골반 내부를 풀어 주어 몸통의 과도한 지방 조직을 정화하고 소화 기능이 잘 이루어지게 한다. 비틀기 자세들은 마치 젖은 수건을 짜듯이 몸을 내부로부터 깊이 짜내어 소화 기관이 더 효율적으로 일하게 하고, 내부 장기들을 부드럽게 압박하여 축적된 독소들을 몸 밖으로 배출한다.

그러나 자세만으로는 치유 효과를 보기 어렵다. 깊이 호흡을 하면서 아사나를 수련할 때 몸의 회복 능력이 향상된다. 우선 마음을 한곳에 계속 고정시키는 연습을 하면 마음이 쉽게 하나로 집중될 수 있으며, 내적인 몸에 꾸준히 초점을 맞출 수 있게 된다. 오직 트리스타나 방법의 세 가지 요소를 모두 결합하여 수련할 때만 근본적으로 변화시키는 아쉬탕가 요가의 힘을 경험하게 될 것이다.

요가 자세가 효과를 발휘하는 원리

요가의 신체적인 수련으로 얻을 수 있는 치유 효과는 매일 양치질을 할 때 얻는 효과처럼 이해하기 쉽다. 날마다 몸을 사용하다 보면 몸의 내부 공간에 침전물이 쌓이기 마련이다. 이렇게 쌓인 독소와 불순물을 청소하지 않으면 몸이 점차 쇠약해질 것이다. 요가 자세들은 몸의 가장 깊숙한 곳까지 비틀고 구부리고 접어서 몸의 내부를 청소하며, 호흡은 신체 내부에 달라붙어 있는 물질들을 문자 그대로 태워 없앤다. 아사나를 통해 꾸준히 청소하지 않으면 내부 장기와 신경근육계는 차츰 활동이 느려지고 둔해진다. 하지만 꾸준히 요가를 수련하면 몸은 건강한 수준의 유연성을 계속 유지할 수 있다. 특히 아쉬탕가 요가 수련법은 세포 하나도 놓치지 않으면서 몸 전체의 힘과 유연성을 체계적으로 향상시킨다.

감정적, 심리적인 면에서 보자면, 요가 자세들은 몸의 모든 부위를 의식적으로 알아차리는 능력을 키워 준다. 신체적인 유익에 더해, 이처럼 알아차리는 능력까지 향상되면 수많은 정신적, 정서적 이로움이 뒤따른다. 치아에 치태가 쌓이고 동맥에 노폐물이 쌓이듯이, 묵은 감정들도 '미묘한 몸(subtle body)' 안에 쌓여 있게 된다. 신체는 잠재의식과 밀접하게 연관되어 있다. 몸의 잠들어 있는 부위들을 깊이 들여다보고 살펴보면, 몸 자체가 오래된 기억들, 감정들, 습관들의 저장소라는 것을 깨닫게 된다.

삼스카라, 즉 몸과 마음의 부정적인 습관 패턴들은 몸속에 뿌리내리고 있으며 긴장과 경직, 통증과 같은 자세의 패턴으로 나타난다. 요가 자세들은 낡은 습관 패턴들의 근원을 직접 파고들게 하며, 두려움, 슬픔, 분노, 혹은 상처 입은 다른 감정들을 직면하게 하는데, 이런 과정을 통해 가장 깊은 치유가 일어날 수 있다. '미묘한 몸' 안에 깊이 뿌리박고 있던 낡은 정신적, 심리적 장애물들이 요가 수련을 통해 배출되고 청소될 수 있는 것이다. 왜 이런 감정적 패턴들이 거기에 있는지, 어떻게 해서 생기게 되었는지는 알 필요도 없이, 요가는 당신을 과거에서 해방시켜 주고 더 가볍고 밝은 미래를 향해 마음을 열어 준다.

아사나를 수련하면 우선 신체적인 몸, 감정의 몸, 에너지의 몸에 쌓인 독소들을 태워 없앤다. 요가 자세들은 또한 마음의 기본적인 작동 회로를 변화시킨다. 흔히 우리는 어려운 상황에 맞닥뜨리면 그 상황에서 도망치고 싶어 한다. 두려운 기억이 떠오르면 그 기억을 묻어 버리고 싶어 한다. 이런 패턴은 자연스러운 현상이지만, 정말로 행복하고 건강한 삶을 만들어 가는 데는 효과적이지 않다. 요가는 어려운 상황을 피해 도망치거나 방어기제를 강화하는 대신, 마음이 그 자리에 가만히 머물러 있을 수 있도록 훈련시킨다. 요가에는 방어기제가 자라날 공간이 없다. 사실 요가 자세들은 당신이 발달시킨 모든 방어기제를 벗겨 냄으로써, 당신 존재의 중심에 있는 내면의 순수함이 드러나도록 고안된 것이다.

수련 중에 특히 깊은 삼스카라가 건드려지면 깊이 잠재되어 있던 감정들이 분출되는 것을 경험할 수 있다. 그러면 예고 없이 갑자기 마음이 몹시 여려지고, 울음이 터져 나오거나, 두려움에 덜덜 떨기도 하고, 분노로 부들부들 떨 수도 있으며, 다른 많은 극심한 감정들을 경험할 수도 있다. 요가가 심리치료와 크게 다른 점은 왜 이런 일들이 일어나는지 그 원인을 알거나 찾을 필요가 없다는 것이다. 당신이 할 일은 단지 그러한 현상을 직접, 온전히 경험하는 것뿐이다. 그럴 때 당신의 의식에 남아 있던 과거의 상처와 흉터들은 깨끗이 씻겨 나간다. 하지만 요가가 당신에게 줄 수 있는 최고의 선물은 마음의 습관 패턴들을 재훈련시키는 것이다. 이런 훈련은 당신이 용감한 가슴으로 난관에 직면할 수 있도록 돕는다.

드리쉬티: 한 점 응시

처음 수련을 시작했을 때 나는 드리쉬티(drishti), 즉 응시점의 중요성을 제대로 이해하지 못했다. 자세만 유지할 수 있으면 그것으로 충분하다고 느꼈다. 마이소르의 요가 수련실에 있으면서 마음이 제멋대로 돌아다니도록 방치했을 때가 생각난다. 그럴 때면 수련에 전념하는 대신 주변에서 일어나는 일들에 관심이 분산되었다. 나의 스승이 다른 수련생들을 어떻게 지도하는지, 다른 수련생들이 저마다 다른 숙련도로 어떤 자세들을 수련하고 있는지, 사람들이 어떤 요가복을 입고 있는지, 어떤 요가 매트가 가장 인기 있는지, 어떤 사람들이 수련 차례가 오기를 기다리고 있는지 등에 흥미를 느꼈던 것이다. 그러다 보면 내적인 몸에 집중할 수가 없었다. 그것은 훈련되지 않은 마음의 완벽한 본보기였다.

마이소르에 갈 때마다 나의 스승은 드리쉬티의 중요성을 강조하면서, 마음을 훈련시키는 요가의 열쇠는 드리쉬티임을 반복해서 말했다. 파타비 조이스는 영어에 서툴렀기 때문에 길게 설명하는 대신에 실제 본보기로 가르치셨다. "드리쉬티를 하지 않으면 마음이 약할 수밖에 없고, 마음이 약하면 요가의 목적지에 이를 수 없다"는 것을 내가 정말로 이해하게 된 것은 적어도 인도에 네 번은 간 뒤였다. 내 마음은 원래 강하지 않았지만, 드리쉬티를 꾸준히 수련한 결과 하나로 집중된 마음과 연결될 수 있었는데, 그것은 내가 이룰 수 있을 것이라 생각했던 것을 능가하는 것이었다.

아쉬탕가 요가에서는 각각의 자세마다 응시해야 할 지점이 정해져 있다. 시선을 고정하도록 정해진 지점은 수련의 영적인 발전에 중요한 역할을 담당한다. 드리쉬티의 원래 뜻은 '봄' 또는 '통찰력'이며, 드리쉬티의 목적은 집중하려는 지점을 응시하여 당신이 보는 대상과 보는 방식에 좋은 영향을 미치려는 것이다. 응시를 할 때는 그 안에 마음이 담기게 마련이다. 그러므로 요가 수련 중에 마음이 머무르는 지점은 이 길 위에서 쏟는 노력의 성공 여부를 좌우할 것이다. 본질적으로 드리쉬티 수련은 어떤 지점에 눈길을 고정하기 위한 것일 뿐 아니라, 마음이 영적인 틀 안에 집중되도록 훈련하려는 것이다. 마음이 하나의 지점에 주의를 집중할 수 있게 되면, 생각들이 쉽게 동요하지 않으며 외부에 관심이 쏠리지 않게 된다. 동시에, 한 점에 집중된 상태를 유지할 수 있는 마음의 힘과 꾸준함을 기르는 데 도움이 되는데, 그것은 모든 요가 수련의 중요한 목표 중 하나다.

실제 요가 수련에서 드리쉬티는 동작을 하는 동안 균형을 잡기 위해 반드시 필요한 수단이다. 균형은 신체적으로 표현되는 마음의 상태이다. 시선이 산만하게 분산될 때는 신체적인 균형을 유지할 수가 없다. 일반적으로 요가에서는 수련하는 사람의 마음 상태가 신체적인 수련에 반영된다고 본다. 마음은 몸을 이끌며, 가장 흥미를 느끼는 지점을 향해 응시하도록 눈길을 이끈다. 그리고 응시는 수련하는 사람의 에너지나 의도를 이끈다. 시선이 드리쉬티들 중 하나를 향해 집중되면 내적인 수행으로 깊이 들어갈 수 있는 반면, 시선이 수많은 외부 지점들을 향해 분산되면 마음이 불안정해지고 산만해진다. 수련생의 눈길이 산만하게 떠돌면, 마음도 산만하게 떠돌게 된다. 수련생의 눈길이 하나의 대상에 집중되면, 마음도 고요해지고 집중하게 된다. 오직 고요하고 맑은 마음만이 자아의 층들과 해묵은 습관 패턴들, 고통, 무지를 벗겨 내어 의식의 밝은 빛을 드러낼 수 있다.

아쉬탕가 요가에는 9개의 드리쉬티가 있으며, 각각의 드리쉬티는 각기 다른 내적 자각의 기회를 제공한다.

• 브루마디야 드리쉬티: 두 눈썹 사이의 중심 응시. 제3의 눈(아갸) 차크라를 열어 준다. 에너지가 몸의 중심 통로를 통해 척추를 타고 올라가서, 영적 앎이 자리하고 있는 자리인 정수리 차크라까지 상승하도록 촉진한다.

• 우르드바 드리쉬티: 위쪽 응시. 안타라 드리쉬티라고도 함. 에너지가 계속해서 척추를 타고 조심스럽게 올라가도록 돕는다. 그러면 생명의 힘이 위로 올라가서 뇌 안에 있는 영적 센터를 일깨울 수 있다.

• 나사그라이 드리쉬티: 코끝 응시. 코끝을 응시할 때는 눈을 살짝 감게 된다. 그러면 외부 환경에서 들어오는 시각적인 자극의 양이 제한되고, 보는 힘이 더욱 내면을 향할 수 있다. 코끝을 응시하면 시신경이 약간 교차하게 되는데, 제대로 행

하면 이 응시는 대뇌 반구 사이를 연결하는 중심 통로(뇌들보)를 열어 주어 좌우 반구와 깊은 뇌 활동이 조화로워지게 한다.

- 나비 차크라 드리쉬티: 배꼽 응시. 태양 신경총(마니푸라 차크라)을 자극하여 마음이 내적인 몸을 향하도록 돕고, 척추의 미세한 조정을 촉진한다.
- 하스타그라이 드리쉬티, 파다요라그라이 드리쉬티: 손가락 응시, 발가락 응시. 자신의 에너지가 공간으로 향하게 하여 신체에 한계가 없는 것 같은 느낌을 준다. 이 두 가지 드리쉬티는 아사나를 하는 동안 균형 감각을 유지하는 데에도 매우 중요한 역할을 한다.
- 앙구스타 마 디야이 드리쉬티: 엄지손가락 응시. 어떤 자세들의 경우, 끝 부분에 주의를 가져오게 하여 균형을 잡도록 돕는다. 그 자세의 에너지가 중심에서 바깥으로 확장되게 하며, 엄지손가락의 경혈점을 자극한다. 엄지손가락은 전통적으로 불의 상징이라고 여겨졌는데, 이 불은 모든 아쉬탕가 요가에서 점화시키려 하는 정화의 불과 비슷하다. 엄지손가락은 또한 우주적 신성의 상징이며, 어떤 자세들에서 엄지손가락과 집게손가락의 연결은 신성과 개인적 의식의 합일을 상징한다고 한다.
- 파르쉬바 드리쉬티: 왼쪽이나 오른쪽 멀리 응시. 마음이 몸 안의 미묘한 에너지 흐름에 집중하게 하고, 신체 자세가 더 완벽해지도록 돕는다. 만일 수련생이 아사나 수련 중에 이완되고 열리고 자유로운 태도로 드리쉬티를 유지할 수 있다면, 그것은 일반적으로 그 특정 자세에 숙달되었음을 나타내는 지표가 된다.

오직 수카아사나(편한 자세)라고 하는 마지막 휴식 자세 중에만 눈을 감고 쉰다. 파타비 조이스는 아사나 수련 중에 눈을 감으면 곧 잠이 찾아올 것이라고 농담을 하시곤 했다. 특정한 지점들에 주의를 기울이지 않으면 아사나 수련의 집중도가 떨어지게 되며, 궁극의 목표인 영적, 심리적 변화라는 결과를 얻는 데도 그다지 성공적이지 않을 것이다.

'참된 앎의 등불'로 응시하기

드리쉬티(drishti)라는 단어의 어원을 거슬러 올라가면 산스크리트 어 드르스(drs)가 있다. 원래 '봄'을 의미하는 이 단어는 의식적으로 보는 것을 가리킨다. 단순히 피상적으로 보는 것이 아니라, 영적인 이해의 빛이 포함된 '보는 행위'를 나타내는 것이다. 또 하나의 산스크리트 어원으로는 드리시야(drsya)가 있다. 이 단어는 개별 존재의 더 높은 지성 앞에 모든 대상이 드러나도록 비추는 빛을 의미한다. 이와 비슷하게 드르스에서 드라스트르(drastr)라는 단어가 나왔는데, 이 단어는 '보는 자'를 의미하며, 모든 지각 있는 존재 속에 있는 개별 영혼인 푸루샤를 가리킨다.

전통적으로, 드리쉬티는 마음이 영적인 이해를 향하도록 하는 데 중요한 역할을 한다고 한다. 드릭-스티티(dhrik-sthiti)라는 단어가 《테조 빈두 우파니샤드》 1장 29절에 나오는데, 이것은 15가지 수련의 길 가운데 하나의 실천법이다. 이것은 또한 세계를 '절대자'로 보는 지혜로운 통찰력이라고 정의되며, 단순히 코끝을 응시하는 것과 혼동하지 말아야 한다고 한다. 《만달라 브라마나 우파니샤드》 2장 26절에서는 명상 중에 행하는 세 가지 드리쉬티를 얘기한다. 눈을 뜬 드리쉬티, 눈을 반쯤 뜬 드리쉬티, 눈을 감은 드리쉬티가 그것들이다. 드릭-스티티의 정의를 보면, 나의 스승이 말씀해 주신 프라티야하라의 정의가 떠오른다. "그대가 어디를 보든 그대는 신을 본다." 요가 수련 중에 내적인 이해의 빛이 몸 안의 특정한 지점들을 향하게 되면, 수련생들은 내면에 있는 자기의 참된 본성을 직접 경험하게 된다.

보는 힘을 내적인 몸으로 향하게 하면, 아사나 수련은 아쉬탕가 요가의 더욱 미묘한 길들 중 하나를 경험할 수 있는 문을 열게 된다. 감각 기관의 능력이 외부 세계를 떠나 내적인 몸을 향하게 되면, 감각의 철수를 경험하게 된다. 산스크리트 어 프라티야하라(pratyahara)의 정의인 '감각의 철수'는 아쉬탕가 요가의 다섯 번째 길이기도 하다. 유혹하는 외부 세계를 떠나 내면으로 주의를 향하지 못한다면, 마음은 영적 깨달음으로 들어가지 못한 채 계속 감각적인 경험에만 빠져 있게 될 것이다. 요가의 목적은 마음과 영혼이 끝없는 경험의 쳇바퀴에서 빠져나와 궁극의 자유를 얻도록 준비시키는 것이다. 마음이 한 점에 주의를 집중한 채 일정 기간 유지할 수 있을 때만 마음은 더 깊은 실재의 수준들을 알아차릴 수 있다. 드리쉬티는 마음이 한곳에 집중하면서 내면으로 깊이 들어가도록 훈련하는 수련법이다.

요가 수련은 영적 깨달음에 관심을 기울이도록 마음을 체계적으로 훈련하는 방법이다. 수련생은 먼저 하나의 지점에 꾸준히 응시하는 법을 배우고, 다음에는 한 점에 주의를 집중하는 힘을 기른다. 이러한 주의 집중(에카그라타)을 위해서는 강하고 확고한 마음이 필요하다. 《마하바라타》에서도 "감각의 집중이 가장 높은 형태의 타파스(수행)이다."(12.242.4)라고 말한다. 주의를 집중하는 수련을 하면, 마음이 어떤 대상이나 사람, 생각에 집착하지 못하고, 신성(神性)에 계속 집중할 수 있게 된다.

신체적인 아사나를 수련하는 동안, 어려운 자세들을 완벽히 취하는 것보다 더 우선하며 중요한 것은 고요하고 맑은 마음이다. 영적인 발전에 우선순위를 두기 위한 좋은 방법은 모든 자세를 취할 때 드리쉬티에 중점을 두는 것이다. 한 점 집중을 유지하는 능력은 요가의 일반적인 정의이기도 하다. 집중의 대상은 마음대로 선택하면 되며, 어느 한 지점에 확고히 초점을 맞추어 집중을 유지하는 것이 훈련된 마음의 증거이다. 드리쉬티는 모든 요가 수련생이 마음을 훈련하는 수단으로 쉽게 이용할 수 있다. 마음이 훈련되어 확고하고 강해지면 더욱 평화로워지고 고요해진다.

모든 요가 수련의 최종적인 목표는 내면의 신성이 온전히 드러나는 것이다. 드리쉬티를 수련하면 영성이 계발되어 지혜에 이를 수 있는데, 이 지혜를 산스크리트어로는 '갸나 딥티르(jnana diptir)', 즉 '참된 앎의 등불'이라고 한다. 우리 각자의 내면에 있는 이 지혜는 참된 진실을 모르는 무지의 어둠을 내쫓는 빛이다. 요가는 올바른 마음과 관점을 꾸준히 계발하여 이 내면의 빛이 더욱 환히 빛나게 한다. 진실을 식별하는 안목(비베카 키야티르)은 '참된 앎의 등불'과 함께 간다. 어떤 상황이든 내면의 빛이 비추면 명료해지고 분명히 자각하며 통찰할 수 있다. 그렇게 드리쉬티의 진정한 힘이 드러나는 것이다. 그러면 무엇을 보든지 그것의 궁극적인 실체를 알수 있게 될 것이다. 다시 말해, 자각의 힘이 충분히 일깨워지고 길러지면 진실과 거짓을, 실재와 환상을, 덧없는 것들과 영원한 것을 분명히 구별할 수 있게 되는 것이다.

호흡의 마법

요가에서는 더욱 정화된 존재 상태로 건너가는 가장 빠른 길은 호흡을 통한 길이라고 가르친다. 드리쉬티나 아사나만으로는 앞에 놓인 길을 밝힐 수 없다. 그러므로 수련생은 요가의 호흡 기술을 익혀야 한다. 사실 나의 스승은 아쉬탕가 요가의 수련 전체는 단지 호흡의 수련일 뿐이며, 나머지는 호흡에 비해 부차적인 것이라고 자주 말씀하셨다.

요가를 수련하는 동안 호흡과 함께 아사나를 하다 보면 간혹 좌절감을 느낄 수 있다. 복잡하고 어려운 동작을 하면서도 고요하고 제어된 호흡을 유지하기 위해서는 충분히 숙련되어야 하기 때문이다. 처음 수련을 시작했을 때 나는 눈에 보이지 않는 호흡보다는 자세를 제대로 취하는 데에 더 많은 흥미를 느꼈다. 여러 해가 지난 뒤에야 프라나야마 즉 호흡 조절을 매일 행하는 수련과 결합할 수 있었다. 그 전환점이 된 계기는 아쉬탕가 요가의 프라나야마 방법을 파타비 조이스께서 나에게 직접 가르쳐 주신 일이었다. 그 후로 나는 호흡 속에 있는 이 힘 있는 자리로 가고

다섯 가지 코샤

요가 철학에 따르면, 인간의 몸은 다섯 가지 기본 층으로 이루어져 있는데, 가장 바깥에는 신체적인 형상이 있고 가장 안쪽에는 '지복(至福)의 몸'이 있으며, 이 층들이 순수한 참나(아트만)를 감싸고 있다.

- 안나마야 코샤 = 신체적인 몸, 또는 음식으로 만들어지는 몸
- 프라나마야 코샤 = 에너지의 몸
- 마노마야 코샤 = 마음의 몸
- 비갸나마야 코샤 = 지혜의 몸
- 아난다마야 코샤 = 지복의 몸
- 아트만 = 참나

자 했다. 호흡이 없으면 진정한 요가도 없다는 것을 비로소 이해하게 되었고, 이제는 자세만큼이나 호흡에 의해서도 감화를 받는다. 설령 고도로 숙련된 자세들, 곡예 같은 움직임들, 마치 공중에 떠 있는 듯한 물구나무서기들을 취할 수 있다고 해도, 요가의 핵심인 호흡에 꾸준히 초점을 맞추지 않는다면, 그 모든 것은 단순한 기교에 지나지 않는다.

형이상학적으로 보면, 우리는 태어날 때 숨을 들이쉬고, 죽을 때 숨을 내쉰다. 우리가 여기 지상에서 누리는 삶의 경험 전체는 이 두 호흡 사이의 공간 속에 들어 있다. 그리고 본질적으로, 우리의 생명력은 온전히 호흡 속에 들어 있다. 산스크리트어로 프라나 바유(prana vayu)라고 하는 이 개념을 영어로는 정확히 번역할 수가 없다. 프라나는 '생명 에너지'를 의미하며, 요가 수련을 하면서 자세들을 취하고 호흡을 할 때 우리는 생명력의 바람(프라나 바유)들을 작동시키고 있다.

프라나야마는 물리적인 세계와 내적인 에너지 세계 사이의 벽을 뛰어넘고자 하는 호흡법이다. 원래, 프라나는 절대자 브라만과 동등하다고 여겨졌다. 《요가 바시슈타》(3-13-31)에서는 프라나를 모든 현상계의 저변에 있는 진동의 힘이라고 정의한다. 그리고 뒷부분에서는 이 원초적인 생명력과 개인적인 생명력을 구분한다. 게오르그 포이어스타인은 《요가 바시슈타》의 번역서에서, 프라나는 "구성 요소이자 움직이게 하는 것이다. 즉, 우주는 프라나로 만들어졌다고 하며, 우주가 유지되는 것은 프라나의 끊임없는 흐름에 의해서이다."라고 말한다. 하지만 프라나는 에너지의 흐름을 인도하고 현상계를 이루는 저변의 기반이라고 이해하면 될 것이다.

《하타 요가 프라디피카》에 따르면, 우리 몸에는 72,000개의 에너지 통로(나디)가 있는데, 그중 주요한 중심 통로는 '수슘나 나디(sushumna nadi)'라고 하며 이 통로를 통해서 최고의 생명 에너지가 흐른다고 한다. 모든 프라나야마 수련은 '생명력의 바람'인 프라나 바유가 몸의 중심 통로를 통해 의식적으로 흐르도록 하는 데 중점을 둔다. 생명 에너지가 이 중심 나디(nadi)를 통해 흐르고 영적 깨어남의 빛이 내면에서 밝아 올 때, 프라나야마 수련의 효과를 충분히 보게 된다. 프라나야마에 충분히 숙련되면, 외부 세계에 쏠려 있던 관심이 서서히 약해지고 궁극의 평화라는 초월적인 상태에 들어가며, 영원의 느낌을 맛보게 된다.

호흡을 제어하게 되면 다섯 가지 몸(코샤)—신체적인 몸, 마음의 몸, 감정의 몸, 에너지의 몸, 영적인 몸—모두에 다가갈 수 있게 되는데, 이것이 호흡 수련의 마법이다. 깊은 호흡은 몸을 정화하고 독소를 배출하며, 카르마를 태워 없애는 내적인 불을 붙이기 위한 것이다. 신체적인 수준에서는, 의식적으로 하는 깊은 호흡은 심혈관계를 자극하고 몸 전체의 혈액 순환을 돕는다. 내쉬는 숨은 허파를 통해 혈액

에서 독소를 제거하는 데 도움이 되며, 들이쉬는 숨은 산소가 충분히 포함된 공기를 혈액에 공급한다.

요가는 자기 자신을 호흡, 자세, 드리쉬티(응시)와 하나 되게 하는 겸허한 과제로 시작한다. 그렇게 할 때 의식의 다섯 가지 덮개(코샤)가 하나의 목적으로 결합된다. 몸을 영적 에너지로 변화시키고, 동시에 더 높은 의식과 조율되도록 마음까지 훈련하려 하다 보면 아사나가 더욱 어려워지기 마련이다. 신체적인 자세들의 중요한 목적은 몸의 장애들을 청소하여 신성이 머물 수 있는 집을 만드는 것이다.

호흡으로 이완하기

깊은 호흡은 신경계에 직접 영향을 미친다. 길고 느리고 안정적인 호흡은 몸과 마음이 이완되게 하며, 몸과 마음은 이 상태에서 치유되고 건강해진다. 이 상태는 억지로 들어갈 수 있는 것이 아니며, 가로막(횡격막)을 이용하는 깊은 복식 호흡 등 특정한 기법을 통한 자극에 의해 가능해진다. 숨을 깊게 들이쉬고 내쉬면, 마음을 고요히 가라앉히는 부교감 신경계의 능력이 자극된다.

호흡은 의식적인 행위로도, 잠재의식적인 행위로도 제어된다. 그래서 우리는 호흡을 통해 우리 마음의 양 측면 모두에 접근할 수 있다. 호흡을 조절할 수 있게 되면 평온하고 건강하며 균형 잡힌 상태에 있을 수 있다. 자율신경계는 심장 기능, 장기 기능, 호르몬 균형, 면역 기능, 소화 등 주로 잠재의식적인 몸의 기능을 제어한다. 자율신경계는 여기에 교감신경계와 부교감신경계 등 두 가지 신경계가 더 포함된다. 교감신경계는 흔히 위급한 상황에 처할 때 이에 대처하여 싸우거나 도망치는 반응을 일으키는 기능을 담당하며, 아드레날린과 부신피질 호르몬 같은 스트레스 호르몬의 자극, 혈압의 상승, 팔다리까지 가는 혈류의 감소, 혈당의 증가 등을 주관한다. 부교감신경계는 교감신경계와 반대로 이완 반응을 일으키며, 스트레스 호르몬의 감소, 면역 기능 상승, 심장 박동수 감소, 혈당과 소화 기능 조절 등의 신체 기능을 관장한다.

요가의 모든 활동적인 수련은 호흡 조절을 이용하여 자율신경계에 영향을 미치고 신경 통로를 강화하며, 이를 통해 몸과 마음을 이완시킨다. 격렬한 아사나를 행한 뒤 한동안 깊은 이완을 취하면, 마음과 몸의 이완 능력이 향상된다. 요가를 수련하면 신경계 전체를 다시 제어할 수 있게 되며, 그리하여 몸과 마음의 전체 기능도 제어할 수 있게 된다.

코로 숨을 쉬면 이완의 상태가 깊어지는 반면, 입을 벌려 숨을 쉬면 괴로움과 공포의 신호가 뇌에 전달될 수도 있다. 아쉬탕가 요가에서 가르치는 깊은 호흡은 힘들고 고된 동작을 하는 동안에도 심장 박동을 안정시키고, 심혈관계를 강화하며, 이완 반응을 일으키고, 마음이 지금 이 순간에 온전히 몰입할 수 있도록 돕는다. 요가는 몸을 비틀어 불편한 자세로 있게 한 뒤 하나의 지점에 주의를 집중하여 응시하게 함으로써 자기 자신과 더 깊이 관계하도록 한다. 요가의 복잡한 동작은 생각이 계속 흐르도록 놓아두지 않고, 마음이 멈추게 하며, 생각과 생각 사이에 긴 멈춤이 있게 한다. 깊은 호흡은 당신의 다섯 가지 코샤가 완전히 현존하고 통합되도록 한다.

아쉬탕가 요가에서는 의식의 양 측면을 균형 잡는 수련을 하는 동안, 들이쉬는 숨의 길이와 내쉬는 숨의 길이를 같게 하라고 가르친다. 들이쉬는 숨은 흡수, 받아들임, 활동과 상관이 있는 반면, 내쉬는 숨은 놓아 줌, 내줌, 평온함과 상관이 있다. 어렵거나 통증이 느껴지는 자세, 유연성이 많이 필요한 자세를 행할 때는 잠시 내쉬는 숨에 관심을 기울이는 것이 유용할 수 있다. 강한 힘이 필요한 자세를 행할 때는 호흡의 힘을 극대화하기 위해 들이쉬는 숨에 맞추어 들어 올리는 동작을 하는 것이 유용할 수 있다. 파타비 조이스는 들숨과 날숨의 길이를 항상 같게 하라고 권유하셨다.

아마도 아쉬탕가 요가 수련에서 가장 어려운 과제는 하나의 호흡에 맞추어 하나의 동작을 하면서, 점점 더 어려워지는 아사나를 하는 동안에도, 고요하고 안정된 호흡을 유지하도록 요구받는 일일 것이다. 아쉬탕가 빈야사 요가라는 이름은 하나의 호흡에 맞추어 하나의 동작을 한다는 개념에서 나왔는데, 그것이 바로 빈야사(vinyasa)의 의미다.

아주 어려운 동작을 할 때는 누구나 어떻게든 숨을 참으려 하기 마련이다. 그래서 그럴 때는 숨을 쉬어야 한다는 것을 기억하기가 쉽지 않다. 어렵거나 두렵거나 고통스럽거나 좌절하는 상황 속에 있을 때에도 우리 모두는 자연스럽게 숨을 참으려고 한다. 하지만 숨을 참게 되면, 자신의 생명 에너지까지 가로막게 된다. 계속 호흡을 하는 것이 중요하다. 자신의 신체적, 감정적 한계를 시험하는 자세를 할 때는 특히 더 그렇다.

아쉬탕가 요가는 우리가 고통이나 근심, 슬픔 속에 있든, 또는 그 어떤 상황에 있든 그 한가운데에서 숨을 쉬라고 말한다. 아쉬탕가 요가 자세들에 숙달되었음을 보여 주는 주요 지표 가운데 하나는 단순히 자세를 올바르게 취할 수 있는 능력이 아니라, 자세를 취하는 동안 깊고 안정되게 호흡할 수 있는 능력이다. 어려운 아사나를 시도하면서도 자유롭게 호흡하는 법을 배울 때, 당신은 동시에 깊이 이완하는 법을 배우고 있다. 이 수련은 살면서 어려운 상황에 부닥쳤을 때 도움이 될 것이다. 간혹 친구나 연인, 배우자와 말다툼이 벌어질 때는 길고 깊은 숨을 두 번 쉬어 보라. 말다툼이 커지지 않을 것이다. 요가를 수련하면, 매트 위의 어려움이든 매트 밖의 어려움이든, 마주치는 어려움들에 직면하는 수단으로서 호흡을 이용하는 법을 배우게 된다.

만일 수련을 하는 동안 오로지 아사나를 잘하는 데에만 주의를 기울인다면, 당신은 아마 자세를 위해 호흡을 희생하고 있을 것이다. 하지만 요가에서는 목적이 수단을 정당화하지 못한다. 사실은 수단 그 자체가 목적이다. 요가에서 중요한 것은 여정이고 과정이며, 만일 깊은 들숨과 날숨을 안내자로 삼을 공간이 없다면, 아마 당신의 삶에서 고요할 수 있는 공간도 결코 자리하지 못할 것이다. 삶의 목표는 마지막 숨에 최대한 빨리 도착하는 것이 아니라, 목적지를 향해 가는 동안 펼쳐지는 여정 전체를 즐기는 것이다. 무언가를 반드시 성취해야 한다는 마음을 내려놓으면, 당신이 내면에서 간절하게 찾고 있던 모든 평화가 이미 자신에게, 들숨과 날숨 속에, 있음을 알아차리게 될 것이다.

웃자이: 생명의 호흡

아쉬탕가 요가는 웃자이 프라나야마(승리의 호흡)에 기반을 둔 호흡법을 이용하여 개개인의 수련이 충분히 깊어지도록 한다. 우리는 고통의 악순환, 과거의 부정적인 행동 패턴의 악순환을 극복하여 승리하기를 소망한다. 웃자이 프라나야마는 아쉬탕가 요가의 숙련된 단계에서 배운다. 그 전까지 아사나 수련을 하면서 하는 호흡은 사실 단순히 '소리와 함께 하는 깊은 호흡'인데, 이 방법은 더 일반적인 호흡 조절법에 기반을 둔 것이다. 아사나를 하는 동안 소리와 함께 하는 이 깊은 호흡은, 아사나와 별도로 행하는, 더 숙련된 형태의 호흡 수련을 위한 준비 단계가 된다. 깊은 호흡이 신경계에 이완 반응을 자극할 때, 호흡 자체는 안정제 같은 역할을 하여 부상을 방지해 주고 유연성과 힘을 길러 준다. 파타비 조이스는 10초 동안 숨을 들이쉬고 10초 동안 내쉬는 것을 최종 목표로 삼아 오랫동안 수련하기를 권장하셨다.

호흡을 이루는 네 가지 요소는 들숨, 들숨과 날숨 사이의 공간, 날숨, 날숨과 들숨 사이의 공간이다. 호흡과 호흡 사이에 부드럽게 멈추는 시간을 갖는 것이 중요한데, 그러면 들숨과 날숨 사이에 잠시 저절로 떠 있는 듯한 경험을 하게 된다. 나중에 호흡의 멈춤이나 호흡의 보유를 포함한 더 고급 호흡법을 수련하게 되면, 호흡 사이의 공간이 매우 중요해진다. 날숨 뒤의 공간(멈춤)이 너무 길어지면 몸 안의 산소 부족으로 인해 종종 가벼운 공황 상태를 유발한다는 것을 알아차리게 될 것이다. 이런 상태를 직면하는 것은 쉬운 일이 아니지만, 호흡을 조절한다는 것은 두려움을—때로는 심지어 죽음에 대한 두려움까지—자극한다는 것을 의미하며, 이런 두려움도 결국은 요가 수련으로 극복될 수 있다.

아쉬탕가 요가 호흡법을 수련할 때는, 소리와 함께 호흡하도록 하기 위해, 호흡을 할 때 소리가 나게 해야 한다. 먼저 목구멍을 열기 위해서 '사'와 '하' 소리를 내 본다. 숨을 충분히 들이쉰 뒤, 이 소리들을 또렷이 소리 내기 위해 목구멍을 열면서 숨을 내쉰다. 다음에는 입을 다물고, 호흡의 힘과 공명이 목구멍과 입천장, 가슴, 코에 전체적으로 남아 있도록 놓아둔다. 소리를 만들기 위해 목구멍과 성대의 근육을 억지로 짜내려 하지 말고, 그저 호흡의 힘이 몸 깊은 곳에서 나오도록 놓아두기만 하라. 숨을 쉬는 동안 아랫배를 당기고 골반 기저근을 조이며, 숨을 들이쉬는 동안에 배근육이 팽창하지 않도록 주의한다. 골반 깊은 곳으로부터 가로막(횡격막)을 올바르게 제어할 수 있어야 한다. (10장에서는 내부적인 힘을 이용하여 호흡을 조절할 수 있게 하는 내부 잠금, 즉 반다에 관하여 설명한다.)

호흡의 리듬은 느리고 안정되어야 한다. 그러면 마음도 느리고 안정될 것이다. 억지로 목 근육을 쥐어 짜내거나 어깨를 긴장시키거나 숨을 참으려고 하지 마라. 대신, 호흡이 자기의 참된 내적 힘을 반영하도록 허용하라. 일반적으로는 들이쉬는 숨을 길게 늘이기가 더 어렵다. 편안히 이완되도록 하고, 수련을 하는 동안 호흡이 거칠어지지 않도록 하라.

아쉬탕가 요가 호흡법이 가져다주는 혜택은 이완 반응에 관련된 이점들만이 아니다. 마음의 힘과 안정은 이 호흡법을 통해 얻게 될 강력한 혜택이다. 또한 마음이 계속 호흡에 주의를 기울이면 집중력도 향상된다. 이 호흡법의 영적인 측면은 신체와 에너지의 몸 사이에 놓인 다리를 건너게 해 준다는 것이다. 어떤 의미에서는 호흡 자체가 신체를 영적인 몸으로 변화시키는 순간을 위한 열쇠를 품고 있다고 할 수 있다.

평생에 걸쳐 성공적으로 요가 수련에 매진하면 결국에는 벼락처럼 강하고 태양처럼 빛나는 빛의 몸이 계발될 수 있다고 믿는 사람들도 있다. 이런 몸을 산스크리트 어로는 디비야 데하(divya deha) 또는 바즈라 데하(vajra deha)라고 한다. 이 빛의 몸은 신체를 입고 있는 동안에 얻는 영적 깨달음과 비슷한 개념이다. 아쉬탕가 요가 호흡법을 주의 깊게 수련하고 더 미묘한 수련인 웃자이 프라나야마를 계속 수련하면 서서히 빛의 몸이 계발될 수 있다. 이 수련을 하는 동안 세상이 멀리 사라지거나 빛의 장(場) 속으로 사라지는 것 같은 순간들을 경험할 수 있을 것이다. 그런 경험을 하더라도 두려워하지 말고, 그저 호흡을 계속하라. 어느 날 당신도 자기 안에 있는 자유를 경험하게 될 것이다.

그란티

아쉬탕가 요가의 트리스타나 방법은 호흡, 자세, 응시를 이용하여 몸을 완전히 자유롭게 함으로써 영적인 에너지가 안으로 흐를 수 있게 한다. 그란티(granthi)는 미묘한 몸 안에서 '의식'이 상승하지 못하도록 가로막는 에너지적인 매듭이다. 에너지 몸 안에 있는 이런 매듭들에 대해 처음 들었을 때 나는 이 개념이 너무 생소해서 아무것도 떠올릴 수가 없었다. 그란티는 침술의 경락과 밀접한 연관이 있는 나디보다 더 미묘해서 이해하기 어렵고, 그란티에 관한 정보를 발견하기도 어렵다. 요가 학자인 게오르그 포이어스타인은 그의 저서 《요가와 탄트라의 백과사전(Encyclopedia of Yoga and Tantra)》에서 그란티에 관해 언급한 문헌들의 목록을 제시하는데, 《찬도기야 우파니샤드》(7.26.2), 《카타 우파니샤드》(6.15), 《요가 쉬카 우파니샤드》(1.113-4) 등이 여기에 포함된다. 서양의 과학적인 방법은 에너지 몸의 존재 여부를 아직 증명하지 못했지만, 그런 몸을 경험할 수 있는 가능성에 마음을 열고, 무엇이 자기에게 진실한지를 보려 하는 태도가 좋을 것이다. 이 개념을 이해하기 위해서는 아쉬탕가 요가의 토대를 이루는 철학을 자세히 알아볼 필요가 있다.

《요가 수트라》에서는 의식(치따)이 세 가지 요소로 이루어진다고 말한다. 자아(아함카라), 뇌의 기계적, 정보처리 측면(마나스), 더 높은 영적 의식(붓디)이 그 요소들이다. 앞에서 말했듯이, 습관의 패턴들이 의식의 이 세 측면에 뿌리내리면, 그것들을 삼스카라라고 한다. 삼스카라에는 여러 가지 수준의 개념이 포함된다. 삼스카라는 인상 또는 씨앗이고, 바사나는 삼스카라들이 활동적인 형태로 결합한 것이며, 카르마 아사야(karma asaya)는 잠재의식을 이루는 삼스카라들의 연결망, 또는 삼스카라들이 씨앗 형태로 머물러 있는 자리다. 만일 삼스카라들이 활동적인 형태로 변했다면, 그것들은 이미 우리의 행동을 통제하고 있다. 하지만 삼스카라들이 씨앗의 형태로 머물러 있다면, 그것들은 아직 발달하는 과정에 있으므로 더 쉽게 제거될 수 있다. 이런 행동 패턴들이 존재에 너무 깊이 뿌리 내리고 있을 때는 자동으로 작동하면서 우리의 행동을 이끌게 된다. 이럴 때는 우리가 우리의 행동을 의식적으로 통제하지 못하게 된다.

삼스카라들은 심지어 현재의 몸이 죽어도 살아남아서 다음 생에서 새로운 몸에서 다시 작동할 수 있다. 부정적인 삼스카라들은 영적인 길에 장애물과 방해물을 만들어 낸다. 긍정적인 삼스카라들은 좋은 카르마를 창조하며, 우리로 하여금 영적인 길을 걸어서 깨달음이라는 결실을 맺게 한다. 하지만 궁극적인 해방을 위해서는 모든 삼스카라들이 풀려나고 불살라져 없어져야 한다. 파탄잘리의 고전적인 요가는 그란티에 대해 언급하지 않지만, 여기에서 그란티들의 연관성에 대해 내가 하는 말은 《하타 요가 프라디피카》와 《요가 수트라》의 내용을 혼합한 파타비 조이스의 가르침과 다르지 않다.

하타 요가의 목적은 헌신적인 수련자가 내면에 있는 신성을 직접 경험하도록 인도하는 것이다. 이 신성은 의식(치따)과 모든 삼스카라를 초월한다. 프라나 바유가 에너지 몸 속의 중심 통로(수슘나 나디)를 타고 위로 상승할 때, 척추 기저부에서 잠들어 있던 영적 에너지가 통로를 타고 상승하여 정수리까지 올라가게 된다. 이렇게 중심 통로를 따라 올라가던 영적 에너지는, 너무 깊이 뿌리 내려서 매듭을 이룬 채로 진행을 가로막는 부정적인 삼스카라들을 만나게 된다.

여기서 나는 파탄잘리의 《요가 수트라》에 설명된 아쉬탕가 요가 체계와 《하타 요가 프라디피카》의 체계를 의도적으로 접목하고 있는데, 이렇게 하는 것이 내 스승의 의도였다고 믿기 때문이다. 하타 요가는 라자 요가를 향해 가는 사다리라고 표현되지만, 이 라자 요가가 파탄잘리의 아쉬탕가 요가와 동일한지에 대해서는 일부 이견이 있다. 라자 요가와 아쉬탕가 요가는 영적 깨달음의 과정을 이해하기 위한 다른 모델이라고 여겨질 수 있는데, 두 가지 체계는 많은 면에서 서로 겹치고 보완한다. 나의 스승은 이 두 가지를 어느 정도 혼합해서 생각하고 계셨던 것 같다. 여기에 관해서는 문헌적인 뒷받침을 찾기가 어렵고, 그렇기에 최종적인 해석은 토론과 직접적인 경험에 열려 있다.

솜씨 좋은 배관공이 그러하듯이, 요가 수련은 몸 안의 주요 통로에서 자유로운 흐름을 가로막는 모든 장애물을 제거하고자 한다. 《하타 요가 프라디피카》의 설명에 따르면, 그란티들은 영적 에너지가 수슘나 나디를 통해 상승하기 시작하는 것을 느낄 때 대다수 수련생들이 공통적으로 경험하게 되는 세 가지 장애물이다. 근육과 몸의 신체적 에너지와 마음이 더욱 정화된 의식 상태로 건너가서 영적 에너지로 변할 때, 그것을 '쿤달리니 샥티(kundalini shakti)'의 상승이라고 한다. 이 에너지는 미묘하지만 강하고 감지할 수 있는 파동으로 몸의 중심 통로를 통해 흐른다.

'쿤달리니'의 원래 뜻은 '똬리를 틀고 있는'이며, 인간 생명력의 근본 에너지인 이

것은 척추 기저부에 똬리를 틀고 있다고 한다. 흔히 세 가닥으로 이루어진 똬리로 표현되는데, 각각의 가닥은 실재의 세 가지 상태(구나) 중 하나를 나타내며, 쿤달리니는 미묘한 몸을 이루는 중요한 요소이다. 쿤달리니의 깨어남은 신성을 직접 경험하는 것과 같은 심령적인 사건이다. 이 경험에 대한 묘사는 더없이 행복하고 황홀한 경험이었다는 증언으로부터 고통스럽고 충격적인 경험이었다는 증언에 이르기까지 그 폭이 아주 넓다. 쿤달리니의 경험은 신성 그 자체만큼이나 신비하므로 어떤 묘사를 하더라도 직접적인 경험에는 미치지 못할 수밖에 없다.

쿤달리니가 그란티를 만날 때는 불편한 경험을 하게 되는데, 이 경험은 종종 강렬한 불길에 비유된다. 내면에 있는 신성의 거대한 힘이 상승하여, 마침내 고통을 주는 장애물을 돌파한다. 세 개의 매듭은 브라마 그란티(엉치뼈 부위), 비슈누 그란티(가슴 부위), 루드라 그란티(미간 부위)로 알려져 있다. 각각의 매듭이 제거되면 그에 상응하는 삶의 교훈을 얻게 된다. 그란티는 간혹 '망상의 매듭'으로 번역되며, 그란티가 제거되면 순수하고 깨끗한 의식의 빛이 드러난다. 어떤 면에서 그란티는 오랜 세월, 아마도 여러 생애에 걸쳐 쌓인 부정적인 삼스카라들로 이루어진 심령적인 장애들이며, 이것들이 제거된 뒤에야 다양한 수준의 깨달음에 이를 수 있다. 그란티들을 제거하기 시작했다는 것은 당신이 거친 몸 즉 순전히 신체적인 몸으로부터 미묘한 몸 또는 에너지의 몸으로 진보하고 있음을 의미한다.

《하타 요가 프라디피카》에서는 아사나와 프라나야마를 하는 동안 골반 뿌리를 잠그는 뿌리 잠금(물라 반다)을 하는 것이 그란티들을 부수고 부정적인 삼스카라들을 태워 없애는 데 가장 좋은 방법이라고 한다. 그리고 전통적인 요가 문헌에 설명된 뿌리 잠금을 수련하면 배 안에서 아파나와 프라나가 결합되어 열이 발생하며, 쿤달리니를 일깨워서 수슘나 나디로 들어가게 한다고 한다. 내 경험에 따르면, 에너지적인 수준에서 골반 기저부를 제어할 수 있게 되면 브라마 그란티를 뚫어서 엉치뼈(천골) 부위에 있는 이 매듭을 제거하는 데 도움이 된다. 브라마 그란티에 저장된 공통적인 삼스카라들은 힘, 변화, 성적인 트라우마, 신뢰, 소속감 등에 대한 저항으로 나타난다. 골반의 내부 공간에 대해 수련을 하면, 신체적, 감정적, 에너지적, 영적으로 모두 하나 되는 몸 안의 지점에 다가가는 데 도움이 된다.

비슈누 그란티는 가슴 차크라에 있으므로 이 장애를 제거하기 위해서는 가슴이 깊이 열려야 한다. 가슴 차크라는 강하고 유연해야 하며, 줄 수도 있고 받을 수도 있도록 열려 있어야 한다.

루드라 그란티는 양 눈썹 사이의 차크라에 있다. 이것이 제거되기 위해서는 심령적인 힘이 풀려나야 하며, 논리를 초월한 깨달음과 신성, 자아중심적인 모든 통제의 포기가 함께 결합되어야 한다. 파타비 조이스는 자신의 저서《요가 말라》에서 모든 그란티가 엉치뼈(천골)에 있다고 했는데, 일반적인 요가 철학에서는 조금 이례적인 언급이지만, 그란티에 관한 문헌적 자료로서 참고하는 데 도움이 될 것이다.

아쉬탕가 요가를 수련하여 그란티를 제거하는 데는 지도자의 도움이 필요하다. 그동안 쌓인 자신의 부정적인 행동 패턴들과 기억들을 생각하면 엄두가 나지 않을 수 있다. 그리고 만일 이것들을 누군가의 지도 없이 혼자 집에서 어떤 의식을 통해 제거하려 한다면, 아마 결실을 맺기 어려울 것이다. 하지만 내적인 몸에 관한 여정을 이미 앞서 걸어간 검증된 지도자의 안내를 받으면 당신의 여정이 더 쉬워질 것이다. 심지어 그란티들 중 하나만 극복한 사람이라도 당신이 내면의 여정을 더 쉽게 나아가는 데 도움이 될 것이다.

잠재되어 있는 부정적인 카르마들, 또는 그란티들에서 활성화되어 있는 삼스카라들을 제거하기 위해서는 꾸준한 노력과 인내, 굳은 결심이 필요하다. 수련생이 이런 그란티들 중 하나와 직면할 때는 감정적, 신체적, 영적 고통이 심할 수 있다. 그래서 지도자의 안내가 없으면 흔들림 없이 길을 가기가 쉽지 않고, 어려움이 심해지면 중도에 포기할 수도 있다. 수련생이 난관에 부닥칠 때면 지도자는 "모든 경험에는 깨달음의 씨앗이 담겨 있다."는 관점으로 보면서 난관을 극복하도록 안내할 수 있다.

영적 에너지의 흐름이 그란티에 가로막히면, 전통적인 치유법이 듣지 않는 만성적 부상이 따르거나, 실제 삶의 상황보다 심한 감정적 괴로움을 경험하거나, 절박한 느낌이나 좌절감을 겪을 수 있다. 치유 과정에서 경험하는 이런 난관의 다른 측면은 영적 에너지가 자유롭게 흐르면서 느끼는 평화로움이다. 두 발을 전통 위에 단단히 딛고서 지도자의 세심한 안내를 받지 않으면, 수련생들은 종종 그란티 매듭이 풀리기 시작할 때 올라오는 어두운 폭풍의 밤 속에서 길을 잃을 수도 있다.

그란티들은《요가 수트라》에서 '갸나 딥티르'라고 언급된 영적인 자각의 강력한 빛에 노출될 때만 불살라져서 깨끗이 청소될 수 있다.《요가 수트라》 2.28에 따르면, 갸나 딥티르는 아쉬탕가 요가의 여덟 가지 단계 수련을 통해 얻어진다. 삼스카라를 제한하고 최종적으로 제거하는 파탄잘리의 주요 수단은 헌신적인 수련이다.《하타 요가 프라디피카》는 치따(의식)를 프라나와, 바사나들을 호흡과 동등하게 본다. 그러므로 (《하타 요가 프라디피카》에 따르면) 바사나 혹은 호흡의 억제에 의해, 또는 (파탄잘리에 따르면) 생각의 물결의 억제(브리띠)에 의해 존재의 빛이 드러난다. 꾸준히 길을 가면서 최종적인 결과를 성취하는 데는 오랜 세월에 걸친, 아마도 평생에 걸친 헌신적인 수련이 필요할 것이다.

요가는 시간을 초월한 전통이며, 그 깊이는 논리적인 마음의 한계를 훨씬 넘어선다. 요가 수련의 기반에 있는 핵심적인 개념들은 이성적인 진실이라고 여겨지는 것들에 도전한다. 그란티들을 제거하기 위해서는 삶에 대한 진실로 초월적인 시각이 필요하며, 이 시각은 자기훈련과 수련, 타파스의 배양을 통해 얻어진다. 그리고 이런 수련으로 내면의 빛이 밝아진다. 수련을 하지 않으면 매듭들은 그대로 남아 있을 것이며, 그것들이 제거될 때 주어지는 참된 선물—각각의 장애의 다른 면에 있는 평화로운, 사랑으로 가득한 상태—을 받지 못할 것이다. 오래 수련하여 영적 에너지가 자유롭게 흐르게 되면 빛나는 몸, 맑은 마음, 그리고 열린 가슴을 얻게 된다.

의식과 같은 빈야사

빈야사 체계의 기원은 고대의 베다 의식(儀式)으로까지 거슬러 올라갈 수 있다. 이 의식은 거룩한 장소를 성스럽게 하기 위해 안무처럼 미리 정해진 동작을 이용했다. 아쉬탕가 요가 수련은 각각의 자세에 알맞은 호흡과 동작, 응시점을 부여하여, 수련자가 신성(神性)을 직접 체험할 수 있도록 몸을 성스럽게 한다. 자세를 행하는 것만으로는 충분하지 않으며, 각각의 자세로 들어가고 나오는 방식이 수련에 대한 더 깊은 태도를 좌우한다. 아쉬탕가 요가 수련은 몸의 내부 공간에 성전(聖殿)을 세우기 위해 마련된 의식이며, 이 거룩한 자리에서 당신은 자신이 질적으로 변화하는 마법을 경험하게 된다.

아사나라는 봉헌 행위는 과거의 죄를 씻어 내기 위한 것이 아니라, 부정적인 삼스카라를 태워 없애기 위한 것이다. 부정적인 삼스카라들은 대단히 강력하여, 당신이 벗어나려 할수록 오히려 조여 드는 밧줄처럼 당신을 촉수들로 둘러싼다. 더 열심히 벗어나려 할수록 밧줄은 더 꽉 조이게 되며, 그 거대한 힘에 눌려 옴짝달싹할 수 없다고 느끼게 된다. 삼스카라에 맞서 싸우면 그것들은 마치 보아뱀처럼 당신을 옥죄며, 당신의 미래를 죽음과 어둠 속으로 끌어당긴다. 더 몸부림칠수록 더 빠져나오기가 어렵다. 두려움과 걱정, 분노는 상황을 더 악화시킬 뿐이다. 사실, 당신이 마음속에서 재잘대는 이야기들은 거의 항상 부정적인 삼스카라들에 먹이를 주게 될 것이다. 그런 삼스카라들은 예기치 않을 때 불쑥 떠오르며, 흔히 그것들을 극복했다고 생각할 때 그 파괴적인 패턴을 반복하곤 한다. 여기에서 빈야사 체계가 마법 같은 효과를 발휘한다. 즉, 이 기법을 통해서 내맡기는 법, 놓아 버리는 법, 외면

하는 법, 그리고 빛의 근원과 지혜를 발견하여 안내자로 삼는 법을 배울 수 있는 것이다.

영적인 가르침의 혜택을 늘 그때그때 분명히 알아볼 수 있는 것은 아니다. 가끔 당신은 전혀 논리적이지 않거나 엉뚱해 보이는 가르침을 듣게 될 것이다. 어떤 영적 가르침들은 자신이 과거 카르마의 매듭들에 묶여 있다는 것을 깨닫기 전에는 전혀 이해가 가지 않을 수 있다. 하지만 그렇게 배운 것들을 자기의 수련에 적용해 보면, 어떤 단순한 가르침이 당신을 부정적인 삼스카라에서 해방시키는 마법의 주문처럼 느껴질 수 있다. 그러면 당신은 자신을 묶고 있는 과거의 밧줄들에 맞서 싸우는 대신, 의식(意識)의 밝은 빛으로 그것들을 태워 없애게 된다. 이것이 바로 올바른 영적 계보의 참된 빛을 발견할 때 받게 되는 축복이다. 참된 앎과 지혜는 매우 강력해서 순전한 마법처럼 당신을 고통의 생애에서 해방시킬 수 있다. 밝은 햇빛은 거울에 반사될 때 더 밝아지듯이, 영적 가르침은 당신이 날마다 꾸준히 수련하여 힘이 길러지고 정교해질 때 더 큰 효과를 발휘하게 된다.

빈야사 체계는 당신의 행동이 의식(儀式)처럼 이루어지게 하여, 힘든 시기를 겪을 때 영적 가르침을 떠올릴 기회를 주고자 한다. 가르침을 빛으로 삼아 영적인 길을 가는 동안 안내를 구한다면, 답은 분명히 주어질 것이다. 그때 당신이 할 일은 몇 년이 걸리든 평생이 걸리든 답이 주어질 때까지 기다리는 것이다. 언젠가는 답이 주어질 것이며, 그때 그 답은 은총이나 마법, 자유처럼 느껴질 것이다. 부디 시간을 들여 아쉬탕가 요가를 올바르게 공부하고 배우기 바란다. 왜냐하면 힘든 상황에 처해 있을 때, 어떤 가르침이 그 상황에 알맞은 가르침으로 밝혀질지 모르기 때문이다. 그러니 최대한 많은 가르침을 기억하여 자신의 마음, 의식, 가슴이라는 하드 드라이브(저장소)에 저장할 필요가 있다. 가르침이 자신의 존재에 깊이 새겨져서 낡은 파일들을 완전히 지우도록 허용하라.

아쉬탕가 요가라는 성스러운 공간 속에서 당신은 지고의 존재—신성하고 영원한 의식(意識)—를 숭배하는 제단을 세운다. 승려들과 사제들이 행하는 고대의 의식(儀式)들이 영원한 전통에 의해 세워졌듯이, 이 수련의 동작들도 역사적인 뿌리에 의해 세워졌다. 주의 깊게 지정된, 각각의 자세로 들어가고 나오는 방법을 따르지 않으면 내면의 성전을 발견할 수 없다. 호흡과 동작, 응시는 몸의 내부에 거룩한 장소를 쌓아 올리는 벽돌과 같다. 자기 내면의 제단에 도달하게 되면, 무장을 해제하고, 방어를 포기하고, 은총의 힘에 가슴을 열어야 한다. 우리 모두는 자기 자신과 다른 사람들에게 사용했던 파괴의 무기를 내려놓고 편히 휴식할 장소가 필요하다. 우리는 남들에게가 아니라, 우리가 평소 가장 가혹한 비난을 가하는 대상인 자기 자신에게 용서를 구할 장소가 필요하다. 참된 구원은 내면의 제단 위에 놓여 있다.

영적 자각의 빛을 바라볼 때 당신의 시각은 바뀌고, 삶의 패러다임이 전환되며, 당신의 길은 더욱 평화로운 방향으로 영원히 방향을 틀게 된다. 당신을 옭아매고 있는 삼스카라의 그물을 응시하면, 그 응시의 힘은 레이저 광선처럼 고통과 아픔의 그물 끈들을 잘라 버린다. 그 지혜의 빛이 고통의 속박을 태워 없애고 당신을 해방시킬 때, 당신은 그 빛으로 자유를 얻는다.

3

아쉬탕가 요가에
적합한 식습관

신체적인 수련과 영적인 변화의 연관성은 요가의 가장 신비한 경험 중 하나다. 각각의 호흡에서 몸, 마음, 영혼이 정확히 어떻게 결합할 때 중대한 삶의 변화가 일어나는지는 규정하기 어렵지만, 세계 곳곳의 수련생들이 실제로 그런 일을 경험하고 있다. 아쉬탕가 요가의 고난도 동작들을 순서에 따라 빠른 속도로 수련하다 보면 마음이 놀랍도록 고요해질 때가 많다. 오래 수련하여 가슴에 고요한 공간이 자리하게 되면 삶의 큰 변화에 이르는 문을 열 수 있다.

파타비 조이스께서 수련생들에게 삶의 어떤 점들을 바꾸라고 명백히 말씀하시는 경우는 드물었다. 대신에 개개인의 수련생이 요가 수련을 통해 자연스럽게 영향을 받도록 놓아두었고, 수련생들이 그분에게 질문을 할 때까지 기다렸다. 요가를 중심에 두고 생활하면 자연스럽게 변화가 일어난다. 파타비 조이스는 그런 변화를 이끌어 내기 위해 엄격한 규범을 완고하게 강요하지는 않았으며, 수련생들이 자기의 속도에 맞추어 온전한 변화를 향해 나아가도록 놓아두었다.

나는 요가 수련을 위해 인도를 자주 갔는데, 인도에서 수련생들이 물었던 가장 공통적인 질문 중 하나는 식사 문제였다. 우리가 '회의(conference)'라고 부른 질의응답 시간에는 요가 수련의 정화 효과를 처음으로 느끼고 있는 새내기 수련생들이 파타비 조이스께 어떤 음식을 먹어야 하는지 질문하곤 했다. 그분의 대답은 항상 똑같았는데, 소박한 채식 식사를 권하는 것이었다. 인도에서는 인구의 약 80퍼센트가 채식을 하고 있기 때문에 요가 수련생들이 쉽사리 채식으로 바꾸는 경우가 많았다. 요가 수련을 위해 마이소르에 온 수련생들이 경험하는 변화 중 일부는 흔히 평균적인 미국식 식사를 채식 위주의 식사로 바꾸고 나서 일어난다.

아쉬탕가 요가를 처음 정기적으로 수련하기 시작했을 때, 나도 어떤 음식을 먹어야 하는지 질문했다. 그 당시에 나를 지도해 주던 요가 강사는 이런 문제에 대해 아무 얘기도 해 주지 않았다. 요가를 다섯 달 정도 수련했을 무렵 어느 날 치유를 위한 수련을 경험했는데, 문득 내가 평소에 좋아하던 음식들이 인공적이고 자연적이지 않으며 건강에 좋지 않은 것 같다고 느꼈다. 이를 계기로 음식과 나의 관계에 대해 근본적인 질문을 하기 시작했다. 요가를 통해 내 몸의 내부에서 어떤 일들이 일어나는지를 느낄 수 있게 되었고, 어떤 음식들은 내 몸을 더 유연하게, 열리게, 차분하게 해 준다는 것을 분명히 알아차리게 되었다. 그래서 자연히 더 건강하고 균형 잡힌 음식을 선택하게 되었다.

요가는 단순히 알맞은 칼로리 양을 요구하는 운동이 아니다. 요가는 몸을 자각하는 기법이며, 최대한 모든 수준에서 자기의 몸을 느끼도록 요청한다. 그것은 체내의 미묘한 에너지 흐름을 깊이 느끼는 경험이며, 이런 경험은 점차 몸에 해를 끼치는 음식이 아니라 영혼을 이롭게 하는 음식을 먹겠다는 결심을 하게 한다. 날마다 요가를 수련하면 해로운 음식이 자기 몸에 미치는 유해한 결과를 느낄 수 있으며, 그러면 음식에 변화를 주어야 한다고 느끼게 될 것이다.

음식이 미치는 영향

아쉬탕가 요가는 수행자들에게 내면으로 깊이 들어가서 자기의 영원하고 신성한 본성을 발견하라고 한다. 참된 자기를 발견하는 이 과정은 어떤 음식을 먹는지에 따라 촉진될 수도 있고 방해받을 수도 있다. 어떤 음식이든 내면의 신성에 해를 끼칠 수는 없지만, 몸 안의 에너지 통로를 가로막음으로써 신성을 경험하는 데 방해가 될 수는 있다. 음식은 가장 깊은 수준의 자기 자신에게는 영향을 미치지 못하지만, 당신이 물질적인 수준의 세계에 어떻게 접근하는지를 보여 준다. 당신이 선택하는 음식들은 당신이 세계와 소통하는 하나의 방식이다. 요가 수련은 음식을 이루는 모든 식재료 성분을 주의 깊게 알아차리기를 권장한다. 요가 수행자들은 음식 섭취를 외부 세계와 친밀해지는 성스러운 행위로 인식하게 되며, 그 결과 자신의 식사 패러다임을 통째로 바꾸기도 한다.

우리가 음식을 통해 누리는 즐거움과 조화는 존재의 축복이다. 우리는 우리가 먹는 음식과 밀접하게 연관되어 있으며, 우리의 입 속으로 들어가는 맛있는 한술 한술에는 사회정치적인 태도가 담겨 있다. 언제 어느 때든 우리가 선택하는 음식에는 우리의 세계관을 보여 주는 정보가 들어 있는 것이다. 음식을 먹을 때마다 우리는 존재하고 먹고 살아가고 느끼는 어느 하나의 전체 방식에 긍정을 하고 있다. 음식을 먹는 행위는 적절히 존중될 때 건강과 웰빙의 잠재력을 최대한 실현하는 축복이 된다.

아쉬탕가 요가에서는 여러 생애에 걸친 길고 영웅적인 여정을 거쳐 지속적인 평화의 상태에 이르는 길을 얘기한다. 우리가 먹는 음식이 금세 그런 상태에 도달하게 해 주지는 않겠지만, 어떤 음식들은 그 여정을 더 수월하게 해 줄 수 있다. 물론, 단순히 한 사람이 사과를 즐겨 먹고 다른 사람이 스테이크를 즐겨 먹는다는 이유만으로 자동적으로 한 사람이나 다른 사람이 더 좋은 요가 수행자가 되는 것은 아니다. 아쉬탕가 요가에서는 우리는 모두 똑같은 세계의 일부분이며, 똑같은 내면의 신성한 본질로 이루어져 있고, 똑같은 천사 같은 인간의 가슴을 공유하고 있다고 가르친다.

우리가 먹는 음식과 전반적인 건강 상태는 영적인 삶을 살겠다는 우리의 선택에 중요한 역할을 한다. 하지만 우리가 신성과 맺는 관계를 결정하는 가장 중요한 요인은 자기 자신을 존중하고 자연계를 존중하겠다는 선택이며, 모든 창조물을 하나 되게 하는 경이로운 힘과 늘 연결되겠다는 선택이다. 우리가 사과를 먹든 스테이크를 먹든 그것은 핵심이 아닌 것이다. 만일 우리가 채식을 하고 아사나를 수련하지만 비열한 행실을 일삼으며 신을 존중하지 않는 삶을 산다면, 아쉬탕가 요가 전통에서 우리는 진정한 요가 수행자가 아니다. 반면에, 만일 어쩌다 한 번씩 스테이크를 먹지만 평생 영적인 길을 실천하면서 친절하고 용서하는 삶을 산다면, 우리는 이 전통의 핵심에 더 가까운 사람이다.

요가의 중요한 목표는 참된 현실을 분명히 알아보는 지혜를 기르는 것이다. 따라서 요가 수행자는 음식이 우리의 현대 사회, 21세기 세계에서 정말로 의미하는 바가 무엇인지를 알아야 한다. 요가를 수련하는 사람이라면, 자신이 먹는 음식을 생산하는 농업 환경에 대해 아무것도 모르는 채로 속 편하게 있기만 해서는 안 된다. 요가 수행자들은 의식적인 소비문화라는 틈새시장을 개척하여 세계의 음식 생산에 영향을 미치고 있다. 단순히 유기농 식품 가게에서 식품을 사고 유기농 식당에서 식사를 하는 것만으로 우리가 세계를 위해 좋은 일을 하고 있다고 말하는 것은 너무 쉬운 일이다. 어떤 음식을 선택하여 먹느냐 하는 것은 어떤 가치, 어떤 원칙, 어떤 지혜를 선택하느냐 하는 문제이기도 하다.

결국 우리는 요가 수행자로서 우리가 먹는 모든 음식에 책임이 있다. 개인적인 수준에서는 음식이 우리의 몸에 미치는 영향에 대해, 그리고 지역적, 국가적, 세계적인 수준에서는 음식이 사회, 자연, 문화에 미치는 영향에 대해 책임이 있는 것이다. 요가는 우리가 어떤 체제를 뒷받침하는지를 정말로 정직하게 살펴보기를, 그리고 우리가 옳다고 믿는 것을 위해 의식적으로 실천하기를 요청한다. 우리를 둘러싸고 있는 세계를 더 많은 사랑의 눈길로 바라보기 시작할 때, 우리는 살아 있는 모든 존재들과 연결되는 의식의 진화를 하고 있다. 우리가 먹는 음식은 우리가 세계와 맺는 평화로운 관계의 일부가 된다.

아힘사: 비폭력적인 요가 식습관

2장에서 말했듯이, 《요가 수트라》의 가장 중요한 개념 중 하나는 바로 아힘사(ahimsa)다. '비폭력'으로 번역되는 이 개념은 아쉬탕가 요가의 여덟 단계 중 첫 번째 단계인 '야마'에 속한다. 야마는 요가 수행자들이 세계와 바람직한 상호작용을 하도록 안내하기 위한 사회적인 지침이다. 산스크리트 어에서는 어떤 단어의 앞에 접두사 '아(a)'가 붙으면, 그 단어의 의미가 정반대로 바뀐다. 힘사(himsa)는 폭력 또는 해끼침을 의미하며, 아힘사(a-himsa)는 비폭력을 의미할 뿐 아니라 폭력과는 정반대의 자비를 의미한다.

전통적인 요가 철학에 따르면, 요가 수행자들은 일상생활을 하는 동안 아힘사의 원칙을 지켜야 한다고 한다. 그리고 모든 지각 있는 존재는 영혼을 가지고 있으며, 어떤 목적으로든 다른 존재에게 해를 끼치는 것은 해롭고 폭력적인 행동이라고 한다. 아힘사라는 개념을 음식이 만들어지기까지의 과정에 적용해 보면, 윤리적인 바탕 위에서 채식을 하겠다는 선택을 하기가 한결 수월해질 것이다.

요가적인 식습관을 따르겠다는 선택은 도덕적인 선택이라는 점을 이해하는 것이 중요하다. 이러한 이해는 《요가 수트라》에 바탕을 둔 것이며, 아힘사라는 원칙을 실천하는 것이다. 아힘사는 단순히 해를 입히지 않는 것에 그치는 것이 아니라, 요가 수행자들이 이 세계에서 능동적인 치유의 힘이 되어야 한다는 의미로까지 확장될 수 있다. 아힘사는 파탄잘리가 말한 마하브리탐(mahavritam) 즉 '위대한 서약에 포함되는데, 여기에는 계급, 성별, 시간, 공간에 상관없이 누구도 예외가 될 수 없다. 이 고귀한 선언은 요가 수행자들이 더 깊은 수준의 비폭력을 실천하여 이 세상을 더 나은 곳으로 만들어 가도록 장려한다.

채식을 하겠다는 윤리적인 선택은 요가 수행자들이 결국 발견하게 되는 '가슴을 따르는 삶'의 반영이다. 아힘사는 우리가 주변 세계와 관계하는 포괄적인 원칙이 될

"몸이 갖는 힘의 배후에는 영적인 에너지, 우리를 살아 있게 해 주는 에너지가 있다. 영성과 연결되기 위해서는 먼저 신체를 이해해야만 한다. 이 몸은 우리의 신전이며 이 신전 안에 아트만, 즉 신이 있다."
– 스리 K. 파타비 조이스

때만 효과적일 수 있다. 예를 들어, 만일 당신이 채식을 하지만 세계에 해를 끼치는 폭력적인 사람이라면, 채식을 한다고 해도 별 효과가 없을 것이다. 마찬가지로, 만일 당신이 자기 자신에게 엄격한 채식을 하도록 억지로 강요한다면, 당신은 자기 자신에게 미묘한 폭력을 행사하고 있다. 채식이든 다른 무엇이든 자기 자신에게 억지로 강요한다면 아무 쓸모가 없다.

이와 달리, 요가의 길은 당신이 자기 자신 및 이 행성과 더욱 평화롭게 관계하는 쪽으로 생활 방식을 바꾸고 싶다는 바람을 느끼는 날까지 끈기 있게 기다린다. 만일 동물을 오로지 새끼를 낳고 죽기 위해 태어난 식품으로 취급하는 태도가 어느 날 당신의 가슴을 아프게 한다면, 채식이라는 윤리적인 선택을 할 때가 된 것이다. 그리고 만일 당신이 그런 마음을 전혀 느끼지 못한다면, 요가는 여전히 그런 당신을 받아들이며 당신이 자기 자신으로 있도록 허용한다.

다른 존재들에게 더 이상 해를 끼치지 않겠다는 서약을 진심으로 한다고 해서, 우리가 이후로는 그런 부정적인 생각을 결코 하지 않는 것은 아니다. 이후로는 폭력적인 행동을 전혀 저지르지 않을 것임을 의미하는 것도 아니다. 아힘사에 대한 서약은 우리가 어떻게 삶을 살 것인지를 선택할 수 있다는 기본적인 인식에서 나온다. 파타비 조이스는 소박한 채식을 하고 다른 존재들에게 해를 끼치지 말라고 줄곧 수련생들에게 조언했다.

요가 수행자들은 행위 하나하나의 카르마적인 결과를 충분히 자각해야 한다는 조언을 듣는다. 동물들이 소비를 위해 죽임을 당하면, 소비자는 그 죽음에 따른 부정적인 카르마를 짊어지게 된다. 우리가 동물을 먹으면 기본적으로 그 동물을 죽인 데 대한 책임을 공유하게 된다. 만일 우리가 동물을 사랑하면서도 그들을 인간의 식품으로 만들어 버리는 행위는 냉정하게 용납한다면, 그것은 우리가 그들을 의식 있는 존재로 보지 않는다는 것을 보여 준다. 아쉬탕가 요가는 수련생들이 모든 모습의 생명과 자기 자신이 어떻게 연관되어 있는지를 이해하고 그것을 내면에서 실제로 느끼도록 요청한다. 그것을 분명히 깨닫게 되면, 동물들이 의식 있는 존재가 아니라는 오해는 떨어져 나가고, 아힘사를 따르겠다는 결심은 자연스럽게 채식을 하겠다는 결심으로 이어진다.

유기농과 현지의 환경에 관심을 기울이기

요가의 전 과정은 내면의 알아차림을 키우기 위한 것이다. 그래서 우리는 자기의 생활 방식을 알아차려야 하고, 그 방식이 우리를 둘러싸고 있는 세계에 미치는 영향을 알아차려야 한다. 우리는 소비자로서 우리가 지지하고 싶은 것, 이 구입을 통해 우리가 되고 싶은 것을 선택한다. 우리가 먹는 음식은 여러 사람의 손을 거친 것이며, 때로는 나라 전체와 사회경제체제를 통한 것이다. 만일 우리가 사과를 먹는다면, 누군가는 그 사과를 손으로 따거나 기계를 써서 땄을 것이다. 만일 우리가 고기를 먹는다면, 누군가는 그 동물을 직접 죽였거나 기계를 써서 죽였을 것이다. 만일 우리가 버터를 먹는다면, 소가 우유를 내주었고, 누군가는 직접 버터를 만들거나 기계를 써서 만들었을 것이다. 그리고 그 식품을 우리가 구입하는 가게에 배달하는 전체 유통 체계가 있으며, 우리가 먹는 음식을 생산하기 위해 소요된 모든 에너지와 시간은 지구에 자국을 남긴다. 우리가 구입하는 모든 상품은 우리가 무엇을 가치 있게 여기는지를 보여 준다.

요가 수련은 우리가 분명한 분별력을 갖도록 도와주어 아힘사에 가장 알맞은 길이 무엇인지를 볼 수 있게 한다.

아유르베다의 지침

파타비 조이스는 요가를 통해 자기 자신을 알아 갈 수 있다고 늘 가르쳤으며, 준비된 학생들에게는 아유르베다를 공부해 보라고 권했다. 아유르베다는 건강과 치유를 위한 인도의 전통의약 체계로서 아쉬탕가 요가의 철학과 많은 부분을 공유한다. 그래서 파타비 조이스는 아쉬탕가 요가와 아유르베다가 '친구' 같다고 말씀하셨다. 이 둘의 기원은 5천 년 이상 거슬러 올라간다. 아유르베다를 자세히 다루는 것은 이 책의 범위와 의도를 벗어나는 일이지만, 전통적인 요가 수련의 식습관 지침을 알아보기 위해 아유르베다의 몇 가지 핵심 개념에 관해 얘기해 볼 것이다.

아유르베다는 모든 인간이 두 가지 강력한 힘 사이에서 존재한다고 한다. 그 두 가지 힘이란 우리 밑에 있는 지구와, 우리 위에 있는 우주 또는 태양이다. 음식은 이 두 가지 에너지가 결합하여 나타난 것이다. 음식들은 두 가지 스펙트럼 위에 분포되어 있다. 즉, 지구에 더 가까운 음식들부터 태양에 더 가까운 음식들까지, 근원에 더 가까운 음식들부터 근원에서 더 먼 음식들까지 퍼져 있는 것이다.

예를 들어, 무거운 음식은 지구에 더 가까운 음식이며, 육류와 유제품 같은 동물성 식품과 지구 표면 아래에서 자라는 뿌리채소가 여기에 속한다. 가벼운 음식은 태양에 더 가까운 음식이며, 샐러드용 야채와 땅 위에서 자라는 채소, 과일, 이런 채소와 과일의 즙이 여기에 속한다. 이런 음식들은 대개 가공되지 않고 태양 에너지를 품고 있는 채로 당신에게 전해진다. 통조림 식품이나 냉동식품 같이 무겁게 가공된 식품들은 자연 속에 있는 원래의 근원과 멀어진 음식이다. 아유르베다 전통에서는 장기간 저장된 음식들의 경우, 원래의 근원과 멀어진 뒤 긴 시간이 흘렀으므로 불균형을 일으키는 원인으로 간주된다.

어떤 음식들은 몸을 균형 잡히게 하는 반면, 다른 음식들은 서서히 균형을 깨뜨린다. 예를 들어, 커피는 두뇌의 회전을 빠르게 하지만 서서히 균형을 깨뜨리는 경우가 많다. 양파와 마늘은 지구에 가까운 음식이지만 때로는 욕망과 육욕을 강화하기도 한다.

요가 수행자에게 가장 좋은 식습관은 영적 자각을 지향하는 식습관이다. 아유르베다 전통에서는 이것을 사트바적인 식습관이라고 부른다. 아유르베다는 물질적인 우주가 구나(guna)라고 하는 세 가지 성질로 이루어진다고 하는데, 이 세 가지 구나는 사트바(순수), 라자스(활동성 또는 변화), 타마스(어둠 또는 침체)이다.

사트바적인 음식은 가장 순수한 음식이며, 진지한 요가 수행자에게 가장 알맞은 음식으로 여겨진다. 이런 음식은 몸에 필요한 자양분을 주면서 마음을 고요하게 하기 때문이다. 그런 음식들은 주로 담백한 채식 식품이며, 여기에는 곡물, 신선한 과일과 채소, 유기농 유제품, 콩류, 견과류, 씨앗류, 벌꿀, 허브차 등이 속한다. 진정으로 사트바적인 음식은 단순히 채식 식품만이 아니며 신선하고 온전한 유기농 식품이다. 가장 중요한 점은 이런 식품이 사랑으로 준비되고 요리되어야 한다는 것이다.

두 번째 범주인 라자스적인 음식은 몸과 마음을 자극하여 싸움과 욕망을 불러일으키는 음식들이다. 이런 음식들은 인도의 역사와 문화에서 전사 계급, 통치 계급, 상인 계급에 적합한 것으로 간주되었다. 여기에는 맵고 쓰고 시고 짜고 양념 맛이 강하며 마른 음식이 속하며, 카페인, 생선, 계란, 소금, 초콜릿도 포함된다. 음식을 빨리 먹는 것도 라자스적이라고 여겨진다.

세 번째 범주인 타마스적인 음식에는 쇠고기 등 붉은 고기, 닭고기 등 가금류 고기, 돼지고기, 알코올, 양파, 마늘이 속하며, 발효된 식품, 지나치게 가공된 식품, 통조림된 식품, 신선하지 않은 식품, 기름에 넣어 튀긴 음식, 맛이 변질된 기름도 여기에 포함된다. 타마스적인 음식은 신체적인 힘, 정신적인 자각, 영적인 집중력을 감소시킨다고 한다. 과식과 다른 식이 장애들도 타마스적인 행동이라고 간주된다.

그런데 식습관에 관한 이러한 철학을 인도의 문화와 역사라는 맥락 속에서 보는

세 가지 구나
사트바 sattva: 순수
라자스 rajas: 활동
타마스 tamas: 침체

것이 중요하다. 어떤 새로운 정보를 접할 때도 마찬가지이지만, 요가적인 식습관이 우리에게 얼마나 적합한지를 알아볼 때는 자신의 상식적인 판단력을 활용해야 한다.

음식뿐 아니라 우리의 행위와 행동도 구나들의 반응을 촉발시킨다. 물질계의 이 세 가지 성질은 끊임없이 변동하며, 우리의 행동, 생각, 감정, 식습관, 의식은 우리의 몸이 느끼는 방식에 영향을 미친다. 바쁜 활동은 라자스를 자극하고, 미루는 버릇은 타마스의 작용이며, 완벽한 균형은 사트바의 표현이다.

요가 수행자는 끊임없이 변하는 세 구나의 성질을 이해하고 터득하고자 하며, 식습관을 바꾸는 것은 구나들에 직접 영향을 미치는 가장 쉬운 길 중 하나다. 아쉬탕가 요가는 내면의 자각에 깊은 주의를 기울임으로써 참된 자기를 발견하는 과정을 시작하도록 한다. 내면의 자신이 진정 누구인지에 대한 이해가 없다면, 외부에서 주어지는 식습관 지침을 제대로 받아들이기가 어렵다. 일단 자기 자신에 대한 앎이 분명해지면, 아유르베다 식습관을 자기의 생활 방식으로 효과적으로 통합시켜 갈 수 있다. 고전적인 하타 요가 문헌에서는 올바른 음식을 선택하여 섭취하는 능력이 요가 수행자의 정신력을 이루는 핵심 요소라고 말한다.

정화와 청소

몸의 균형이 오랫동안 깨진 채로 있으면, 소화되지 않은 물질과 독소가 몸 안에 쌓여서 순환계가 막히게 된다. 그러면 처음에는 소화가 잘 안되고 몸이 경직되고 뻣뻣해지며 근육이 약해지기 쉽다. 건강에 해롭고 균형 잡히지 않은 음식을 수년간 섭취하다 보면 몸은 병들어 가고 마음은 둔해지며 판단력이 흐려진다. 아쉬탕가 요가는 몸 안의 모든 기관과 조직을 구석구석 청소하여 몸이 기본적인 수준의 힘과 유연성, 균형을 회복하도록 돕는다. 하지만 더 심각한 경우에는 추가적인 해독 작용이 필요할 수 있다.

금식은 몸의 자연적인 정화 과정을 돕는 가장 쉬운 방법 중 하나다. 금식은 다양한 에너지계와 기관계를 깨끗이 청소하는 데 도움이 된다. 금식의 방법에는 많은 종류가 있으므로 이 가운데 자신의 식습관에 가장 알맞은 금식 방법을 선택하면 된다. 예를 들어, 육류를 주로 먹는 사람이라면 음식을 전혀 안 먹는 것은 좋은 방법이 아니다. 신체 체계에 강한 충격을 줄 수 있기 때문이다. 따라서 일주일에 하루 정도만 육류나 유제품을 삼가는 것이 좋다. 한 종류의 식품을 금식하는 이런 날은 새로운 출발점이 될 수 있다. 금식 후 몸이 어떻게 달라지는지가 느껴지면 전반적인 식습관을 영구적으로 바꿀 수도 있기 때문이다. 한두 가지 식품을 금식해 본 뒤 야채 위주의 식단으로 바꾸고 나면, 전면적인 금식으로 소화계를 완전히 청소할 수 있는 준비가 된다. 이런 금식은 몸에 오래 쌓여 있던 독소들을 깨끗이 청소하는 데 도움이 된다. 몸에 유익한 종류의 금식이 많지만, 자격 있는 영양사의 지도 아래 금식을 하는 것이 가장 좋다. 쉽게 따라 할 수 있는 금식 방법을 소개한다.

이 금식 계획은 8일 동안 이루어지는 정화 작업인데, 그 가운데 이틀은 종일 금식을 한다. 8일 동안 물이나 신선한 주스는 원하는 만큼 자유롭게 마신다. 정제된 설탕, 카페인, 초콜릿이 들어 있는 음료는 마시지 않는다. 첫째 날에는 유제품과 동물성 식품을 먹지 않는다. 둘째 날에는 곡물을 먹지 않고 채소와 과일만 먹는다. 셋째 날에는 과일만 먹는다. 넷째 날과 다섯째 날에는 물과 신선한 주스, 허브차만 마신다. 여섯째 날에는 과일만 먹는다. 일곱째 날에는 과일과 채소를 먹는다. 그리고 여덟째 날에는 다시 곡물을 먹어도 된다.

이 8일간의 정화법을 마치고 나면, 이 식단에 다시 예전처럼 육류와 유제품을 추가하고 싶은지 자문해 보기 바란다. 만일 추가하고 싶다면 주의 깊게 알아차리면서 추가해 보라. 이런 음식을 다시 먹고 싶다면, 아주 소량으로 시작해서 그 음식을 먹을 때 몸에 어떤 영향을 미치는지를 기록해 보라. 예를 들어, 동물성 식품과 유제품을 먹기 전과 먹은 후의 감정 상태와 에너지 수준, 전반적인 신체 느낌을 적어서 비교해 볼 수 있다. 정화 작업을 하는 동안에도, 마친 뒤에도 계속 일기를 쓰면서 다양한 음식이 마음과 몸에 미치는 영향을 기록한다. 그리고 음식이 어떻게 재배되고 가공되었는지, 평화롭고 비폭력적인 환경에서 만들어졌는지도 기록해 보라.

요가 수련에는 '크리야(kriya)'라고 불리는 수많은 정화 기법이 있는데, 이 방법은 몸에 쌓여 있는 노폐물과 불순물을 제거한다. 지나치게 가공된 음식이나 화학물질이 많이 함유된 음식은 제대로 소화되지 못하고 배출되지 않는 찌꺼기를 만들어서 장 속에 쌓이게 하며, 몸에 좋은 영양분이 흡수되는 것을 방해하고 소화되는 속도가 느려지게 한다.

나울리(nauli) 크리야는 배근육을 움직여 굴리는 방식으로 내부 장기들과 창자를 마사지한다. 창자가 마사지를 받으면 더욱 유연해져서 내부에 쌓여 들러붙어 있던 노폐물이 배출되기 쉬워진다. 네티(neti) 크리야라는 방법은 콧속으로 물을 흘려 넣어 점액과 노폐물을 비강 밖으로 배출한다. 이는 축농증이나 두통, 기침, 울혈, 천식 등 코의 점액과 연관된 만성 질환을 치유하는 데 도움이 된다. 네티 크리야 기법이 권장되는 대상은 코가 막히는 질환으로 고생하고 있고, 차가운 유제품 등 몸 안에 점액질을 생성하는 음식을 많이 섭취하는 사람이다. 파타비 조이스는 실제로 아프고 질병에 시달리는 사람들에게만 크리야 기법을 권했으며, 질환이 없는데 흥미로 시도하는 것은 권하지 않았다.

사트바적인 원리에 가까운 음식을 선택할수록 몸을 청소하고 정화할 필요는 더 줄어들 것이다. 대부분의 사람이 일정 기간의 정화와 금식을 통해 효험을 볼 수 있다. 몸 내부에서 이루어지는 소화와 흡수의 과정을 더 민감하게 감지하게 되면, 요가의 길을 걷는 데 중요한 요소인 의식의 발달에 도움이 된다.

요가를 수련하고, 지구를 치유하자

입는 옷과 직업이 우리 존재의 본질은 아니듯이, 몸속으로 들어가는 음식이 우리 자신의 전부는 아니다. 그러나 우리가 먹는 음식은 우리 존재가 세상에 드러나는 신체를 이룬다. 우리가 선택하여 먹는 음식은 우리가 식료품 구입비를 통해 실질적으로 지지하는 사회정치 구조를 반영하며, 우리의 신체를 이루는 구성 요소를 만들어 낸다. 음식이 입과 위장, 장의 투과막을 거쳐 흡수될 때, 순전히 물질적인 면에서만 보자면, 우리가 먹는 것은 우리 자신이 된다. 우리의 영혼과 존재는 이런 단단하고 밀도 높은 신체적 물질로 이루어져 있지 않지만, 우리의 몸은 그 근원이 흙이므로 우리가 먹는 식품에 많은 영향을 받을 수밖에 없다. 우리의 영혼은 이렇게 우리의 몸 안에서 드러나며, 우리가 선택하는 음식은 몸을 통해 영혼의 표현에 영향을 미치는 것이다.

항상 그렇게 보이지는 않겠지만, 우리가 무엇을 선택하고 받아들이는지는 전적으로 우리 자신에게 달려 있다. 우리는 살면서 선택한 모든 것에 대해 책임이 있으며, 특히 우리가 선택한 음식에 대해 그렇다. 순간순간 균형 잡힌 생활 방식을 최우선으로 삼을 수 있는 힘은 오로지 우리 자신에게만 있다. 식습관이든 다른 어떤 습관이든 우리 자신보다 더 힘 있는 것은 없는 것이다.

음식은 칼로리와 지방, 단백질 이상의 무엇이다. 건강도 운동 이상의 무엇이다. 행복은 우리가 언제나 찾아 헤매지만 잡힐 듯 잡히지 않는 불로장생약과 같은데, 요가는 행복으로 가는 참된 길이다. 우리가 어떤 음식을 선택하는지는 우리가 자기의 존재를 얼마나 소중하게 여기는지를 보여 준다. 또한 우리가 가장 깊은 의미의 자기 자신에게 얼마나 많은 자양분과 활력을 주려 하는지를 알 수 있게 해 준다. 우리는 본래 힘 있는 존재이며, 우리의 삶에서 의식적으로 창조하는 존재다. 책임 있는 자세로 음식과 관계할 때, 우리는 지금 이 순간 자기 자신의 힘을 직접 경험할 수 있다.

음식에 대해 점점 더 의식하는 동안, 요가적 생활양식이라는 더 넓은 관점을 놓치지 않아야 한다. 더 행복하고 건강한 삶을 누리고 더 나은 사람이 되는 것이 음식보다 우선하는 목표라는 점을 기억해야 하는 것이다. 채식을 하겠다는(또는, 하지 않겠다는) 선택은 매일의 삶에서 자신이 어떤 사람이 되고 싶은지에 대한 더 넓은 이해와 맞아야 한다. 그리고 이 선택은 단순히 음식에만 영향을 미치는 것이 아니다. 그 선택은 우리의 마음상태에도 영향을 미치며, 삶에 접근하는 방식과 관점의 균형 혹은 불균형에도 영향을 미친다. 하지만 그렇다고 해서 우리가 선택하는 음식 때문에 세상에서 외로워질 필요까지는 없다. 영적인 삶을 살겠다는 선택과, 그럼에도 엄마의 집에서 (고기를 먹든 먹지 않든) 명절 저녁식사를 즐기기 위해 집에 가는 것을 둘다 유지하는 길이 있다.

아힘사(비폭력)를 따르는 삶이라면 또한 어떤 음식을 먹는 것만이 옳은 길이라는 독선적인 태도를 취하지 않을 것이다. 아쉬탕가 요가에서 가르치고자 하는 것은 구분이 아니라 균형이다. 만일 어떤 음식(예를 들어 채식, 육식)을 먹느냐에 따라 세상을 좋은 쪽과 나쁜 쪽으로 나누고 있다면, 모두를 치유하는 요가의 길이 완전히 오해되고 있는 것이다. 만일 요가의 목표가 균형 잡히고 평화로운 삶을 사는 것이라면, 우리는 자기의 마음과 삶 속에서 짓고 있을지 모를 가혹한 구분들을 극복해야하며, 우리 주변의 모든 사람과 함께 어울려 사는 법을 배워야 한다.

영적 세계의 중심에 있다는 것은 오만한 태도로 거들먹거리면서 다른 사람들에게 무엇은 해야 하고 무엇은 하지 말아야 한다고 지시하는 것이 아니다. 당신과는 다른 선택, 바람직하지 않은 선택을 한다고 해서 다른 사람들을 비난하면, 우리는 다른 사람들과의 관계를 잃게 된다. 자기의 삶을 다른 사람들의 삶과 분리한 뒤, 우리가 하는 것은 옳고 그들이 하는 것은 틀렸다고 말한다면, 우리는 우리 자신과 그들을 구분하는 가혹한 선을 긋는 것인데, 이것은 개인적인 전쟁이나 마찬가지다. 다른 사람들과 대립하는 것은 영적인 삶의 일부가 아니다.

파타비 조이스가 전해 준 최고의 가르침은 하루하루 살아가는 모습으로 보여 준 본보기였다. 그분 주변에서 느껴지는 평화로운 느낌은 그분을 둘러싼 친절과 감사의 영적 기운 같았다. 비록 그분이 인도의 영적인 가정이라면 표준 식단이나 마찬가지인 채식을 했고 수련생들에게도 권장했지만, 그분에게 이 영적 기운을 준 것은 음식이 아니었다. 그 기운은 다른 무엇이었으며, 그분이 선택한 음식은 단지 그분의 평화로운 내면세계의 표현이자 확장이었다.

어떤 의미에서는 우리가 음식을 통해 자양분을 받도록 열려 있는 만큼만 음식이 우리에게 정말로 자양분을 줄 수 있다. 건강은 균형이며, 요가는 몸과 마음이 자연스러운 균형 상태를 회복하도록 가르친다. 건강은 우리가 마치 음식, 신체 기능, 감정, 생각, 일, 사랑, 관계, 즐거움을 지닌 채로 시소 위에서 역동적인 평형을 취하는 것과 같다. 쉽지 않은 요가 자세들을 수련하면서 마음과 몸이 하나 되도록 유지하는 법을 배우면, 균형이라는 저변의 개념이 뿌리를 내리게 된다.

자세를 안정시키는 법을 배울 때는 더욱 균형 잡힌 새로운 방식으로 자기의 몸에 다가가는 법을 배우게 된다. 이처럼 새롭게 움직이는 방식을 배울 때 삶의 변화가 일어나기 시작한다. 요가를 수련하면서 자기의 몸을 다르게 대하는 법을 배우면, 요가 수련방 바깥에서도 몸을 다르게 다루는 법을 배우게 될 것이다.

아쉬탕가 요가는 수련생들이 음식을 아무 생각 없이 대하는 것이 아니라, 지혜롭게 자각하는 관점으로 바라보도록 감화시킨다. 그렇지만 요가 자체는 마법 같은 해법이 아니다. 만일 우리가 매트 위에서 수련하며 배우는 것을 삶에 기꺼이 적용하고자 한다면, 요가는 삶을 근본적으로 변화시킬 수 있다. 아쉬탕가 요가는 수련생들에게 요가적인 생활양식을 만들어 가는 관점으로 음식을 이해하도록 가르친다. 만일 우리가 야채 위주의 유기농 식품을 먹을 때 더 기분 좋게 느끼고, 그것을 전체적으로 균형 잡힌 생활의 일부로 여긴다면, 요가는 이미 효과를 발휘하고 있는 것이다.

4

아사나를 통한 영적 여정:
자세 너머의 요가

　언뜻 보기에는 요가가 단지 몸을 구부리고 비틀어서 유연성과 몸매, 근력을 향상시키는 좋은 방법으로 보일지 모른다. 그리고 요가 지도자들이나 오래 수련한 사람들의 균형 잡히고 멋진 몸매를 보면서 자신도 그렇게 되고 싶은 생각에 요가를 시작하는 사람들이 많을 것이다. 어떤 사람들은 이렇게 외적인 요소로 인해 요가의 길에 들어서지만, 요가의 본질은 내면의 참된 자기를 찾는 진지한 영적 탐구에 있다. 요가를 통해 도달하고자 하는 최고의 목표는 우리가 알고 경험할 수 있는 지고의 근원인 신성과 늘 연결되는 것이다. 오랫동안 열심히 요가를 수련하면, 늘 고요하며 동요하지 않는 내면의 자리와 연결된다. 그렇지만 내면의 참된 평화에 대한 바람 없이 요가를 수련하면, 그런 요가는 전통적인 요가가 아니라 신체의 외적인 모습을 목표로 하는 운동이나 신체 단련에 가까운 것이 되고 말 것이다.

　나도 운동과 신체 단련을 좋아하고, 최고의 경지에 도달한 운동선수들은 어느 정도 영적이며 근원과 연결된 사람들이라고 느낀다. 그리고 요가를 위해서는 운동 기술의 실행이 상당히 필요하다. 그럼에도 불구하고 요가와 운동은 차이가 있다. 몸을 유연하게 하고 단련시키는 요가의 기법을 이용해서 운동 계획을 짜는 것은 좋은 일이다. 그러나 요가의 참된 혜택은 그 뒤에 있는 진정한 의도, 즉 내면의 평화라는 목표와 분리되어 따로 뽑아 낼 수 있는 것이 아니다.

　몸을 탄탄하게 만들거나 고난도의 신체 동작을 완벽하게 하는 것은 결코 그 자체로 요가의 목적이 아니다. 실제로 요가는 마음과 감정에 대한 집착과 동일시뿐 아니라, 몸에 대한 집착과 동일시도 놓아 버리는 법을 가르친다. 요가는 내면에 있는 영혼의 자리와 동일시하는 법을 배우도록 돕는다. 몸의 한계에 도전하고 극복함으로

써, 결국 자신이 신체적인 모습에 의해 묶여 있지 않음을 배우게 된다. "나는 이것을 할 수 없어." 또는 "이 자세는 너무 어려워."와 같은 정신적, 감정적 한계들을 직면하고 초월함으로써 우리는 자신의 한계 없는 잠재력을 직접 경험하게 된다. 요가는 마음과 물질에 대한 집착에서 해방되는 길이다. 그것은 내면의 세계로 들어가는 문이며, 내면의 평화에 헌신하는 삶이다.

신체적인 모습과 자세들은 비록 길을 가는 데는 유용하더라도 최종 목표는 아니다. 만일 우리가 좋은 사람이 아니라면, 몸이 유연하고 탄탄하더라도 별 가치가 없다. 반면에, 가장 기초적인 요가를 수련하고 있을지라도 더 평화로운 사랑의 삶을 진심으로 살고자 하는 사람이라면, 그는 아마 매우 뛰어난 요가 수행자일 것이다. 곡예사처럼 몸을 극단적으로 구부린 사람들의 사진을 보고서 흥분한 학생들이 파타비 조이스께 가져오면, 그분은 항상 사진을 찬찬히 들여다본다. 그 뒤 찡그렸던 미간을 펴고는 말한다. "그것은 요가가 아닙니다. 구부리는 것일 뿐입니다. 참된 자기를 아는 것이 진정한 요가입니다." 그분의 손자인 샤랏 조이스도 마찬가지다.

마음의 이완

수련생들이 자세라는 겉모습에만 열중하는 것처럼 보일 때에도, 그들은 더 깊은 내면의 소망을 말없이 표현하고 있는 경우가 많다. 어떤 문화에서는 그들의 종교 체계 바깥에서 하는 영적 탐구는 인정하지 않기도 하지만, 이런 문화권에서도 구성원들이 신체적, 정신적 건강을 위해 운동하고 수련하는 것은 허용할 뿐 아니라 권장하기도 한다. 이런 점에서 요가는 특정 종교나 종파에 속한 것이 아니면서 몸의 건강, 마음의 평화, 감정의 평정을 향상시키는 좋은 수단이다. 더욱이 요가는 종교인들에게 공통적인 고귀한 목표—신의 빛 안에서 살아가기, 날마다 내면의 신성을 알아차리기—를 이루도록 돕는 귀중한 도구를 제공한다. 이것은 모든 헌신적인 요가 수련생들이 지향해야 하는 공인된 목표이며, 매일 직접적인 경험을 통해 내면의 자기를 엄밀하게 반복적으로 탐구함으로써 이룰 수 있다.

몸과 마음은 인간 영혼의 두 가지 측면이다. 요가 수행자들은 영혼이 살아갈 깨끗하고 밝은 공간을 제공하기 위해, 승려들이 매일 아침 사원의 마당을 쓸 듯이 건강한 몸을 유지한다. 요가 아사나의 목표가 오로지 튼튼해지고 유연해지는 것이라는 생각은 잘못된 것이다. 물론, 요가를 수련하면 몸이 튼튼하고 유연해질 것이다. 그러나 오로지 유연한 몸을 만드는 데에만 중점을 둔다면, 요가의 진정한 선물을

영적 자유의 철학에 바탕을 두지 않은 요가는 그저 체조에 불과하다.

놓치게 될 것이다. 참된 자기 자신은 영적 존재라는 것을 계속 알아차림으로써 누리게 되는 내면의 평화야말로 요가의 진정한 선물이다. 요가를 수련할 때 일어나는 신체의 근본적인 변화는 몸매를 가꾸는 기법을 연마한 결과물이 아니다. 깊이 자리 잡은 심리적, 감정적 패턴들을 해체하고 뛰어넘을 때 그런 변화가 일어난다. 마음이 진보하면 몸도 변한다.

마음과 몸은 서로 영향을 미친다. 완고하게 고수되는 독단적인 태도, 어떤 의심이나 수정도 허용하지 않는 철저한 믿음 체계, 편견과 선입견, 원망, 용서되지 않은 마음의 상처와 모욕, 건드려지면 쉽게 폭발하는 감정의 버튼, 이런 것들은 흔히 몸이 긴장되고 경직되며 뻣뻣해지게 한다.

이런 패턴들과 스트레스에서 해방되는 과정을 촉진하는 방법은 여러 가지가 있다. 묵은 감정을 놓아 보내기, 용서, 지성적인 이해, 깊이 이완하는 침묵의 명상, 요가의 길이 그것들이다. 이 모든 방법에 공통적으로 필요한 한 가지는 용기다. 왜냐하면 오랫동안 고수했던 믿음들에 균열이 가고 뿌리 깊은 스트레스들이 놓여나기 시작하면, 불편한 감정들과 이미지들을 직면해야 하기 때문이다. 샤랏 조이스는 이렇게 말한다. "모든 감각을 내면으로 철수하며 내면의 순수함을 깨닫고자 하는 요가 수행자야말로 용기 있는 사람입니다. 다른 사람들을 바라보느라 우리는 자기 자신을 잃었고 내면의 순수함을 잃었습니다. 요가를 수련하면 서서히 모든 것에 초연해지며, 내면을 바라보게 되고, 내면의 가장 순수한 모습을 깨닫기 위해 노력하게 됩니다."

요가는 강하고 안정되고 한곳에 집중하는 마음을 요구한다. 어려운 자세들을 수련할 때 요구되는 강한 집중력은 우리의 마음과 영적 의지를 시험하고 단련한다. 마음이 강해지고 맑아지면 스스로 설정한 어떤 과제라도 이룰 수 있지만, 마음이 약하면 역경의 낌새만 보여도 쉽게 흔들리고 물러서 버릴 것이다. 영적 깨달음을 향한 길을 끝까지 가기 위해서는 단순히 강한 마음만으로는 부족하다. 영혼의 시험과 시련을 극복하기 위해서는 용기 있는 가슴도 함께 필요하다.

영적 수행자들은 스승과 가슴으로 연결되어 있다는 느낌을 받을 때가 많다. 이런 스승은 함께 있는 것만으로도 수행자를 진보하게 할 수 있다. 참된 스승의 현존은 그동안 진실이라고 믿고 있던 것들 너머의 위대한 진리를 깨우쳐 주는 힘이 있기 때문이다. 파타비 조이스를 처음 만났을 때 나의 가슴은 열렸으며, 이 열린 가슴은 나를 요가의 길로 더 깊이 끌어당겼고, 의심이 들던 순간에도 꾸준히 나의 길을 가도록 해 주었다. 어려운 상황에 부닥쳤을 때 수련을 신뢰하게 해 주는 것은 가슴에서 흘러나오는 이 헌신적인 믿음이다. 가슴은 마음을 안정시키며, 마음이 분산되어 있지 않아야 함을 알게 한다.

요가는 참된 자기를 실현하는 길이며, 참된 자기는 오로지 몸과 마음, 영혼이 하나 될 때만 실현될 수 있다. 마음은 길을 밝혀 주고, 몸은 한 걸음씩 길을 걸어가며, 용기 있는 가슴은 필요한 모든 문을 열어 주어 변함없는 내면의 평화에 이르게 한다. 가슴은 힘과 연민을 조화롭게 조절하고, 지혜와 보살핌을, 유연성과 균형을 조화롭게 조절한다. 가슴과 강하게 연결되어 있지 않으면, 영적인 길은 공허한 것이 될 수 있다. 타인과 공감하고, 타인이 곤경에 처해 있을 때 도와주고, 우리의 동료인 모든 지각 있는 존재들과 친해질 수 있는 우리의 능력은 인간 본성의 가장 좋은 점을 보여 주는 훌륭한 예가 될 것이다. 요가의 길은 우리를 내면에 있는 이 다정한 공간으로 더 깊이 데려오기 위한 것이다.

영적인 길을 걷기

영적인 자기탐구에 전념하는 삶은 우리 대부분이 자라면서 배운 것들과는 상반되는 것처럼 보일 수 있다. 더욱 균형 잡힌 생활양식을 위해 변화하려면 우리가 뒤로하는 것들과 멀어지는 위험을 감수해야 한다. 하지만 이 길은 우리와 다른 길을 걷는 사람을 비판하거나, 우리는 그들과 다르다며 서로를 구분 짓지 않기를 요청한다. 요가는 우리가 용기를 갖고서 자신의 꿈을 향해 나아가도록 권유하며, 타인이 자신의 꿈을 찾아가는 것을 판단하지 말고 허용하라고 한다.

만일 당신이 스스로를 위해 무엇을 선택한다면, 그냥 그렇게 하면 된다. 자신을 위해 선택하면 되는 것이다. 하지만 만일 당신이 남들을 위해 대신 선택하려고 하면, 즉 그들로 하여금 당신의 길을 걷게 만들려 하고 당신의 길을 따르게 만들려 하면, 당신의 사소한 일부인 그런 태도가 그들의 다름을 저해하게 된다. 그 모든 것을 받아들이는 것은 모든 것을 사랑과 이해의 공간에 두는 것을 의미한다. 그러므로 요가에 진정으로 헌신하는 수련생들은 결국 더없이 넓은 마음을 갖게 된다.

진정한 요가 수행자는 삶을 사랑하며, 세상에 긍정적인 변화를 일으키는 힘을 갖게 된다. 자기의 목표를 추구하며 진실하게 살아가는 참된 요가 수행자는 결코 타인에게 자신의 길을 따르라고 요구하지 않으며, 대신에 삶의 경이로운 다양성을 찬미한다. 어떤 면에서 모든 수련은 자기 자신의 모든 것 하나하나를, 자신의 결점들과 약한 모습까지 포함한 모든 것을 낱낱이 받아들일 수 있는 순간을 위한 원대한 준비라고 할 수 있다.

요가는 행복해 보이는 겉모습 이면의 모든 균열에서도 아름다움을 보고, 인간의 모든 불완전함마저 사랑하고, 온 세상의 아픔과 슬픔을 자기 안에 품을 수 있을 만큼 마음이 강할 때 그 진정한 효과를 발휘한다. 요가 수련에 전념하는 삶의 저 멀리 어딘가에 절대 자유의 순간이 있다. 그때 우리는 모든 것이, 겉으로는 아무리 안 좋아 보일지라도, 사실은 다 좋다는 것을 알게 된다. 그 순간 우리는 우주의 영원한 심장 박동인 사랑의 파동과 하나 되며, 그 무한한 지복(至福) 속으로 사라져 현존(現存)과 평화로 있게 된다. 그때까지, 그리고 아마도 그 순간 이후에도 우리가 할 일은 오직 수련뿐이다.

요가라는 고속도로에서 배우는 삶의 교훈

수련생이 되고 싶은 사람들에게 요가 세계의 이미지는 연꽃들이 피어나고 강물이 부드럽게 흐르는 강어귀 같은 목가적인 풍경처럼 보일 수 있다. 진지하게 요가를 수련하며 전적으로 헌신하는 모든 사람에게는 언젠가 내면의 평화라는 낙원 같은 세계가 주어질 것이다. 그럼에도 '실제' 요가는 행복에 잠겨 공원을 거니는 것이 아니라, 우리 삶의 경험을 잔인하리만큼 정직하게 비추어 주는 거울처럼 느껴질 때가 많다.

요가를 수련하다 보면 누구에게나 부상과 장애, 고통을 마주하는 순간이 찾아온다. 그럴 때는 삶이라는 거울의 반대 면에 있는 삶의 편안함과 은총을 경험하기 어렵다. 내면의 신성한 성소를 찾아가는 길은 구불구불한 길이며, 그 길 위에서 우리는 영성이라는 고요한 세계를 향해 떠날 때 뒤로했다고 생각한 모든 혼돈과 불안함, 과거의 상처들과 트라우마를 직접 통과해야 한다. 우리는 이런 것들을 피해 달아날 수가 없다. 우리는 불가사의하며 무한한 그 무엇을 우리 바깥에서 찾을 수 없다. 그러므로 우리는 내면을 직접 들여다보아야 한다. 진정으로 지속되는 빛나는 기쁨은 매일 성실하고 진지한 영적 수련을 통해 직접 발견되고 경험되는 우리 영혼의 풍경이다. 여간해서는 잡히지 않으면서도 대단히 평범한, 이 지속적인 평화의 세계로 건너가는 다리는 그럴 만한 자격이 있는 수행자들만이 건널 수 있다.

실생활에서 우리는 직장과 가족, 여러 가지 활동 때문에 관심이 분산되어 우리 안의 잠자는 괴물들을 알아차리지 못한다. 하지만 요가의 고요함 속으로 빠져들면 거기에는 오직 자기 자신, 자기의 호흡, 자기의 몸이 있을 뿐이며, 이를 통해 우리는 곧장 내면의 어둠 속으로 들어갈 수 있다. 내면의 어둠을 만나는 일은 요가의 길에서 만나는 가장 큰 시련이며, 이 어둠의 한가운데에서 우리는 우리가 어떻게 반응하든 결과에 상관없이 연민의 마음을 유지하도록, 우리 삶의 고난을 판단 없이 지켜보도록, 그리고 집착과 회피라는 양극단 사이의 중도(中道)로 걸어가도록 지도받는다. 요가는 마음을 다스리는 데 필요한 삶의 기술을 가르친다. 이 기술을 배우면 우리는 너무 높아서 도저히 오를 수 없을 것 같은 산 밑에 서 있을 때에도 정상에 이르는 길을 찾을 것이라는 강한 믿음을 갖게 될 것이다.

인생은 마치 대학과 같아서, 우리는 다양한 분야 중에서 자신이 관심 있고 배우고 싶은 전문 분야를 선택하여 학습하게 된다. 요가는 특별 심화 수업과 같다고 할 수 있다. 요가는 우리에게 당면한 핵심 과제에 더 깊이 들어가라고 하기 때문이다. 요가 매트 위에서 받는 수업들은 실제보다 더 어렵고 힘들어 보일 것이다. 마침내 우리가 수업들을 있는 그대로 직면할 수 있는 용기를 갖게 될 때까지는……

요가는 마치 속도가 붙은 자동차처럼 더 빨리 삶을 배우게 한다. 어려운 자세를 시도하다 보면 어떤 감정을 느낄 때가 있는데, 그 감정은 우리 삶에서 반복되는 어떤 감정 상태를 폭발시키는 방아쇠가 되기도 한다. 요가 매트 위에 서는 것은 감정적으로 홀로 서는 것이며, 자기의 느낌과 감정을 자기 자신의 것으로 인정하고 스스로 책임질 수 있도록 용기를 북돋아 준다. 자신이 느끼는 감정에 대해 아무도 비난하지 않는다면, 과거의 아픈 감정들이 다시 매섭게 몰아칠 때 그 감정을 유일하게 책임질 사람은 오직 우리 자신뿐이다.

아사나라는 삶의 축소판 안에서 경험하는 트라우마는 실제보다 훨씬 커 보일 수 있는데, 이럴 때는 이런 트라우마들과 친구가 되는 편이 더 쉬울 수 있다. 평생 그랬듯이 깊숙이 자리 잡은 행동 패턴으로 반응하는 대신, 우리는 과거로부터 자유로워질 기회를 가지고 있다. 호흡, 자세에 초점을 맞추고 내면에 관심을 기울일 때, 우리는 지금 이 순간에 머무를 수 있고, 마음을 더욱 균형 잡히게 할 수 있으며, 해악을 끼치는 행동들에서 벗어날 수 있다.

불가능해 보이는 신체 자세를 하나씩 극복해 가는 동안, 우리는 신체적인 것을 초월해 있는 우리 자신의 일부와 연결된다. 내면에 있는 그 영원한 자리와 접촉하고 나면, 우리는 다음에 또 불가능해 보이는 상황들을 직면할 때 자기 자신을 이전보다 더 많이 믿게 된다. 하나씩 극복하고 이루어 가는 사소한 순간들이 모이면, 그것들은 우리 자신이 이제까지 상상했던 것보다 더 크고 강하다는 것을 보여 주는 경험적인 증거가 된다. 요가는 처음에는 어려워 보이지만 결국에는 수월하게 해낼 수 있는 일련의 동작들을 제공하여, 우리가 자기 자신을 완전히 믿을 수 있는 기회를 주는 것이다.

우리가 아무리 숙련되더라도 우리 앞에는 언제나 도전이 필요한 자세와 동작들이 있을 것이다. 마이소르에서 네 번째 시리즈(어드밴스드 B)를 배우고 있을 때, 파리브리따아사나 A와 B 동작을 해내는 것이 나에게는 불가능해 보였다. 이 곡예와도 같은 동작에는 머리서기, 팔로 거꾸로 서기, 후굴, 비틀기, 전굴이라는 자세가 모두 들어 있어서, 이 동작을 직접 해 보려고 할 때마다 나는 항상 꼼짝 못하게 갇혀 버린 듯 다음 순서로 나아가지 못했다. 그런 나에게 샤랏 조이스는 계속 걷고 계속 움직이라고 말해 주었는데, 어느 날 무슨 일이 일어나고 있는지 미처 깨닫기도 전에 나의 몸이 그의 가르침과 지도에 반응하여 움직였던 일이 기억난다. 어디가 위인지 아래인지, 오른쪽인지 왼쪽인지, 앞인지 뒤인지도 모르는 순간들이 있었지만, 나는 계속 움직였고, 마치 어떤 일이 나를 통해 이루어지듯이 자세가 저절로 이루어지기 시작했다. 이 불가능해 보이던 동작이 어느 날 가능해진 것은 내가 스승과 아쉬탕가 요가 체계에 대해 가졌던 믿음 덕분이었다.

불가능해 보이는 자세들을 하나씩 실현해 가는 길을 통해 요가는 우리에게 가르친다. 정말로 이루기 힘든 것은 신체적인 형태가 아니라 전혀 동요하지 않는 내면의 평화이며, 우리는 이 평화에 이르기 위해 진정 노력해야 한다는 것을……. 이 영원한 평화를 알아차리기 위해서는 "진정한 목적지는 여행 그 자체에 내재되어 있다."는 고전적인 역설을 이해해야 한다. 요가라는 평생에 걸친 영적 길을 따라 어딘가에 '도달'하려면, 우리는 가장 기초적인 교훈 중 하나, 즉 "우리가 갈 곳은 사실 아무 데도 없다."는 것을 배워야 한다. 이것은 집착과 욕망을 놓아 버리는 것으로 시작하며, 이를 통해 우리는 진실로 평화로운 마음 상태에 이를 수 있다.

요가를 통해 우리는 먼저 자기의 몸이라는 시험장에서 수련을 한다. 그리하여 더욱 의식하며 깨어 있는 삶을 사는 법을 배우게 된다.

참된 자기를 드러내기

요가는 우리에게 길을 보여 주고, 친구들과 스승들로 이루어진 영적 공동체는 길을 밝혀 주지만, 이 길을 걸을 수 있는 것은 오직 자기 자신뿐이다. 우리 스스로 내딛는 한 걸음 한 걸음은 내면의 불굴의 용기에서 나온다. 우리의 한계를 시험하는 어려운 자세들은 영적인 근육을 단련시키며, 진취적인 기상을 고양시켜 지금껏 알고 있던 것 이상의 삶을 상상할 수 있게 한다.

우리는 통행료를 지불하고 인간 영혼의 골짜기를 건너갈 때 비로소 앞으로 계속 나아갈 수 있다. 우리는 몸과 호흡을 대금으로 지불하고서 무한한 에너지, 진정한 힘, 자비로운 지혜에 다가갈 수 있다. 그러면 우리 삶의 이야기는 비극에서 영웅의 여행으로 변모할 것이다. 요가 수련은 우리의 인생을 완전한 현존(現存)이라는 새로운 관점으로 다시 바라보게 하여 과거의 고통에서 해방시키는 마법 같은 힘을 발휘한다. 스스로 알아차리는 자각의 환한 빛으로, 우리는 자기 자신이 본래 자유롭고 행복하며 평화로운 존재임을 알아보기 시작한다.

우리는 우리 자신의 변모에 자기 자신이 중요한 역할을 했음을 알게 될 것이다. 우리 스스로 날마다 성실하게 수련을 하기 때문이다. 스승, 안내자, 영적인 친구들이 이 여정에 도움을 주지만, 만일 우리가 수업을 배우고 소화하지 못한다면 심지어 최고의 가르침마저도 아무 의미가 없다. 우리는 매트 위에서 땀 흘리며 보낸 세월을 돌아볼 것이고, 우리가 얼마나 멀리 왔는지를 찬찬히 살펴볼 것이다. 우리가 얼마나 멀리 왔는지를 알아보는 기준은 아사나의 완성 정도가 아니라, 더욱 평화로운 삶을 향해 나아가겠다는 확고한 의지를 꾸준히 알아차리는 데에 있다. 어떤 난관이 닥치든 있는 그대로 직면할 수 있을 만큼 자신이 강하다는 것을 아는 것보다 더 자신감을 심어 주는 것은 없을 것이다.

어떤 난관이 닥치더라도 있는 그대로 만날 수 있다는 확신보다 더 큰 자신감은 없을 것이다.

나는 요가 수련을 시작하기 이전에는 나 자신을 믿지 못했고, 성공과 실패를 판단하는 진정한 기준도 알지 못했다. 외적으로 성취한 결과로 나 자신을 판단했고, 내가 원하는 것을 신속하게 얻지 못했을 때는 좌절감을 느끼곤 했다. 수련을 시작한 뒤에는 나 자신이 바로 내 운명의 주인임을 알게 되었고, 나의 생각들이 실제로 나의 현실 경험을 창조하고 있음을 보았다. 내 생각들이 매일의 요가 수련뿐만 아니라 나의 삶마저도 제한하고 있었다. 그래서 어떤 성과를 이루어 내기 전에 먼저 나 자신을 믿는 법을 배워야만 했다. 마음 깊이 자리한, 자기의 가치에 대한 부정적인 믿음들을 해결하지 못한다면, 아무리 많은 노력을 해도 원하는 만큼의 결과를 내지 못할 것이다. 현재의 자신과 자기의 꿈 사이에 놓여 있는 장벽은 다른 무엇보다 자기 자신에 대한 믿음의 결여인 경우가 많다.

우리는 우리가 실천하는 것을 얻는다. 만일 패배주의적인 태도로 요가의 세계에 들어온다면, 더욱더 많은 패배를 경험하게 될 것이다. 만일 행복한 마음으로 요가의 세계에 들어온다면, 더욱더 많은 행복을 누리게 될 것이다. 마치 삶 자체의 축소판처럼, 요가는 자기 자신에 대해 깊이 자리한 생각들이 무엇인지 시험해 보고, 자신의 사고방식을 통해 어떤 결과를 얻는지를 알아보는 실험장과 같다. 꾸준한 수련으로 얻어지는 자기에 대한 믿음은 다른 어떤 일을 해서 얻는 자신감보다 더 크기 마련이다. 요가는 우리가 신체 너머의 자기 자신, 그리고 자기에 대한 믿음이 있는 그 영원한 자리와 연결되도록 돕는다. 오직 무한한 참나라는 변함없는 내면의 영역과 접촉할 때 모든 자세들은 이해되기 시작한다. 요가라는 수단을 통해 자기 영혼의 심연을 직접 인식하면, 비로소 수없이 많은 날들 동안 이어 온 수련의 의미를 진정으로 이해할 수 있게 된다. 그리고 아사나를 통한 영적 여정은 마침내 지속적인 내면의 평화를 경험하는 것으로 결실을 맺는다.

파타비 조이스가 자세와 움직임을 교정해 주실 때마다 나는 늘 내 존재의 에너지가 전혀 다른 방식으로 움직이는 것을 느꼈다. 그것은 마치 과거의 카르마적인 굴레들이 불타 없어지는 것 같은 느낌이었다. 때로는 두드러진 신체적인 변화가 있었고, 때로는 설명할 수 없는 에너지적인 변화도 있었다. 그분처럼 후굴을 도와준 사람은 여태껏 없었으며, 아마 앞으로도 없을 것이다. 그분은 힘들이지 않고 자연스럽게 나를 정신적인 한계 너머로, 신체적인 한계의 끝까지 데려가곤 했는데, 그럴 때면 수련 후에도 아픔이나 쑤심이 없었다. 파타비 조이스가 그 수련실에 계시는 것만으로도 나의 모든 아픔이 사라졌고, 모든 것이 평소보다 더 평화로운 것 같았으며, 모든 것이 더 가능해 보였다.

만일 완벽한 아사나를 이루어 내겠다는 관점으로 수련에 접근한다면, 조만간 실패를 맛보게 될 것이다. 가장 강하고 유연한 사람이라고 해도 언젠가는 부상을 입거나 늙기 마련이다. 세월이 흐름에 따라 더 강하고 더 유연한 신세대 수련생들도 새롭게 들어올 것이다. 이런 일이 일어날 때는 요가를 그만두거나 자책할 때가 아니다. 실패를 알아차리는 순간은 오히려 가장 많은 내적 성장이 일어나는 때인 경우가 많다. 우리가 완벽한 요가의 몸과 완벽한 요가 자세를 얻는 것은 때로는 그저 부상이나 나이로 그것을 '잃기' 위해서인지도 모른다. 왜냐하면 그때 우리는 이 여정의 본질은 결국에는 아사나와 상관이 없는 것임을 알 수 있기 때문이다. 요가는 당장은 분명히 보이지 않더라도 결과들에 대한 믿음을 갖기를 요구한다. 지금 이 순간 어려움을 겪더라도 마음이 편안할 수 있는 유일한 길은 우리 궁극의 목적인 내면의 평화가 꼭 이루어질 수 있다는 전적인 믿음이다. 요가는 자기를 진정으로 믿는 법을 보여 준다.

요가에서 우리는 자기 자신을 '뜯어고치려' 하지 않는다. 대신에 우리의 진정한 본성을 드러낼 뿐이다. 냉소와 분노, 두려움이라는 표면 아래에서 강하게 고동치는 따뜻하고 부드러운 연민의 가슴은 결코 죽을 수 없다. 사실, 그것은 우리의 신체적인 모습 너머에서 우리와 함께 머무르며, 우리를 다음 단계로 데려간다. 요가의 정수는 실제로는 인간 영혼의 영원한 본성이다. 만일 당신이 매일 그것과 연결된다면, 이 여정은 이미 결실을 맺고 있다.

치유의 완성

당신은 처음에는 순전히 건강이나 몸매를 가꾸려는 목적으로 요가를 배우기로 결심했을지 모른다. 하지만 오래지 않아 이 고대의 영적 과학이 자기 존재의 깊은 수준에서 작용하며 근본적으로 변화시키는 힘을 경험할 수 있다. 요가가 당신의 삶에 신체적인 수준을 훨씬 넘어서는 변화를 가져온다고 해도 놀라지 않기 바란다. 아쉬탕가 요가는 몸에서 시작하여 마음과 영혼에 영향을 미치면서 점차 인간의 정신을 변화시킨다.

요가를 위해 찾아오는 사람들의 배경은 다양하다. 어떤 사람들은 이미 더 나은 삶을 향해 가는 길―명상, 채식, 운동, 태극권, 기공 등―을 경험했을 것이고, 또 어떤 사람들은 요가를 의식의 진보를 위한 첫 번째 모험으로 선택했을 것이다. 어쨌든 요가의 세계에 입문하는 것은 더욱 중심이 잡히고 즐겁고 평화로운 삶으로 나아가는 중요한 한 걸음이다. 이 여정의 초기 단계에서 당신은 순간순간 자기의 삶을 창조하고 날마다 최고의 잠재력을 발휘하면서 자기의 힘을 느낄 기회를 갖게 된다.

요가는 누구에게나 주어지는 영적 여행으로의 초대장이다. 그것은 구속의 길이 아니라 해방의 길이며, 규칙들과 지시들의 길이 아니라 직접 알아 가는 길이다. 요가를 수련하기 시작하면 몸이 더 민감해지며, 그러면 더 순수한 생활 방식에 따라 살 필요를 느끼게 된다. 요가적인 생활 방식의 전통적인 도덕과 윤리 규범은 수련하는 이로 하여금 세상에서 친절과 연민, 치유의 도구가 되기를 요청한다. 그런데 이때 평화로운 삶을 살겠다는 선택은 자연스럽게 진심으로 이루어져야 하며, 그렇게 행동으로 실천하려 하기 이전에 자기 내면에서 느끼는 것이어야 한다. 만약 당신이 생활 방식을 바꾼다면, 그것은 스승이 요청하기 때문이 아니라, 요가가 새로운 존재 방식으로 가는 문을 열어 주기 때문이며, 기쁨과 편안함, 감사함으로 그 길을 걷겠다고 스스로 선택하기 때문이다. 요가의 연꽃 심장 속으로 들어가는 이 여행은 평생에 걸친 영적 수련이며, 이 수련은 이 생애뿐 아니라 그 너머에서도 꽃을 피운다. 불가능해 보이지만 시간과 헌신, 안내로 정복되는 어려운 자세들에 도전할 때 얻을 수 있는 작은 보물들이 수없이 많이 있다.

구분들이 있는 곳에서 하나임을 보려면 위대한 마음이 필요하다. 전쟁이 있는 곳에서 평화를 보려면 진실로 밝은 눈이 필요하다. 상처가 있는 곳에서 치유를 보려면 거대한 용기가 필요하다. 절망이 있는 곳에서 희망을 보려면 고귀한 영혼이 필요하다. 자기 주변의 모든 곳에서 사랑을 보려면 무한한 힘이 필요하다. 그리고 요가는 세상에서 치유하는 존재가 될 수 있는 힘을 준다.

2부

수련
Practice

일러두기

1. 2부에 있는 근육과 뼈 등에 관한 주석들은 번역자의 주석이다.

2. 해부학 용어의 경우, 대부분 우리말로 순화한 용어를 사용하였고, 과거에 사용하
   던 한자식 용어는 대개 괄호 안에 병기하였다. 예) 엉치뼈(천골), 예외) 고관절

3. 해부학 용어에 익숙하지 않은 독자들을 위하여 일부 용어는 익숙한 말로 대신하면
   서 괄호 안에 병기하였다. 예) 궁둥뼈 → 엉덩이(궁둥뼈)

5

수리야 나마스카라 (태양경배):
모든 것이 시작되는 곳

수리야 나마스카라(태양경배)는 맨 처음 시작하는 일련의 동작들이며, 우리는 이 입구를 통해 요가의 육체적, 영적 계보의 중심으로 들어간다. 이 동작들은 신체적인 면에서는 내적인 정화의 불(아그니)을 점화하기 위한 것이다. 아그니가 점화되면 동작과 호흡이 결합되어 몸에서는 독소를, 마음에서는 해로운 생각을 정화하기 시작한다. 이 내부의 불이 점화되어야만 요가는 마법 같은 변화를 제대로 일으킬 수 있다. 일련의 수리야 나마스카라를 행하면 심혈관계가 자극을 받아 활발해지고, 근육과 관절이 수련을 위해 준비되며, 마음의 초점이 내부를 향하게 된다.

아쉬탕가 요가 전통에는 두 가지 수리야 나마스카라가 있는데, 각각 수리야 나마스카라 A와 수리야 나마스카라 B로 불린다. A 시리즈가 B 시리즈보다 쉬우며, 각각 다섯 번까지 반복해서 할 수 있다. 전통적인 하타 요가에서는 동트기 전이나 해 뜨는 시간에 맞추어 동쪽을 향해 수리야 나마스카라를 하라고 권한다. 요가는 몸과 마음을 합일시키고 안정되게 하기 위하여 호흡, 자세, 응시를 이용한다. 그러므로 모든 아사나를 수련하기에 가장 좋은 시간은 아직 바쁜 하루가 시작되지 않은, 아침 식사를 하기 전인 이른 아침이다. 이때 마음은 하루 일과가 시작되기 전이라서 더 고요하고, 몸은 잠으로 휴식을 취한 뒤라서 더 순수한 상태에 있으며, 밤사이 나무들이 산소를 만들어 준 덕분에 공기도 깨끗하다.

이 시간을 매일 하는 신체적인 수련에 적당한 때로 보는 것은 과거 인도의 태양중심 우주관이 반영된 것이기도 하다. 요가 전통에서 위대한 현자(리쉬)들은 태양의 장엄한 존재를 우주에 대한 이해의 중심에 두었다. 수리야 나마스카라는 어김없이 돌아오면서 지구와 지상의 모든 존재에게 생명을 주는 태양에 대한 인사이다. 그렇지

86

만 요가 수련에서 수리야(태양)라는 요소는 단순히 태양의 물질적인 존재만을 상징하는 것이 아니다. 그것은 숙련된 요가 수련자들이 얻게 되는 내면의 빛을 나타내는 은유이기도 하다. 모든 수리야 나마스카라는 요가 수련자들이 영적 자각이라는 내면의 빛을 밝히기 위한 기도와 같다.

내적인 정화의 불이 몸과 마음에서 독소와 불순물을 제거하기 위해 충분히 준비하는 동안, 이러한 정화 작용을 균형 잡히게 하는 것은 사트바적인 태도, 즉 평화로운 태도이다. 아쉬탕가 요가는 몸의 건강과 균형을 회복하고자 하며, 수리야 나마스카라를 수련하는 데는 강함과 유연함이 필요하다. 그러므로 몸과 마음에서 태양의 측면과 달의 측면이 균형 잡힌다.

사마스티티 Samasthiti
바르게 서는 자세
드리쉬티: 정면

사진 5.1

전통적인 방식의 전체 빈야사를 수련할 때는 모든 자세가 이 서 있는 중립적인 자세에서 시작하고 끝을 맺는다. 시작하는 만트라와 마치는 만트라(부록 A 참조)는 사마스티티 자세에서 두 손을 합장해 모으고 눈을 감은 채로 암송한다. 사마스티티 자세로 돌아올 때마다 우리는 내적인 수련과 다시 연결되고, 마음의 평정을 되찾게 되며, 균형 잡힌 자리에서 일련의 다음 동작들을 시작하게 된다. 다른 방식의 요가들에서는 바르게 서 있는 이 자세를 타다아사나(Tadasana)라고 부르기도 한다. 하지만 아쉬탕가 요가에서는 네 번째 시리즈에 타다아사나라고 부르는 자세가 별도로 있으며, 이 자세에서는 양발의 뒤꿈치를 마주 대고 발 앞부분을 옆으로 벌려서 두 발이 180도로 일직선을 이루게 하는 발레의 1번 자세와 같이 엉덩관절(고관절)을 완전히 바깥으로 180도 회전시킨다.

엄지발가락과 뒤꿈치가 맞닿도록 양발을 모으고 매트 위 앞쪽에 선다(사진 5.1). 자연스럽게 바닥을 누르고 있는 엄지발가락과 새끼발가락, 뒤꿈치의 밑부분을 느끼면서 몸무게가 고르게 분배되도록 한다. 무릎 뒤가 지나치게 늘어나지 않는 선에서 무릎뼈(슬개골)를 살짝 끌어올리고 넓적다리 앞쪽 근육(넙다리 네 갈래근)[2]을 서로 모아 준다. 아랫배를 끌어당기고 골반 기저근(골반 바닥 근육)을 조인다. 척추를 펴되 너무 꼿꼿이 세우지는 말고 자연스러운 굴곡이 있게 한다. 가슴을 펴서 가슴 중심(복장뼈)[3]이 들리게 하고, 어깨(어깨뼈)[4]는 자연스럽게 등 쪽으로 끌어내린다. 두 팔은 몸통 옆에 자연스럽게 내린다. 고개를 정수리까지 자연스럽게 세운다. 몸의 중심 기둥이 일직선으로 정렬되게 한다. 힘과 이완이 조화롭게 균형을 이루게 해 보라. 근육에 억지로 힘을 주어 경직시키지 말고, 수련이나 동작을 준비하는 마음으로 편하게 선다. 만일 몸에 힘이 너무 들어가 있다고 느껴지면, 깊이 심호흡을 하면서 이완하도록 한다.

2 **넙다리 네 갈래근** 넓적다리 앞쪽에 있는 강하고 큰 근육. 네 개의 근육으로 이루어진다. 대퇴 사두근. quadriceps.
3 **복장뼈** 가슴 한복판에 있는 세로로 길쭉한 뼈. 가슴의 전면, 중앙에 세로로 15~20cm에 걸쳐 위치한다. 흉골. sternum.
4 **어깨뼈** 등 위쪽에 있는 한 쌍의 넓적한 뼈로 몸통 뒤쪽과 팔을 연결하는 삼각형 모양의 뼈. 견갑골. shoulder blade.

수리야 나마스카라 Surya Namaskara　A

각 동작에 상응하는 들숨과 날숨을 지키면서 이 동작들을 물 흐르듯 이어 가야 한다. 오직 다운독(downward dog) 자세에서만 멈추고 다섯 번 호흡한다.

88

태양경배 A

태양경배 동작들은 비교적 빠른 속도로 진행되며 상당한 숙련도를 요구한다. 이 자세들로 물 흐르듯 들어가고 나올 때 올바르게 정렬하는 법을 이해하도록 돕기 위해 여기에서는 가장 기본적인 네 가지 자세에 대해 상세히 설명한다. 이 자세들에는 훨씬 더 복잡한 아사나들을 하는 데 기본이 되는 해부학적, 기술적 기초가 포함되어 있다. 프라이머리 시리즈의 다음 부분으로 넘어가기 전에 이 동작들을 올바르게 익히는 것이 중요하다.

수리야 나마스카라 Surya Namaskara B

수리야 나마스카라 A에서처럼 모든 동작을 물 흐르듯 자연스럽게 연결하여 행한다. 마지막 다운독 자세에서만 멈추고 다섯 번 호흡한다.

우따나아사나 Uttanasana

서서 앞으로 굽히는 자세
드리쉬티: 나사그라이(코끝)

우따나아사나는 시리즈에서 첫 번째로 나오는 '서서 몸을 앞으로 굽히는 자세'이다. 이 자세는 전통적으로는 오직 수리야 나마스카라의 일부로만 행해지며, 수련 전체에 걸쳐서 요구되는 건강한 전굴 자세의 원리를 익히게 한다. 수리야 나마스카라 A의 두 번째 호흡이자 산스크리트 어로 2를 의미하는 '드웨' 카운트에서 이 자세로 들어갈 때는 충분히 자각하고 인내하면서 동작을 시작한다.

엄지발가락이 서로 맞닿도록 양발을 붙여 선다. 몸을 앞으로 굽혀 반으로 접고 엉덩이를 들어 올리며, 아랫배와 골반 기저근을 조이고 등근육은 쭉 늘인다. 손가락들을 발가락들과 나란한 위치에 바닥에 댄다(사진 5.2). 엄지발가락과 새끼발가락, 뒤꿈치의 밑부분으로 바닥을 단단히 누르면서 다리 근육은 수축하고, 오금줄(햄스트링; 허벅지 뒤쪽의 근육과 힘줄)은 늘인다. 몸의 무게를 발의 중심으로 이동하면서, 자신의 균형 잡는 능력을 확인해 본다.

사진 5.2

사진 5.3

효과

골다공증이 완화된다.

간과 신장이 자극되어 활발해진다.

소화력이 좋아진다.

넓적다리와 발목이 강화된다.

오금줄과 종아리, 등이 신장된다.

혈액 순환이 자극되어 활발해진다.

차투랑가 단다아사나 Chaturanga Dandasana

사지 막대 자세

드리쉬티: 나사그라이(코끝)

5 팔이음뼈 위팔을 몸통 뼈대와 연결하는 뼈. 어깨뼈(견갑골)와 빗장뼈(쇄골)로 이루어진다. 어깨띠, 견대, 견갑대. shoulder girdle.

　　차투랑가 단다아사나는 힘을 길러 주는 기본 자세이며, 수리야 나마스카라와 앉은 자세들을 하는 동안 반복적으로 나온다. 차투랑가 단다아사나를 통해 익히게 되는 정렬의 원리들은 팔로 균형 잡는 자세, 힘이 많이 필요한 자세, 거꾸로 하는 자세 등 훨씬 힘든 자세들을 할 수 있는 능력을 갖추게 할 것이다. 정렬이 제대로 이루어지지 않으면 필요한 힘을 갖추지 못할 뿐 아니라 부상을 당하기 쉬워진다.

　　이 자세를 위해 구조적으로 떠받치는 힘은 주로 어깨(팔이음뼈)[5]와 하체에서 나온다. 몸무게를 떠받치기 위해 사용하는 몸의 앞쪽 근육들, 자세의 정렬을 돕기 위해 사용하는 뒤쪽 근육들을 생각해 보라(사진 5.3).

태양경배에서는 세 번째 빈야사에서 호흡과 함께 뒤로 점프하여(점프 백) 곧장 이 자세로 들어가거나, 널빤지 자세(사진 5.4)를 취한 뒤에 들어간다. 만일 뒤로 점프하여 곧장 이 자세로 들어간다면, 내쉬는 숨 한 번에 뒤로 착지해서 완전한 자세를 갖추어야 한다. 만일 뒤로 점프하여 널빤지 자세로 들어간다면, 잠시 널빤지 자세를 유지한 뒤, 숨을 내쉬며 팔을 굽혀 몸을 낮추면서 차투랑가 단다아사나를 취한다. 두 발은 골반 너비 정도로 벌린다.

사진 5.4

발을 구부려 뒤꿈치 바로 밑에 발가락이 위치하게 한다. 이때 몸을 너무 앞으로 기울여 발가락 앞쪽으로 지나치게 쏠리지 않도록 한다. 다리 아랫부분에 구조적으로 떠받치는 힘을 주기 위해 넓적다리 앞쪽 근육(넙다리 네 갈래근)에 힘을 준다. 아랫배를 강하게 끌어당기고, 골반 기저근도 최대한 적극적으로 조인다. 밑에서 떠받치는 감각을 키우기 위해 꼬리뼈를 살짝 안으로 말아 넣는 것처럼 해 보라. 가슴우리(흉곽)를 끌어당기면 몸통 위쪽과 어깨(어깨뼈)를 떠받치는 근육들뿐 아니라, 밑에서 몸 전체를 떠받치는 근육들을 수축하는 데 도움이 된다. 손가락 끝이 가슴 중심(복장뼈) 윗부분과 정렬되고 손바닥은 그 아래쪽에 놓이도록 바닥을 짚는다. 어깨(어깨뼈)는 등 쪽으로 끌어내린다.

어깨(어깨뼈)와 팔, 빗장뼈(쇄골)가 만나는 지점을 견봉돌기라고 부르는데, 어깨 위의 살짝 튀어나온 부분이다. 견봉돌기는 원래 무게를 지탱하는 관절이 아니지만, 이 아사나에서처럼 이 부위가 아래를 향하고 있을 때는 그런 역할을 하게 된다. 그러므로 이 관절이 똑바로 앞을 향하게 하고, 어깨는 직각을 이루게 하며, 가슴은 펴 준다.

이 자세에서 어깨(팔이음뼈)를 떠받치고 어깨의 부상을 방지하려면, 등의 중간 이하에 있는 넓은등근(광배근)[6]과 겨드랑이 아래쪽에 있는 앞톱니근(전거근)[7] 등 몸통 윗부분에 있는 근육의 깊은 부분들까지 힘을 기르는 것이 중요하다. 가슴 근육[8]의 힘을 쓰면 상체를 더 안정되게 떠받칠 수 있다. 마지막으로, 어깨에 있는 어깨세모근(삼각근)[9]을 이용해서 어깨를 더욱 견고하게 받쳐 준다. 목을 곧게 펴서 빗장뼈(쇄골)를 열어 주고 가슴 중심이 살짝 앞으로 나오도록 한다.

만일 당신이 초보자라서 정자세에서 올바른 정렬을 유지하기가 어렵다면, 이 아사나보다 단순한 널빤지 자세로 시작해 보라(사진 5.4). 널빤지 자세는 차투랑가 단다아사나의 방법을 따르되 팔을 굽히지 않고 똑바로 편다. 이 준비 자세에서 곧바로 우르드바 무카 슈바나아사나(업독)로 들어갈 수도 있고, 이 준비 동작에서 바르게 정렬을 유지할 수 있게 되면 차투랑가 단다아사나를 시도해 볼 수도 있다.

6 넓은등근 크고 납작한 삼각형의 부채꼴 근육으로 등의 중간 이하에 넓게 퍼져 있다. 등의 아랫부분에서 시작하여 위로 올라가면서 가늘어지다가 좁은 힘줄을 이루어 위팔뼈에 붙은 근육이다. 광배근. latissimus dorsi.

7 앞톱니근 주로 겨드랑이 아래, 가슴의 옆에 있는 톱날 모양의 근육. 어깨뼈 안쪽 끝에서부터 1~8,9번 갈비뼈의 바깥쪽에 붙어 있다. 전거근. serratus anterior muscles.

8 가슴 근육 가슴 부위의 근육군으로 흉곽의 위쪽과 앞쪽을 덮고 있다. 주로 큰가슴근과 작은가슴근으로 이루어진다. pectoral muscles.

9 어깨세모근 어깻죽지에 있는 삼각형 모양의 근육. 위팔을 모든 방향으로 움직이게 하는 근육. 삼각근. deltoid muscles.

• 넓은등근, 앞톱니근, 어깨세모근은 229쪽의 그림 10.2와 10.3을 참고하라.

효과

팔, 손목, 어깨, 배, 다리, 그리고 몸 전체의 힘이 강해진다.

집중력이 좋아진다.

코어 근육[10]과 반다(bandha)들이 자극된다.

자세가 좋아진다.

복부의 장기들과 소화 기관이 자극되어 활발해진다.

우르드바 무카 슈바나아사나 Urdhva Mukha Svanasana

위를 바라보는 개 자세(업독, upward dog)

드리쉬티 : 우르드바(하늘, 위쪽)

10 코어 근육 복부 근육, 엉덩허리근, 척추 세움근, 골반 기저근, 깊은 엉덩이근, 허리네모근 등으로 이루어져 있다. 주로 복부, 등의 중간 이하, 엉덩이 부위에 있다. 몸의 중심 근육으로서 몸을 안정되게 지탱하고 힘을 쓰게 하며, 움직임을 용이하게 하는 가장 중요한 근육들이다. core muscles.

11 허리뼈 척추 중 등뼈(흉추)와 엉치뼈(천골) 사이의 부분으로 허리 부분을 형성하는 뼈 구조물. 사람의 허리뼈는 5개의 척추뼈로 구성되어 있다. 요추. lumbar spine.

12 엉치뼈 척추에서 허리뼈 이하 부위에 위치하면서 척추와 골반의 연결고리 역할을 한다. 5개의 척추 분절이 합쳐져서 역삼각형 모양을 하고 있다. 천골. sacrum.

전통적으로 차투랑가 단다아사나에서 이 자세로 들어간다. 이 자세는 빈야사의 기본 동작 가운데 하나로서 수련 전체에 걸쳐 자세들 사이에 반복적으로 행하게 된다. 우르드바 무카 슈바나아사나는 후굴 동작을 하는 데 필요한 기술과 힘, 정렬을 발달시키도록 돕는 첫 번째 자세다. 겉보기에는 간단해 보이는 이 자세가 다음에 나오는 더 어려운 아사나들을 할 때 척추를 쓰는 능력에 기초가 된다는 점을 이해하는 것이 중요하다. 모든 반복되는 자세들은 건강하고 균형 잡힌 접근을 위한 핵심 요소들을 포함하고 있으며, 평생에 걸친 요가 수련을 위한 골격을 갖추게 한다. 모든 후굴 동작을 할 때도 마찬가지지만, 여기서도 억지로 등을 젖히려고 하기보다는 몸 전체의 근육과 관절을 들어 올리고 늘여서 자연스럽게 후굴이 이루어지도록 하는 느낌으로 동작을 취하는 것이 중요하다.

어깨가 손바닥 위에 오도록 정렬을 맞추고, 두 발은 엉덩이 너비 이상 벌어지지 않게 한다. 먼저 엄지발가락으로 바닥을 밀며 누른다. 에너지가 발바닥을 통해 외부로 뻗어 나가고 하체가 길게 늘어난다고 상상해 보라. 다리의 근육들을 수축하고 발로 바닥을 눌러 몸을 더욱 신장시킨다. 이렇게 다리의 근육들을 능동적으로 써서 에너지의 흐름과 연결이 되면 무릎뼈(슬개골)가 자연스럽게 들리고, 넓적다리와 골반이 바닥에서 뜰 것이다. 몸통이 계속 바닥에서 떨어져 있도록 유지해 준다. 골반에 주의를 기울이면서 부드럽게 앞쪽으로 밀어 주고 살짝 젖히되, 허리뼈(요추)[11]를 너무 평평하게 누르지 않도록 주의한다. 이렇게 하면 엉치뼈(천골)[12]와 허리 아랫부분을 따라 여유 공간이 생길 것이다.

사진 5.5

다리에서 자세의 기초를 잘 잡았다면, 골반 기저근을 조이면서 아랫배를 끌어당긴다. 등근육을 수축하되 척추가 눌리지 않게 하며, 이러한 조임과 수축을 통해 척추 마디마디 사이에 공간이 생기도록 허용하며, 척추 마디마디를 허리로부터 더 위로 끌어올린다. 어깨(어깨뼈)를 등 쪽으로 젖혀서 양팔을 안정되게 고정시킨다. 손바닥으로 매트를 밀면서 넓은등근(광배근)과 앞톱니근(전거근)을 수축하며, 손가락 관절들을 바닥에 대고 손가락으로 살짝 움켜쥐듯이 누른다. 어깨(어깨뼈)가 등 쪽으로 젖혀지면 가슴 중심(복장뼈)이 올라올 것이다. 이 에너지적인 들림을 따라 자연스럽게 가슴을 내밀며 살짝 들어올린다. 에너지가 척추의 확장으로서 정수리를 통해 밖으로 흘러가도록 허용한다. 위를 올려다보는 동안 고개가 뒤로 꺾이지 않도록 주의한다. 목을 척추의 일부로 여기고, 이 후굴 자세의 들어 올림과 확장이 몸의 모든 관절에 영향을 미치도록 허용하라(사진 5.5).

이 과정을 올바르게 행하면, 우르드바 무카 슈바나아사나(업독)는 에너지가 척추를 타고 올라가서 머리의 중심에 있는 몸과 영혼의 영적 정점에 도달하도록 돕는다. 이 자세에서 몸을 지탱하는 데 필요한 신경근의 활성화는 다음에 나오는 더 심화된 후굴 자세들을 위한 구조적인 토대를 마련해 준다.

효과

척추와 등근육이 강화된다.

자세가 개선된다.

가슴 부위가 신장된다.

허파와 어깨, 복부가 확장된다.

복부의 장기들이 자극되어 활발해진다.

소화력이 좋아진다.

천식, 궁둥뼈(좌골) 신경통, 피로 증상이 완화된다.

아도 무카 슈바나아사나 Adho Mukha Svanasana

아래를 바라보는 개 자세(다운독, downward dog)
드리쉬티: 나비 차크라(배꼽)

수리야 나마스카라 중간에 나오는 이 자세에서 우리는 다섯 번 호흡한다. 아도 무카 슈바나아사나는 요가 수련을 하는 내내 반복되므로 아마도 가장 자주 접하는 자세 중 하나일 것이다. 이 자세가 널리 행해지는 까닭은 이 자세가 몸에 미치는 강력한 치유 효과 덕분일 것이다. 수련을 반복하면 어깨 정렬이 개선되고, 아랫배근육과 자각하기 어려운 반다(bandha) 부위를 잘 활용하게 된다. 또한 엉덩이를 들고 상체를 숙인 자세에서 허리가 자연스럽게 펴지며 오금줄(햄스트링)과 다리 아랫부분이 신장된다.

업독 자세(우르드바 무카 슈바나아사나)에서 바로 이 자세로 들어간다. 가장 좋은 효과를 얻기 위해 양 손바닥은 어깨 너비로 벌리고, 두 발은 엉덩이 너비로 벌린다. 어깨(어깨뼈)를 등 쪽으로 끌어내리고 서로 적당히 벌려 주어 목 주위에 적당한 공간이 생기게 한다. 등 윗부분의 근육인 등세모근(승모근)[13]에는 힘을 뺀다. 몸의 무게를 상체로 분배하여, 넓은등근(광배근)과 앞톱니근(전거근)에 의해 지지받도록 한다. 이렇게 하면 팔이 몸통과 유기적으로 연결되어 움직이는 데 도움이 된다. 가슴을 자연스럽게 놓아두어 상체와 하체가 몸 전체를 구조적으로 어떻게 지지하고 있는지 느껴 본다. 이때 가슴우리(흉곽)를 과도하게 오므리거나 부풀리려고 하지 않는다. 아랫배는 당기고 골반 기저근은 조인다.

이 정렬을 유지하는 동안 깊은 호흡을 하기 위해서는 허파의 용량을 최대한 사용

13 등세모근 등 윗부분에 있는 삼각형의 근육으로, 위아래로는 뒤통수뼈에서부터 등뼈 12번에 이르기까지 길게 내려오며, 옆으로는 어깨뼈까지 걸쳐 있는 긴 얕은근육이다. 어깨뼈를 움직이고 팔을 지탱한다. 승모근. trapezius muscles.

사진 5.6

하는 법을 배워야 한다. 그렇지 않으면 배로만 얕은 숨을 쉬게 되어 척추에 안 좋은 영향을 미칠 수 있다. 척추가 골반에서 편안히 늘어지게 하여 마디마디 사이가 길게 늘어나는 느낌을 느껴 보라. 엉덩관절(고관절)이 반쯤 접은 몸의 받침점(지렛대 받침점)과 같은 역할을 한다. 골반(볼기뼈) 양쪽 기저에서 몸을 더 깊게 접어 자세가 깊어지게 한다. 엉덩이(궁둥뼈)[14]를 높이 들어 올리며 다리를 곧게 편다. 엄지발가락, 새끼발가락, 뒤꿈치를 중심으로 체중을 발에 실어 바닥을 누른다. 발로 바닥을 누르면서 넙다리뼈(대퇴골)[15] 윗부분을 골반으로 끌어당긴다. 골반 깊은 곳에서 흘러나와 다리를 통해 바닥으로 흐르는 에너지를 느껴 본다. 이 모든 움직임이 한데 어우러지면, 무릎뼈가 자연스럽게 들리고 다리는 더 곧게 펴질 것이다. 오금줄, 종아리, 발목이 신장될 것이다. 발목은 깊게 구부리되 이완되어 있어야 한다. 꼬리뼈는 안으로 말아 넣거나 들어 올리지 말고, 자연스럽게 놓아둔다(사진 5.6).

효과

스트레스가 완화된다.
복부가 탄탄해진다.
소화력이 좋아진다.

14 궁둥뼈 골반 양쪽 밑 엉덩이 아랫부분에 위치. 앉을 때 바닥에 닿는 뼈. 좌골. sit bones.
15 넙다리뼈 양쪽 골반과 무릎관절 사이에 위치. 인체에서 전체 키의 약 1/4 정도를 담당할 정도로 우리 몸에서 가장 길고 크며, 단단한 골조직이다. 다리의 넓적다리 부분을 형성한다. 상부의 둥근 모양의 부분을 넙다리뼈 머리라 부르며, 넙다리뼈 머리는 골반과 엉덩관절을 이룬다. 넙다리뼈의 아랫부분은 정강뼈, 무릎뼈와 함께 무릎관절을 만든다. 대퇴골. thigh bone.

고혈압, 천식, 평발, 궁둥뼈(좌골) 신경통 등의 증상이 완화된다.

팔, 손, 어깨, 다리가 강화된다.

어깨, 오금줄, 종아리, 발목이 신장된다.

선 자세:
기초 다지기

아쉬탕가 요가 프라이머리 시리즈의 선 자세들은 수련 전반에 필요한 구조적인 기초를 튼튼히 하고 정렬의 기본을 강화한다. 선 자세를 이루는 아사나들은 아마도 요가 수련에서 치유 효과가 가장 좋은 자세들일 것이다. 이 아사나들은 거의 모든 체형에 적합하고 유익하며, 반복된 수련을 통해 비교적 빠르게 익숙해질 수 있다. 선 자세는 서서 하는 전굴, 서서 하는 비틀기, 엉덩관절(고관절)의 바깥 회전과 안쪽 회전 등으로 이루어져 있는데, 이 자세들은 몸을 충분히 신장시키고 튼튼하게 하며 만성적인 통증들을 치유하는 데도 도움이 된다.

선 자세들은 균형 감각을 향상시키고 다리를 튼튼하게 하며, 다리가 땅과 더욱 긴밀히 연결되게 하고, 엉덩관절(고관절)이 부드럽게 회전되게 한다. 이 자세들은 그동안 잘 쓰지 않은 새로운 방식들로 몸을 구부리고 움직이게 하는데, 이런 방식의 움직임은 골반 내부에 있는 힘의 근원들에 (마치 콘센트에 접속하듯) 접속하게 하여 복부 장기들을 자극하고 소화력을 향상시킨다. 상대적으로 쉬운 이 일련의 움직임들은 요가를 처음 접하는 사람들도 그 치유의 효능을 경험할 수 있게 한다. 이런 자세들을 적어도 다섯 번 깊은 호흡을 하는 동안 유지하고 있으면, 몸이 신경과 근육에 대한 자각을 재조정할 기회를 갖게 한다. 선 자세들을 꾸준히 연습하다 보면 몸이 건강하고 균형 잡히며, 엉덩관절(고관절)이 더 길어지고 열리며, 목과 척추가 늘어나고, 어깨(팔이음뼈)의 지지력이 향상된다.

선 자세들에서는 발을 잘 알아차리는 것이 중요하다. 우리는 발을 통해 매트와 연결되고, 매트 아래의 대지와 연결되기 때문이다. 우리의 발은 엄지발가락, 새끼발가락, 뒤꿈치라는 세 가지 주요 지점을 통해 대지와 연결된다. 이 세 지점에 균등하게 힘을 주어 바닥을 누르면 삼각대처럼 균형 잡힌 상태로 견고하게 설 수 있다. 세 지점으로 바닥을 누를 때 발바닥 둘레는 자연스레 바닥과 연결되고 발바닥의 오목한 부분(장심)이 자연스럽게 들려서 힘 들이지 않고 몸의 균형을 잡을 수 있다.

다리와 발이 연결되는 동작들을 의식해 보자. 예를 들어 엄지발가락으로 바닥을 누를 때, 당신이 내보내고 있는 에너지가 지구의 중심까지 내려갔다가 다시 올라와서 몸속으로 돌아온다고 상상해 보라. 이 상승하는 에너지의 흐름이 발을 통해 넓적다리 앞쪽 근육(넙다리 네 갈래근)의 안쪽 가장자리를 타고 올라와서 골반 바닥까지 들어오도록 허용한다. 이런 식으로 선 자세들은 힘과 유연성과 안정감을 준다. 나의 남편 팀 펠드만은 전굴의 건강한 해부학적 원리를 이렇게 설명한다.

전굴의 원리를 더 깊이 알기 위해서는 건강한 전굴의 인체 역학을 더 잘 이해해야 한다. 모든 전굴 자세는 원래 골반 깊은 곳에서 비롯하며, 몸 뒷면의 궁둥뼈와 앞면의 엉덩관절(고관절)이 받침점(지렛대 받침점)이 된다. 최대한 납작하게 몸을 굽히기 위해서는 오금줄이 신장되고 등근육이 펴져야 한다. 단순히 머리를 다리에 갖다 대는 것보다 더 중요한 것은 관절이 늘어나며 느슨해지는 것을 느끼는 것이다. 전굴을 깊이 자각하기 위해, 엉덩이(궁둥뼈)에서부터 발뒤꿈치까지 다리의 뒷면 전체가 하나의 긴 에너지 선으로 연결되어 있다고 상상해 보라. 그러면서 엉덩이(궁둥뼈)를 발뒤꿈치에서 멀리 떨어지도록 들어 올리면 다리 뒷부분이 쉽게 늘어난다. 발뒤꿈치를 바닥에 견고하게 눌러서 전굴을 위한 건강하고 탄탄한 기초를 세운다. 아랫배와 골반 기저근을 안으로 끌어당겨서 고관절과 궁둥뼈, 골반 주변에 필요한 지지와 공간을 만들면, 앞으로 구부리는 동작이 더 잘 이루어질 수 있다. 골반 기저근과 복부를 끌어당기는 동작은 엉덩이(궁둥뼈)에서부터 발뒤꿈치까지의 연결을 강화하는데, 이 간단한 해부학적 이미지에 초점을 맞추면 모든 전굴 자세에서 몸을 가장 효율적으로 움직이는 데 도움이 된다.

파당구쉬타아사나 Padangusthasana

엄지발가락 잡는 자세

드리쉬티: 나사그라이(코끝)

두 발을 골반 너비로 벌려 선다. 숨을 들이쉬면서 가슴 중심(복장뼈)을 들어 올려 척추를 늘인다. 숨을 내쉬면서 몸을 넓적다리를 향해 앞으로 굽히기 시작한다. 아랫배를 끌어당기고, 고관절에서부터 몸을 앞으로 굽혀 양손으로 두 엄지발가락을 잡는다. 자세 내내 엄지발가락을 굳게 잡는다. 이 기본적인 전굴은 이 자세로 더 깊이 들어가는 데 중력을 이용한다.

모든 전굴 자세의 세 가지 기본 요소는 오금줄의 신장, 등근육의 신장, 골반 깊숙한 곳의 지지와 이완인데, 이러한 요소들이 이 자세에서 계발된다. 몸을 굽히기 위한 받침점은 골반 안쪽 깊숙한 곳 궁둥뼈(좌골)에서 작용한다. 몸을 굽히면서 아랫배를 끌어당기면 골반 내부의 자유로운 힘에 접근할 수 있고, 오금줄 부상을 피할 수 있다. 자세를 유지하면서 엉덩이(궁둥뼈)를 높이 들고, 아랫배는 더 깊이 끌어당기고, 두덩뼈(치골)[16]를 뒤로 밀어 골반 기저부를 견고하게 만든다. 이때 오금줄이 지나치게 늘어나지 않도록 주의한다.

골반에서부터 몸을 접어 쓰는 느낌을 알았다면, 이제 오금줄을 늘이고 등근육을 이완해 본다. 엄지발가락, 새끼발가락, 뒤꿈치라는 삼각 토대를 중심으로 두 발로 바닥을 단단히 누른다. 바닥과 단단히 연결되어 있다고 느껴지면, 그 느낌이 다리를 타고 올라와서 넓적다리 앞쪽 근육(넙다리 네 갈래근)을 자극하고 무릎뼈를 살짝 들어 올리게 한다. 넓적다리 앞쪽 근육(넙다리 네 갈래근)과 오금줄은 서로 반대로 움직이기 때문에 다리 앞면이 안정되면 뒷면은 늘어나는 것을 느끼게 될 것이다. 등근육에 관심을 두면서, 몸을 아래로 더 굽히는 동안 중력에 의해 등근육이 더 부드러워지고 펴지고 늘어나도록 한다(사진 6.1).

사진 6.1

팔꿈치가 어깨와 정렬되게 하고, 어깨를 등 쪽으로 끌어내린다. 어깨를 머리와 목 쪽으로 들어 올리지 않도록 주의한다. 팔로 당겨서 몸을 더 깊이 굽히고 싶은 유혹이 들더라도 따르지 않는다. 대신에, 호흡을 통해 관절들에 여유 공간이 생기게 하면서 자세에 자신을 맡기고 이완한다. 만일 어깨(어깨뼈)를 계속 등 쪽으로 끌어내린 상태로 목이 자유롭다면(어깨를 활처럼 둥글게 구부리지 않는다), 척추와 오금줄이 결국 자연스럽게 펴지고 전굴이 깊어져 가슴(갈비뼈)이 넓적다리에 닿게 될 것이다. 수련을 시작하는 초보자라면 처음부터 이렇게 유연한 자세를 취하기를 바라면서 억지로 애를 쓰는 것은 바람직하지 않다. 대신에, 평생에 걸쳐 수련하겠다는 마음가짐으로 그 여정을 즐기는 것이 좋다.

다리 근육, 특히 오금줄에는 근섬유 속에 독소가 축적되어 있다. 만일 잦은 병치레를 했거나 알레르기 혹은 다른 질병을 앓았다면, 요가 수련 후에 오금줄이 땅기고 통증이 느껴질 수 있다. 통증이 오금줄과 궁둥뼈가 연결되는 부위가 아니라 근

16 두덩뼈 골반의 앞쪽을 중심으로 오른쪽과 왼쪽 사타구니 부위에 있다. 골반의 앞면을 구성하는 골조직이다. 좌우 두 개가 존재하는데, 가운데에서 두덩결합이라는 섬유성 연골판으로 형성된 관절을 이루면서 이어져 있다. 치골. pubic bone.

육 깊은 곳에서 일어난다면 계속 수련을 해도 좋다. 그러나 관절에서 통증이 느껴지면 뒤로 조금 물러나서, 골반을 약간 둥글게 하는 등 전굴 자세를 완화해 보라. 만일 통증이 심하게 느껴지면 부상이 회복될 때까지 무릎을 구부리고 자세를 취하는 것도 고려해 볼 수 있다.

이 자세를 취할 때 무릎 뒷부분에 통증이 느껴지면, 무릎을 너무 심하게 늘이고 있는 것은 아닌지 살펴보라. 엄지발가락으로 바닥을 단단히 눌러서 무릎을 보호하라. 난생처음 요가를 시작하는 사람이라면 이 자세를 유지하려고 할 때 다리가 약간 떨릴 수도 있다. 깊이 숨을 쉬면서 이완되게 해 보라. 자세를 유지하며 다섯 번 호흡을 하고, 곧바로 다음 자세로 넘어간다.

효과

골다공증이 완화된다.
간과 신장이 자극되어 활발해진다.
소화력이 좋아진다.
허벅지와 발목이 강화된다.
오금줄, 종아리, 등이 신장된다.
긴장과 스트레스가 완화된다.
혈액 순환이 자극되어 활발해진다.

파다하스타아사나 Padahastasana
손을 발바닥에 대는 자세
드리쉬티: 나사그라이 (코끝)

파당구쉬타아사나를 마치고 나면 곧바로 이 자세로 들어간다. 두 발은 골반 너비로 벌려 선다. 숨을 들이쉬면서 가슴을 펴고 양손을 양발 아래로 깊이 집어넣는다. 가능하면 발가락이 손목에 닿도록 손을 집어넣고, 손가락 사이를 벌려서 발로 손을 충분히 밟도록 한다.

파당구쉬타아사나에서 사용한 원칙들을 여기에도 똑같이 적용한다. 숨을 내쉬면서 이 자세로 들어가고, 엉덩이(궁둥뼈)를 들면서 앞으로 굽히고, 오금줄(햄스트링)을 늘이고, 어깨(어깨뼈)를 등 쪽으로 끌어내리며, 등근육을 이완한다. 처음에는 오금

줄(햄스트링)이나 등근육이 너무 굳어 있을 수 있는데, 그럴 때
는 손을 발바닥 아래에 넣기 위해서 무릎을 구부려야 할 수도
있다. 그런 다음에는 자세를 유지하는 동안 다리를 최대한 펴
본다. 동시에 아랫배를 당겨서 등 아랫부분이 신장되는 것을 의
식해 본다. 일단 다리가 완전히 펴졌다면, 몸무게를 발 앞부분
에 최대한 신고 엄지발가락으로 바닥을 눌러서 자세가 더 깊어
지게 할 수 있다(사진 6.2). 몸무게를 앞쪽으로 기울이면, 손목이
신장되고, 코어 근육이 활성화되며, 자연스러운 무게 중심의 느
낌을 통해 균형 감각이 높아진다. 발바닥의 세 점을 이용하여
발로 손을 눌러 단단한 토대를 마련한다. 넓적다리 앞쪽 근육
(넙다리 네 갈래근)을 수축한 채로 유지하여 오금줄이 더 늘어나
게 한다. 전굴이 깊어지는 동안에도 목과 팔에는 힘이 들어가지
않게 한다.

사진 6.2

　이 자세를 통해 공간적 방향 감각을 익히면 이후에 나오는 거
꾸로 하는 자세들을 더 편안하게 할 수 있다. 그리고 몸무게를
뒤꿈치에서 발 앞쪽으로 옮기는 법을 배움으로써 골반과 골반
을 지지하는 부위들을 어떻게 움직여야 하는지 배우게 된다. 몸
무게를 앞으로 옮기고 오금줄을 더욱 신장시키는 데 대해 얼마간 두려움을 느낄 수
도 있다. 하지만 지금 전굴 자세에서 이런 두려움을 경험하고 극복하면, 나중에 나
오는 머리서기 같은 더 복잡한 자세에서 맞닥뜨리게 될 두려움에 더 잘 대처할 수
있다. 팔로 몸을 더 당겨서 더 깊게 굽히고 싶은 유혹은 무시하기 바란다. 뒤꿈치로
는 바닥을 누른 채 엉덩이(궁둥뼈)를 높이 들고, 등근육이 점차 신장되도록 허용한
다. 자세를 유지한 채로 다섯 번 호흡한다. 다음에는 숨을 들이쉬며, 고개를 들고,
사마스티티로 돌아온다.

효과

간과 신장이 자극되어 활발해진다.
소화력이 좋아진다.
넓적다리와 발목이 강화된다.
오금줄, 종아리, 등이 신장된다.
긴장과 스트레스가 완화된다.

사진 6.3

혈액 순환이 자극되어 활발해진다.

웃티타 트리코나아사나 Utthita Trikonasana / 트리코나아사나 Trikonasana   A

뻗은 삼각 자세
드리쉬티: 하스타그라이(손가락)

사마스티티에서 시작한다. 숨을 들이쉬면서, 양발을 90센티쯤 벌리고, 오른발은 바깥으로 90도 돌리고, 왼발은 살짝 안으로 돌린다. 양발을 정확히 얼마나 벌려야 하는지 알고 싶다면, 양발을 벌리고 서서 허리를 굽혔을 때 머리가 발 앞부분과 일직선상에 놓일 수 있는 정도의 너비라고 생각하면 쉽다. 이렇게 하면 양팔을 어깨와 정렬되게 하면서 양쪽 방향으로 뻗을 수 있다.

초보자라면 오른쪽 발꿈치를 왼쪽 발꿈치와 일직선으로 정렬시킨다. 숙련자라면 오른쪽 발꿈치를 왼발바닥의 오목한 부분(장심)과 일직선으로 정렬시킨다. 양팔을 어깨 높이로 들어 양쪽으로 뻗는다. 골반 양쪽이 수평을 이루게 함으로써 시작한다. 숨을 내쉬면서, 몸통을 오른쪽으로 기울이는데 이때 척추는 오른쪽 고관절에서부터 골반 멀리 내뻗게 되고, 오른쪽 고관절의 절구 안에서 바깥으로 회전하게 된다. 숨을 계속 내쉬면서, 상체를 길게 늘이고 오른팔을 내뻗으며, 오른손이 오른발에 닿을 때까지 상체를 고관절에서부터 옆으로 구부린다. 오른손으로 오른 엄지발가락을 잡을 때, 왼쪽 엉덩이는 들리고 오른쪽 엉덩이는 내려가며, 꼬리뼈는 살짝 왼발 뒤꿈치로 향할 것이다. 숙련자이거나 충분히 유연한 사람이라면, 처음 오른쪽으로 상체를 굽힐 때 손으로 다리를 잡는 대신 엄지발가락을 잡을 수 있다.

발가락을 꽉 쥐고, 바닥으로부터 부드럽게 당기며, 등 윗부분을 지지하기 위해 어깨(팔이음뼈)를 사용한다. 어깨(팔이음뼈)를 등 쪽으로 끌어내리고 왼손은 천장을 향해 쭉 편다. 배와 아래쪽 갈비뼈를 부드럽게 안으로 끌어당기고, 골반 기저근을 조여서 척추가 지나치게 휘는 것을 방지한다. 허파와 가슴우리(흉곽)를 이용하여 깊이 호흡을 하고, 숨이 배가 아닌 척추를 통해 들어오고 나간다는 느낌을 가져 본다.

발가락을 넓게 벌리고 양발의 바깥쪽 가장자리로 매트를 단단히 누른다. 두 발을 통해 바닥과 연결되도록 발바닥의 삼각점―엄지발가락, 새끼발가락, 뒤꿈치―에 힘을 주어 누른다. 왼손의 손가락을 응시한다(사진 6.3).

두 발로 바닥을 단단히 누른 채로 다섯 번 이상 충분히 길게 웃자이 호흡을 한다. 숨을 들이쉬면서 상체를 들어 원래의 중립적인 자세로 돌아온다. 숨을 내쉬면서 방향을 바꿔 왼쪽으로 똑같은 동작을 반복한다. 상체를 들어 돌아올 때는 골반 기저근을 의식적으로 조인다. 자세에서 나올 때도 자세로 들어갈 때와 마찬가지로 충분히 주의를 기울인다.

웃티타 트리코나아사나는 몸과 마음을 균형 잡히게 하는 기본적인 자세다. 그리고 모든 수준의 수련생들이 효과를 느끼고 혜택을 볼 수 있는 자세다. 강하게 활성화된 골반 기저근과 다리를 통해 대지와 더 긴밀히 연결되었다고 느끼게 되며, 그 결과 마음이 더 고요해진다. 이 자세를 통해 힘과 안정감을 기르면, 마음의 불안감이 줄어들고 감정의 균형이 회복된다. 열린 마음으로 이 자세를 대하고, 자세를 더욱 발전시키기 위해 앞으로 나아가려는 마음을 잠시 내려놓은 채, 자신의 호흡과 몸의 소리에 귀를 기울이며 이 자세로 들어가기 바란다.

효과

소화력이 좋아지고, 복부의 장기들이 자극되어 활발해진다.
척추와 고관절이 더 유연해진다.
어깨와 목의 정렬이 바로잡힌다.
혈액 순환이 좋아진다.
다리, 어깨, 척추에 있는 인대들의 탄력성이 좋아진다.
발목, 코어 근육, 다리가 강화된다.
스트레스 증상들이 해소된다.
불안감, 궁둥뼈(좌골) 신경통, 목 통증, 평발의 증상이 완화된다.
등의 통증이 완화된다.

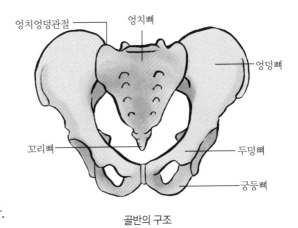

엉치엉덩관절
엉치뼈
엉덩뼈
꼬리뼈
두덩뼈
궁둥뼈

골반의 구조

파리브리따 트리코나아사나 Parivritta Trikonasana /
트리코나아사나 Trikonasana B

사진 6.4

회전하는 삼각 자세
드리쉬티: 하스타그라이(손가락)

숨을 들이쉬면서 웃티타 트리코나아사나를 마치고 중립적인 자세로 돌아온다. 두 발의 간격은 그대로 놓아둔 채, 두 발이 서로 평행하게 십일(11) 자가 되게 한다. 오른발이 매트 뒤쪽을 향할 때까지 돌리고, 왼발은 약 45도쯤 안으로 돌린다. 가능하면 오른발이 왼발바닥의 오목한 부분(장심)과 일직선상에 놓이도록 정렬한다. 이렇게 하기 어려우면 양쪽 뒤꿈치가 일직선상에 놓이도록 정렬한다. 뒤를 보면서 골반과 엉덩이, 가슴이 바르게 서도록 한다. 상체는 두덩뼈(치골)와 수직으로 일직선을 이루도록 정렬한다. 숨을 내쉬면서 몸을 고관절에서부터 앞으로 굽히되, 양쪽 엉덩이(궁둥뼈)가 함께 높아지게 한다. 그런 후에 허리(척추)를 비틀면서 왼손으로 오른발 바깥쪽 바닥을 짚는다. 손가락 끝을 발가락 끝과 일직선으로 정렬한다. 만일 손을 바닥에 짚기가 어려우면, 손가락 끝을 발 옆 바닥에 대거나 손을 오른쪽 정강이에 짚을 수도 있고, 발 옆에 요가 블럭을 놓고 그 위에 손을 올려놓을 수도 있다.

마치 손으로 짚고 서 있는 것처럼 손목 아랫부분과 손가락 마디, 손끝으로 바닥을 단단히 누른다. 만일 앞으로 구부리며 정렬을 맞추는 데 추가로 호흡이 필요하면, 숨을 내쉬면서 나머지 자세로 들어가면 된다. 두 다리와 왼손을 통해 지면과 안정되게 연결되었다고 느껴지면, 허리(척추)를 더 비틀고 오른손은 천장으로 뻗어서 양팔이 일직선을 이루게 한다. 허파로 숨을 깊이 들이쉬는 동안 어깨(어깨뼈)를 등쪽으로 끌어내리고 허리는 충분히 비튼다. 척추가 꼬리뼈에서부터 정수리까지 하나의 길고 매끈한 선을 이루며 흐르게 한다(사진 6.4: 사진은 반대쪽 자세를 보여 주고 있음). 마치 엉치뼈(천골)로 평평한 지면을 만들려고 하듯이 엉덩이가 수평이 되도록 유지한다(사진 6.5). 그 상태에서 부드럽게 오른손의 손가락 끝을 응시한다. 하체와 다리가 어떻게 굳건한 기초를 만드는지, 또 상체와 몸통이 그 단단한 기초로부터 어떻게 들어 올려지는지 느끼게 될 것이다.

다섯 번 호흡한다. 숨을 들이쉬면서 상체를 세워 중립적인 위치로 돌아온다. 이번에는 반대 방향으로 같은 자세를 반복한다. 왼쪽도 마치고 나면, 선 자세로 돌아와서 숨을 내쉬며 매트 앞쪽에 사마스티티 자세로 선다(사진 5.1).

이 자세의 전반부는 두 다리가 비대칭인 상태의 몸을 앞으로 굽히는 것이다. 두 발바닥의 삼각점으로 바닥을 눌러 자세를 안정시키면, 무릎뼈가 살짝 들리며 다리를 강하게 밀어내는 데 도움이 된다. 복부를 안으로 끌어당기면, 고관절에 여유가 생기고 골반 안쪽에 공간이 생겨서 등근육을 늘이며 전굴을 할 때 도움이 된다. 전굴이 충분히 깊어지면 척추 윗부분이 유연해진다. 왜냐하면 떠받치는 손이 바닥에 밀착되어 건강한 비틀기를 위한 기초가 되기 때문이다. 골반을 잘 제어할 수 있으면 고관절이 더욱 안정되어 자세가 흐트러지지 않으면서 몸을 깊게 접을 수 있다.

이 자세의 후반부는 척추 전체를 쭉 펴면서 비트는 것이다. 모든 비트는 동작을 지지하는 것은 등, 목, 척추에 있는 자세 근육들의 신장이다. 아랫배와 가슴우리(흉곽)를 안으로 끌어당기는 것이 매우 중요한데, 척추의 유연성에 필요한 구조적 지지를 해 줄 수 있기 때문이다. 척추 마디들을 누르기보다는 늘이고, 깊게 호흡하여 척추 마디마디에 공간을 만들어 보라. 척추 윗부분을 구부리는 데 이용되는 근육을 자극하고 등 윗부분을 지지하기 위해서는 어깨(어깨뼈)를 등 쪽으로 끌어내리고 목을 자유롭게 해야 한다. 골반을 안정시키기 위해 두 다리와 발에 균등한 힘을 주어 바닥을 누른다.

간혹 파리브리따 트리코나아사나에 두려움을 느끼는 경우가 있는데, 처음에는 균형을 잡기가 쉽지 않기 때문이다. 많은 수련생이 처음 이 자세를 시도할 때 손이 바닥에 닿지 않아 실망하곤 한다. 호흡을 이용하여 자세를 깊게 하고, 내쉬는 숨에 따라 오금줄과 척추를 늘여 주면 자세를 깊게 하는 데 도움이 될 것이다. 신경계를 진정시키고 마음과 몸을 다스리는 열쇠는 호흡이다.

효과

내부 장기들이 청소된다.
천식 증세가 완화되는 데 도움이 된다.
소화 기관이 자극되어 활발해진다.
가슴이 열리고 호흡이 개선된다.
등 아랫부분, 척추, 어깨, 다리, 서혜부(사타구니)가 강화된다.
오금줄, 척추, 엉덩이, 등 윗부분, 가슴이 신장된다.
균형 감각이 향상된다.

사진 6.5

사진 6.6

웃티타 파르쉬바코나아사나
Utthita Parsvakonasana /
파르쉬바코나아사나
Parsvakonasana A

뻗은 측면각 자세
드리쉬티 : 하스타그라이(손가락)

사마스티티에서 시작한다. 두 발을 벌리며 숨을 들이쉰다. 두 발은 비교적 넓은 간격으로 벌리는데, 자신의 신장과 신체 비율에 따라 1미터에서 1.2미터 사이로 벌린다. 오른발을 바깥으로 90도 돌리고, 오른발 뒤꿈치가 왼발바닥의 오목한 부분(장심)과 일직선으로 정렬되게 하면서, 양팔을 옆으로 편다. 숨을 내쉬면서 두 다리로 바닥을 단단히 누르며 오른 무릎이 오른발 발목과 수직이 될 때까지 굽힌다. 오른쪽 넓적다리는 바닥과 평행을 이루고, 오른쪽 정강이는 바닥과 직각을 이루게 한다.

오른쪽 바닥을 향해 오른쪽 고관절 깊은 곳에서부터 상체를 낮추면서 오른손으로 바닥을 짚는다. 오른 무릎으로 오른팔을 받쳐 주며, 왼팔은 머리 위로 뻗는다. 어깨(어깨뼈)는 등 쪽으로 끌어내리고 왼손의 손가락을 응시한다(사진 6.6). 만일 오른손으로 편안히 바닥을 짚는 것이 어려우면, 오른쪽 팔뚝을 오른쪽 넓적다리 위에 걸고 단단히 누르면서, 오른쪽 고관절을 최대한 이완한다. 이 상태로 다섯 번 호흡한 뒤, 오른손 손가락을 바닥에 댈 수 있는지, 또는 손바닥으로 바닥을 짚을 수 있는지 확인해 본다.

몸을 떠받치고 대지와 연결되도록 두 다리로 바닥을 단단히 누른다. 이렇게 하면 왼쪽 무릎뼈가 들릴 것이다. 고관절이 너무 낮게 내려가거나, 무릎이 발가락 바깥으로 넘어가거나, 다리의 힘을 잃거나, 왼쪽 무릎이 무너지지 않도록 주의한다. 숙련자들은 오른쪽 무릎을 발의 중심 쪽으로 이동시킬 수 있다.

오른쪽 고관절 깊은 곳에서부터 몸을 접고 이완하며, 오른 어깨를 강하게 써서 자세를 유지하고, 왼쪽 엉덩이와 가슴우리(흉곽), 겨드랑이가 천장을 향하게 한다. 복부를 안으로 끌어당기고, 골반 바닥이 들리는 것을 느낀다. 유연성의 부족을 보충하기 위해 등을 너무 휘게 하거나 왼쪽 엉덩이를 앞당기려는 유혹은 무시하기 바란다.

어깨(어깨뼈)를 등 쪽으로 끌어내리고, 목 주위에 여유 공간을 만들어 주며, 가슴 중심(복장뼈) 주변을 열어 준다. 척추를 목과 일직선을 이룬 채로 늘이며 척추 전체를 신장한다. 적어도 다섯 번 이상 깊은 호흡을 한 뒤, 다리에 힘을 주고 숨을 들이쉬면서, 두 발은 평행하게 넓게 벌린 채 원래의 선 자세로 돌아온다. 숨을 내쉬면서 반대 방향으로 자세를 되풀이한다.

효과

사진 6.7

다리, 등, 복부, 어깨, 서혜부(사타구니), 발목, 발이 강화된다.

등의 통증이 완화된다.

변비 증상이 개선된다.

복부의 장기들이 청소된다.

원기와 정력이 증진된다.

월경으로 인한 불편한 증상들이 감소한다.

파리브리따 파르쉬바코나아사나 Parivritta Parsvakonasana / 파르쉬바코나아사나 Parsvakonasana B

회전하는 측면각 자세
드리쉬티: 하스타그라이(손가락)

웃티타 파르쉬바코나아사나에서 곧바로 이 자세로 들어간다. 두 발은 비교적 넓은 간격으로 벌리는데, 자신의 신장과 신체 비율에 따라 1미터에서 1.2미터 사이로 벌린다. 숨을 들이쉬면서, 두 팔을 바닥과 평행하게 양쪽으로 뻗고, 오른발은 바깥으로 90도 돌리고, 왼발은 오른발 쪽으로 약간 돌리며, 오른쪽 발꿈치가 왼발바닥의 오목한 부분(장심)과 일직선으로 정렬되게 한다.

만일 이 자세를 처음 시도해 본다면, 숨을 내쉬면서 왼쪽 무릎을 꿇어 바닥에 대고 왼발을 세워 바닥을 누른다(사진 6.8: 이 사진은 몸통과 구부린 무릎, 손의 위치를 이해하기 쉽도록 좌우가 바뀌어 있음). 다음에는 몸통을 오른 다리 쪽으로 돌린다. 오른 무릎이 오른발 발목과 수직이 될 때까지 굽힌다. 오른쪽 넓적다리는 바닥과 평행이

사진 6.8

사진 6.9

되게 한다.

오른손으로 오른 무릎을 잡아 상체의 중심 쪽으로 밀며, 오른쪽 고관절에서부터 안쪽으로 살짝 돌린다. 숨을 내쉬면서, 아랫배를 끌어당기되 부드럽게 당긴다. 왼 팔을 오른 무릎 바깥으로 최대한 멀리 뻗고, 왼팔 윗부분을 오른 무릎 바깥으로 건 뒤, 왼손—손가락과 손바닥—으로 바닥을 단단히 누른다.

일단 이 자세에서 안정이 되면, 오른손을 엉치뼈(천골)에 올리고 숨을 들이쉬며 왼쪽 다리를 곧게 편다. 이 상태로 균형을 잡고 오른팔을 머리 위로 쭉 뻗되, 오른 팔과 몸이 끝(왼발 뒤꿈치)까지 긴 선을 이루도록 하고, 손가락을 응시한다. 오른 무 릎이 왼팔 윗부분과 접촉을 유지하도록 오른 무릎을 앞으로 계속 민다(사진 6.9). 여 전히 자세가 편안하게 느껴지고 왼팔 윗부분이 오른 무릎과 접촉을 유지하고 있다 면, 왼발 뒤꿈치를 바닥에 누르고 왼쪽 허벅지를 바깥으로 돌리며 정자세로 들어간 다(사진 6.7).

왼 다리를 쭉 펴서 왼발 뒤꿈치로 바닥을 누를 때, 오른 무릎의 굽히는 각도와 비 튼 허리를 완화하고 싶은 유혹이 들 수 있는데, 이런 유혹은 무시하기 바란다. 무 엇보다도 이 자세는 비틀기 자세임을 기억하라. 척추 마디마디를 늘이면서 어깨(어 깨뼈)를 등 쪽으로 끌어내린다. (아래쪽 갈비뼈를 끌어당기고 허파로 최대한 숨을 들이쉰 뒤, 숨을 내쉴 때마다 조금씩 더 허리를 비틀 수 있는지 보라.) 정자세에서 다섯 번 호흡한 다. 숨을 들이쉬며, 다리를 넓게 벌린 원래의 중립 자세로 돌아온다. 자세에서 나올 때는 들어갈 때와 반대 순서로 한다. 숨을 내쉬면서, 반대쪽으로 같은 자세를 반복 한 뒤, 사마스티티로 돌아온다.

숙련자라면 뒷무릎을 바닥에 대지 않은 채 곧바로 자세로 들어가 보라. 두 발의 뒤꿈치를 바닥에 완전히 밀착시킨 채 곧바로 비틀기로 들어간다. 이 자세는 비틀기 중에서 처음으로 '묶는(binding)' 감각을 익히는 자세다. 팔 윗부분을 굽힌 무릎에 걸 어 고정시키면 어깨와 고관절을 더욱 깊게 이완할 수 있다. 이러한 훈련은 이후 마 리챠아사나 C와 D 같은 깊은 비틀기 자세를 수월하게 하는 데 도움이 된다. 이 자 세를 취하기가 어려우면, 각각의 단계에서 여분의 숨을 쉬면서 몸을 더욱 비틀어 본다.

효과

다리, 등, 복부, 서혜부(사타구니), 발목, 발이 강화된다.
등의 통증과 궁둥뼈(좌골) 신경통이 완화된다.

변비 증상이 개선된다.

복부의 장기들이 청소된다.

엉덩이 굽힘근, 어깨, 척추가 신장된다.

소화력과 배설 기능이 개선된다.

균형 감각이 나아진다.

프라사리타 파도따나아사나
Prasarita Padottanasana A

다리 넓게 벌린 전굴 자세 A
드리쉬티: 나사그라이(코끝)

사진 6.10

매트 앞에 사마스티티로 선 뒤, 숨을 들이쉬며 오른쪽으로 몸을 돌리면서 오른발을 넓게 벌려 선다. 두 발 사이의 간격은 자신의 신장에 따라 90cm에서 120cm가량 넓혀 디딘다(신장이 작을수록 좁게 벌리고, 신장이 클수록 넓게 벌린다). 두 발은 서로 평행하게 하고 발뒤꿈치를 일직선으로 정렬한다. 양팔은 수평으로 뻗는다. 양손을 허리에 얹어 동작을 준비한다. 다리로 바닥을 밀어 주며 발바닥의 세 점으로 바닥을 눌러서 전굴을 위한 정렬을 확고히 한다. 양손을 허리에 얹은 채로 척추를 위로 펴면서, 생명 에너지가 정수리를 통해 밖으로 확장되는 것을 느껴 본다. 등을 지나치게 늘이지 않는다.

숨을 내쉬면서, 고관절 깊은 곳으로부터 몸을 앞으로 굽히며 엉덩이(궁둥뼈)를 뒤꿈치에서 멀리 떨어지도록 들어 올린다. 양손을 바닥에 단단히 밀착한다. 이때 양손이 최소한 발가락과 일직선에 위치해야 한다. 초보자라면 이를 위해 두 발을 더 넓게 벌려야 할 수도 있다. 등근육을 이완하고, 다리 뒤쪽 근육들과 오금줄(햄스트링)을 신장하며, 다리 앞부분이 안정되게 하며, 복부를 부드럽게 끌어당기고, 골반 바닥을 들어 올린다. 다시 숨을 들이쉬며, 고개를 들어 척추가 위로 펴지게 하면서 척추 마디마디 사이에 공간이 더 생기게 한다. 마지막으로, 숨을 내쉬면서 완전히 자세로 들어간다. 어깨(어깨뼈)를 등 쪽으로 끌어내리며 정수리를 바닥에 댄다.

몸을 아래로 굽히는 동작은 내쉬는 숨과 함께 하고, 몸을 들어 올리는 동작은 들이쉬는 숨과 함께 하는 것이 중요하다. 그러면 어지러움을 느끼지 않으면서 균형 감각을 제어할 수 있다.

정자세(사진 6.10)를 취하기까지 거치는 모든 단계는 사실 이 자세의 정렬 원칙들을 확립하기 위한 것이다. 전굴 동작을 할 때는 다음의 세 가지 주요 요소를 기억하며 중점을 두어야 한다—등을 길게 늘이기, 다리의 뒤쪽 전체를 쭉 펴기, 몸을 구조적으로 떠받치기 위해 복부를 끌어당기기. 자세에서 건강한 정렬 감각을 유지하고, 두 다리로는 바닥을 적극적으로 누르고, 어깨(어깨뼈)는 등 쪽으로 끌어내린다. 마치 머리서기로 들어갈 때처럼 골반을 앞으로 이동할 때, 몸무게가 정수리로 부드럽게 이동하게 한다. 고관절 굽힘근(굴근)들과 고관절을 부드럽게 하여 상체가 두 넓적다리 사이로 미끄러져 들어갈 수 있게 한다.

전굴을 더욱 깊게 하려면 넓적다리 안쪽으로 에너지를 끌어올리는 느낌을 상상해 본다. 엄지발가락 밑부분과 넓적다리 앞쪽 근육(넙다리 네 갈래근)의 안쪽, 그리고 골반 기저근이 서로 연결되어 있음을 느껴 본다. 선처럼 연결된 이 내적 에너지를 더 많이 느낄수록, 전굴을 할 때 불편함을 느끼게 하는 고관절 굽힘근(굴근)들과 엉덩이 주위의 바깥 근육들을 이완하는 것이 더욱 쉬워진다.

숙련자라면 양손을 두 발 사이로 더 깊이 집어넣어서 손끝이 발가락이 아니라 뒤꿈치와 일직선을 이루게 할 수 있다. 프라사리타 파도따나아사나 A에서 건강한 전굴의 세 가지 요소를 익히면, 다리를 넓게 벌린 더 깊은 전굴 자세들인 우파비쉬타 코나아사나, 숩타 코나아사나, 쿠르마아사나 등을 할 수 있는 준비가 된다. 고관절을 최대한 이완해서 상체가 넓적다리 사이로 들어갈 수 있게 하는 것도 역시 숩타 쿠르마아사나처럼 목 뒤로 다리를 거는 고급 자세들을 위한 준비 작업이다.

초보자들에게는 이 전굴 자세가 파당구쉬타아사나, 파다하스타아사나보다 쉽게 느껴지는 경우가 많다. 왜냐하면 머리를 바닥 가까이 가져갈 수 있을 만큼 충분히 두 다리를 넓게 벌릴 수 있기 때문이다. 이 자세는 또한 임신부가 파당구쉬타아사나, 파다하스타아사나 대신에 할 수 있는 유용한 자세이기도 하다.

정자세에서 다섯 번 호흡한다. 숨을 들이쉬고 양 손바닥을 바닥에 댄 채로 고개를 들어 앞을 바라본다. 숨을 내쉬면서 무게 중심을 고관절로 이동하고, 숨을 들이쉬면서 중립적인 선 자세로 돌아온다. 상체를 일으키면서 양손을 허리에 얹는다.

효과

두통, 피로, 우울이 완화된다.
뇌, 간, 신장이 자극되어 활발해진다.
소화력이 좋아진다.
등, 넓적다리 안쪽, 발목이 강화된다.

오금줄, 정강이, 등이 신장된다.

긴장과 스트레스가 완화된다.

혈액 순환이 자극되어 활발해진다.

복부의 장기와 근육의 탄력성이 좋아진다.

사진 6.11

프라사리타 파도따나아사나
Prasarita Padottanasana B

다리 넓게 벌린 전굴 자세 B
드리쉬티: 나사그라이(코끝)

아쉬탕가 요가 시퀀스(sequence: 동작 순서)에서 네 가지 프라사리타 파도따나아사나는 계속 이어서 자세를 취한다. A를 마친 뒤, 발과 다리를 같은 위치에 유지한다. B의 첫 번째 호흡으로 숨을 들이쉬면서 양팔을 양옆으로 뻗는다. 정면을 똑바로 바라보면서, 다리에 힘을 실어 발바닥의 세 점을 모두 밀착시켜서 바닥을 단단히 누름으로써 전굴의 정렬을 확립한다. 숨을 내쉬면서 양손을 허리 아래쪽에 얹는다. 고개를 들어 위를 바라보며 다시 숨을 들이쉬고 척추를 펴 준다. 숨을 내쉬면서 상체를 골반 깊숙한 곳에서부터 접어 앞으로 굽힌다. 양손으로 허리 아래쪽을 단단히 붙잡은 채로 엉덩이(궁둥뼈)를 발뒤꿈치에서 멀어지도록 높이 들어 올린다. 등근육을 이완하고, 다리 뒤쪽 근육들과 오금줄(햄스트링)을 신장하며, 다리 앞부분이 안정되게 하며, 복부를 부드럽게 끌어당기며, 골반 바닥을 들어 올린다(사진 6.11). 상체를 앞으로 더 깊이 접을수록 양손의 위치는 골반 뒤쪽으로 조금씩 이동하여 깊은 전굴이 가능해지게 한다.

양손이 바닥을 짚는 대신 허리 아래쪽에 놓여 있으므로 이 자세는 균형 감각이 더욱 요구된다. 많은 수련생이 이 자세에서 앞으로 넘어질 것 같은 불안감 때문에 자신의 진정한 유연성을 경험해 보지 못한다. 이상적으로는, 손으로 바닥을 짚지 않고도 다른 모든 프라사리타 자세들과 같은 위치에 머리를 둘 수 있어야 한다. 그리고 몸무게를 앞으로 옮기는 동안 골반이 스스로를 지탱하도록 함으로써 자신의 균형 감각과 공간적 방향 감각을 시험하며 길러야 한다. B에서 건강한 균형 감각을 익히면 코어 근육의 힘을 기르고 등을 자각할 수 있게 되며, 그러면 나중에 나오는 거꾸로 서는 자세들을 더 쉽게 할 수 있는 능력과 지구력을 갖추는 데 도움이 된다.

사진 6.12

자세를 유지하며 다섯 번 호흡한다. 숨을 들이쉬면서 양손은 허리 아래쪽에 얹은 채로 상체를 들어올린다. 선 자세로 돌아온 뒤 숨을 내쉰다.

효과

두통, 피로, 우울이 완화된다.

뇌, 간, 신장이 자극되어 활발해진다.

소화력이 좋아진다.

등, 넓적다리 안쪽, 발목이 강화된다.

오금줄, 정강이, 등이 신장된다.

긴장과 스트레스가 완화된다.

혈액 순환이 자극되어 활발해진다.

복부 장기와 근육의 탄력성이 좋아진다.

균형 감각이 향상된다.

프라사리타 파도따나아사나 Prasarita Padottanasana C

다리 넓게 벌린 전굴 자세 C

드리쉬티: 나사그라이(코끝)

프라사리타 파도따나아사나 B를 마친 뒤, 두 발은 같은 위치에 유지한 채로 숨을 들이쉬면서 양팔을 양쪽으로 뻗는다. 전굴의 정렬 원칙을 더 깊게 하고, 숨을 내쉬면서 등 뒤(엉치뼈 근처)로 두 손바닥이 마주 닿도록 양손을 깍지 낀다. 양손을 깍지 낀 채로 숨을 들이쉬고, 몸을 위로 펴며 위를 바라보되, 등이 뒤로 지나치게 휘지는 않게 한다. 숨을 내쉬며, 몸을 앞으로 접으면서 엉덩이(궁둥뼈)를 발뒤꿈치 멀리 들어 올리고, 정수리를 바닥에 확실히 댄다. 깍지 낀 양손을 바닥 쪽으로 내린다. 처음에는 등을 살짝 둥글게 구부리면 머리를 바닥에 대는 데 도움이 될 수 있지만, 나중에는 척추를 곧게 편 채로 이렇게 할 수 있게 될 것이다(사진 6.12).

몸무게를 발의 앞부분 쪽으로 기울이면서 중력을 이용하여 어깨를 열어 준다. 손을 바닥에 대기 위해서 양쪽 어깨(어깨뼈)를 과도하게 조이고 싶은 마음이 들 수 있는데, 이런 유혹에 넘어가지 않기 바란다. 대신에 어깨(어깨뼈)를 이완하여 팔이 저절로 내려오게 한다. 초보자의 경우에는 머리가 바닥에 닿지 않는다면 바닥을 향해 목을 이완하거나 목을 앞으로 살짝 숙이면 머리가 더욱 편안하게 바닥에 닿을 것이다. 이렇게 하면 어깨를 올바르게 여는 데 도움이 될 뿐 아니라, 목을 신장한 채로 편안하게 유지할 수 있다.

프라사리타 파도따나아사나 C는 모든 아쉬탕가 수련생에게 매우 중요한 자세다. 왜냐하면 이 자세는 거의 모든 앉은 자세에서 요구되는 어깨의 열림을 가능하게 해 주기 때문이다. 만일 이 자세에서 중력의 도움을 받아도 어깨를 이완하기가 어렵다면, 앉아서 하는 자세들에서는 그렇게 하기가 더 어려울 것이다. 여기서 정수리 너머로 바닥을 향해 어깨를

사진 6.13

뻗는 동작은 마리챠아사나와 쿠르마아사나 시퀀스에서 필요한 것과 같은 회전 동작을 몸에게 익히게 한다.

이 자세를 유지하며 다섯 번 호흡한다. 원한다면 더 고난도의 완전한 자세를 시도해 볼 수 있다(사진 6.13). 양손을 깍지 낀 채로 전굴을 유지한다. 팔꿈치를 구부리고, 어깨관절을 앞으로 돌리며, 손바닥이 밖을 보도록 손을 뒤집고, 양팔을 다시 곧게 편다. 약간 불편한 느낌이 들 것이다. 팔을 바닥으로 억지로 눌러 내리는 대신, 어깨관절을 돌려서 팔이 자연스럽게 바닥으로 내려가는 것을 느껴 본다. 다시 다섯 번 호흡한다. 이 동작에 능숙해지면, 더 쉬운 자세를 건너뛰고 곧바로 이 고난도 자세로 들어갈 수 있다. 다음에는 몸무게를 발뒤꿈치 쪽으로 옮기면서, 숨을 들이쉬며 선 자세로 돌아온다. 숨을 내쉬면서 양손을 허리에 얹는다.

효과

두통, 피로, 우울이 완화된다.
뇌, 간, 신장이 자극되어 활발해진다.
소화력이 좋아진다.
등, 넓적다리 안쪽, 발목이 강화된다.
어깨, 오금줄, 정강이, 등이 신장된다.
긴장과 스트레스가 완화된다.

사진 6.14

혈액 순환이 자극되어 활발해진다.
복부의 장기와 근육의 탄력성이 좋아진다.
균형 감각이 향상된다.

프라사리타 파도따나아사나
Prasarita Padottanasana D

다리 넓게 벌린 전굴 자세 D
드리쉬티: 나사그라이(코끝)

프라사리타 파도따나아사나 C를 마친 뒤, 양손은 계속 허리에 얹은 채로 둔다. 숨을 들이쉬면서, 위를 응시하며 척추를 들어 올리고, 자신의 생명 에너지가 정수리를 통해 바깥으로 확장된다는 느낌으로 D를 시작한다. 이때 등이 뒤로 활처럼 휘지 않게 한다. 다리에 힘을 실어 발바닥의 주요 세 점을 바닥에 밀착시켜 바닥을 단단히 누른다. 숨을 내쉬면서, 몸을 골반 깊은 곳으로부터 앞으로 접으며 엉덩이(궁둥뼈)를 뒤꿈치 멀리 들어 올린다. 엄지, 검지, 중지로 엄지발가락을 움켜쥔다. 등근육을 이완하고, 다리 뒤쪽의 모든 근육과 오금줄을 신장하며, 다리 앞부분이 안정되게 하고, 복부를 부드럽게 끌어당기며, 골반 바닥을 들어 올린다. 다시 숨을 들이쉬며, 고개를 들어 위를 바라보고, 척추를 쭉 뻗는다. 마지막으로 숨을 내쉬면서 정수리를 바닥에 대며 완전한 자세로 들어간다. 이 자세를 유지하며 다섯 번 호흡한다.

어깨(어깨뼈)를 등 쪽으로 끌어내리고, 팔꿈치와 손목이 일직선으로 정렬되게 하며, 머리와 발의 오목한 부분(장심)이 정렬되게 한다. 만일 정수리를 바닥에 대기가 어려우면, 그저 깊게 호흡을 하는 동안 중력이 오금줄과 등근육을 신장시키게 놓아둔다. 두 발로 단단히 바닥을 누르고, 다리의 힘으로 몸을 지지하는 것을 느낀다. 어깨(어깨뼈)를 충분히 떠받칠 수 있을 정도로 팔을 당기되, 부드럽게 힘을 주어 목이 편안할 수 있게 한다(사진 6.14). 엄지발가락으로 바닥을 누르지 않도록 주의하되, 웃티타 트리코나아사나 A에서처럼, 손으로 엄지발가락을 바닥 위쪽으로 가볍게 잡아당긴다. 전굴 자세의 힘과 안정, 열림은 팔이 아니라 골반 내부에서 일어난다는 것을 기억하기 바란다. 이 자세는 지지대가 있는 A와 지지대가 없는 B가 한데 섞여 있는 느낌을 받게 한다. 고관절과 오금줄의 이완이 복부의 끌어당김과 결합되면 강한 힘과 유연성이 통합된다.

엄지발가락을 잡은 채로 고개를 들어 숨을 들이
쉬면서 이 자세에서 나온다. 숨을 내쉬면서 무게 중
심을 고관절로 옮긴다. 숨을 들이쉬면서 몸을 세워
선 자세로 돌아오면서 손을 허리에 얹는다. 숨을 내
쉬면서 사마스티티로 돌아온다.

효과

두통, 피로, 우울이 완화된다.
뇌, 간, 신장이 자극되어 활발해진다.
소화력이 좋아진다.
등, 넓적다리 안쪽, 발목이 강화된다.
오금줄, 정강이, 등이 신장된다.
긴장과 스트레스가 완화된다.
혈액 순환이 자극되어 활발해진다.
복부 장기와 근육의 탄력성이 좋아진다.

사진 6.15

파르쉬보따나아사나 Parsvottanansana

측면 늘이는 자세

드리쉬티 : 파다요라그라이(발가락)

매트 앞에 사마스티티로 선다. 양손을 등 뒤로 돌려 서로 반대쪽 팔꿈치를 잡는
다. 만일 팔꿈치를 잡는 게 수월하다면, 등 아래쪽에서 양손의 손가락들을 서로 맞
대고 서서히 눌러서, 마침내 등 뒤에서 양손이 기도하듯이 합장하게 한다. 양손의
손날로 척추를 눌러 주고, 등을 앞쪽으로 살짝 내밀어서 두 손이 맞닿을 공간을 제
공한다. 숨을 들이쉬며, 오른쪽으로 돌면서 오른발을 벌리고, 오른발이 매트 뒤쪽
을 향할 때까지 오른발을 축으로 회전한다. 왼발을 안쪽으로 45도에서 60도 사이로
돌린다. 오른발 뒤꿈치가 왼발의 오목한 부분(장심)과 일직선이 되도록 정렬하고,
골반이 오른발과 같은 방향으로 매트 뒤쪽을 정면으로 바라보게 한다. 숨을 내쉬
면서, 엉덩이(궁둥뼈)에서부터 몸을 굽히면서 가슴을 내밀어 넓적다리에 갖다 댄다.
무게 중심을 골반에 두어 안정되게 하면서 자세로 들어가며 등과 오금줄을 신장한

116

사진 6.16

17 **손꿈치** 손목과 연결되는, 손바닥의 두툼한 아랫부분.

다(사진 6.15).

　몸을 앞으로 접을 때 아랫배를 끌어당기고 엉덩이(궁둥뼈)를 들어 올리며, 다리로 바닥을 단단히 누른다. 자세로 들어갈 때는 양 발바닥의 세 점을 밀착시키는 것을 기억한다. 또한 자세로 들어갈 때, 양쪽 골반과 엉치뼈(천골)가 최대한 수평을 유지하게 하며 어느 한쪽으로 비틀리지 않도록 주의한다. 몸을 굽히는 동안 오른쪽 넓적다리를 살짝 안으로 회전하는 것을 고려해 본다. 에너지를 오른발 엄지발가락 밑에서부터 오른쪽 다리 안쪽과 넓적다리 앞쪽 근육(넙다리 네 갈래근) 안쪽을 거쳐 골반 바닥까지 끌어 올린다고 상상해 보자. 가슴 중심(복장뼈)이 두덩뼈(치골), 오른쪽 무릎과 일렬을 이룬 채로 있게 한다. 양 팔꿈치를 들어 양손의 손꿈치[17]를 함께 단단히 누르면 어깨가 더 깊게 신장되며 가슴이 계속 열려 있게 된다(사진 6.16).

　오른 다리를 안쪽으로 살짝 돌리면, 고관절과 상체를 바닥 쪽으로 더욱 깊게 숙일 수 있다. 이와 같은 정교함은 비틀기 동작들에서도 필요하다. 이 자세는 비틀기가 아니지만, 깊은 비틀기 자세를 할 때 골반 기저부에 필요한 유연성을 키우는 안전하고 쉬운 방법을 제공한다. 마찬가지로, 양손을 서로 누르는 것은 어깨를 회전시켜 열어 주고, 수련생이 앉은 자세에서 필요한 동작을 할 수 있도록 준비시켜 준다.

　숙련자라면 파르쉬보따나아사나에서 팔로 균형 잡는 자세들을 위한 능력을 향상시킬 수도 있는데, 손바닥을 깊게 누름으로써 손목관절을 깊게 젖힐 수 있기 때문이다. 오른쪽에서 다섯 번 호흡한다. 숨을 들이쉬며 골반 기저근을 조이면서 선 자세로 올라온다. 두 발을 축으로 왼쪽으로 몸을 회전하여, 왼쪽으로 자세를 반복한 뒤 다섯 번 호흡한다. 숨을 들이쉬며 위로 올라와서 사마스티티로 돌아온다.

효과

다리, 척추, 골반이 강화된다.
오금줄, 어깨, 손목이 신장된다.
평발 증상이 완화된다.
소화력이 좋아진다.
균형 잡는 법을 배운다.
복부의 장기들이 자극되어 활발해진다.
뇌가 차분해진다.

웃티타 하스타 파당구쉬타아사나
Utthita Hasta Padangusthasana A, B, C

뻗은 손으로 엄지발가락 잡는 자세

드리쉬티 A: 파다요라그라이(발가락)

드리쉬티 B: 파르쉬바(측면)

드리쉬티 C: 파다요라그라이(발가락)

사진 6.17

세 가지 연결된 자세로 이루어진 이 역동적인 아사나가 사실 아쉬탕가 요가 프라이머리 시리즈의 진정한 시작이라고 할 수 있다. 웃티타 하스타 파당구쉬타아사나와 곧바로 이어지는 서서 하는 동작들은 앞에 나오는 선 자세들로부터 이어지고, 따라서 앞에 나온 선 자세들과 같은 기술적, 해부학적 정보들이 적용된다. 웃티타 하스타 파당구쉬타아사나는 몸을 신장하는 자세라기보다는 균형 감각을 키우는 자세라고 이해하는 게 옳을 것이다. 이 자세를 잘 수행하는 열쇠는 몸과 마음의 건전한 균형 감각을 유지하는 것이다.

사마스티티로 서서, 눈앞에 시선을 고정시킬 한 점을 정한다. 응시할 초점이 작을수록 균형을 유지하기가 수월해진다. 응시점이 고정되면 몸무게를 왼 다리로 옮기고, 오른 다리가 자연스럽게 지면에서 떨어지게 한다. 고관절과 골반이 안정되게 하고, 양쪽 엉덩이(궁둥뼈)가 수평을 유지하게 한다. 숨을 들이쉬면서, 몸의 중심부 깊은 곳에서부터 동작이 시작되게 하는데, 오른 다리를 들고 오른 손의 엄지손가락과 검지, 중지로 고리를 만들어 엄지발가락을 걸어 잡는다. 왼 다리로 바닥을 누르고 오른 다리를 앞으로 멀리 뻗음으로써 양쪽 다리의 넓적다리 앞쪽 근육(넙다리 네 갈래근)을 수축한다. 오금줄의 유연성이 허락하는 만큼만 다리를 들어 올리고, 엉덩이를 들거나 골반의 안정성을 해치면서까지 다리를 더 높이 들려 하지는 않는다.

복부를 끌어당기고, 골반 기저근을 조이며, 숨을 내쉬면서 척추를 늘이고 오른 다리를 향해 몸을 접는다. 견고한 균형 감각을 느끼고 오금줄이 알맞게 열리기 전까지는 상체를 너무 깊이 앞으로 접으려 하지 않는다. 만일 균형은 잡을 수 있지만

사진 6.18

사진 6.19

사진 6.20

유연성이 부족하다면, 골반 깊은 곳에서부터 앞으로 굽히기 시작하여, 최대한 몸을 앞으로 접는다. 숙련자라면 턱을 오른쪽 정강이에 대고, 시선을 오른발 발가락들로 옮겨 응시한다. 숙련자들은 자세를 취하는 순간부터 직접 발가락을 응시할 수 있을 것이다(사진 6.17).

초보자는 정자세를 취하기가 쉽지 않을 것이다. 다리를 편 상태로 발가락을 잡을 수 없다면, 무릎을 굽힌 상태로 무릎을 잡거나 엄지발가락을 잡는다(사진 6.18과 6.19). 만일 무릎을 굽힌 채로 오른발 엄지발가락을 잡고서 균형을 유지할 수 있게 되면, 다리를 최대한 똑바로 펴 본다. 그 상태로 균형을 잡을 수 있기 전에는 상체를 앞으로 숙이지 않는다(사진 6.20).

이 시퀀스에서 각각의 자세를 유지하며 다섯 번 호흡한다. 웃티타 하스타 파당구쉬타아사나 A에서 곧바로 B로 들어가는데, A와 마찬가지로 초보자는 완화된 자세로 하고 숙련자는 정자세를 취한다. 오른 다리를 측면으로 움직이기 전에, 고개를 왼쪽으로 돌려 응시할 수 있는 새로운 지점을 찾는다. 숨을 내쉬면서, 오른 다리를 오른쪽 바깥으로 벌린다(사진 6.21). 골반 기저근을 수축하여 골반 뿌리에 단단한 지지대가 생기게 한다. 숨을 내쉬면서, 고관절을 바깥으로 회전하며 오른 다리를 바깥으로 더 열어 준다. 바깥으로 다리를 벌릴 때 엉덩이도 따라서 들리는 경우가 많으니, 한쪽 엉덩이가 다른 쪽 엉덩이보다 들리지 않도록 주의한다.

이 자세의 목적은 골반을 돌리는 것이 아니라, 골반의 안정성을 유지하면서 고관절을 돌리는 것이다. 그러므로 다리를 옆으로 벌리는 동작은 골반의 구조적인 안정

사진 6.21   사진 6.22

성을 해치지 않으면서 고관절 깊은 곳에서부터 회전이 이루어지는 것이 중요하다. 자세를 더욱 깊게 하려면 오른 다리의 큰 돌기(넙다리뼈 상부)를 아래로 내리고, 넙다리뼈의 머리(공이 부분)를 골반(볼기뼈)의 절구에 더 깊이 끼워 넣는다. 이렇게 하면 오른 다리를 바깥으로 더 회전시켜서 결국 더 높이 들 수 있게 된다. 하지만 이 자세의 목적은 균형감을 발견하는 것임을 기억하기 바란다.

　웃티타 하스타 파당구쉬타아사나 B에서 곧바로 C로 들어간다. 숨을 들이쉬면서, 엄지발가락을 잡은 채로 고관절 속에서부터 움직임을 제어하며 오른 다리를 천천히 중앙으로 가져온다. 숨을 내쉬면서 다시 한 번 상체를 앞으로 접고, 숨을 들이쉬면서 엄지발가락을 놓고, 허리에 얹은 양손으로 균형을 잡으며, 오른 다리를 앞으로 쭉 뻗는다(사진 6.22). 이것은 조이고 힘을 쓰는 동시에 들어 올리고 내뻗는 방법을 가르쳐 주는 첫 번째 자세다. 다리는 스스로 자세를 유지해야 하며, 동시에 골반 및 코어 근육들과도 계속 연결되어야 한다.

　뻗은 다리의 고관절은 여유가 있으면서도 강한 힘이 있어야 한다. 다리를 지지해 주기 위해 오금줄은 늘이고 넓적다리 앞쪽 근육(넙다리 네 갈래근)은 수축해야 한다. 오른 다리를 들어 올리는 동작은 중력의 효과를 느끼는 데 도움이 될 것이다. 왜냐하면 왼 다리로 바닥을 단단히 누르는 만큼 오른 다리를 들어 올릴 수 있기 때문이다. 넙다리뼈의 머리를 골반(볼기뼈)의 절구 속에 더 깊이 끼워 넣으면 다리를 더 높이 드는 데 도움이 된다. 자세를 유지하면서 다섯 번 호흡한다. 이 자세는 남아 있는 프라이머리 시리즈의 자세들을 안전하게 수행하는 데 필요한 힘을 기르는 데 중요한 역할을 한다. 자세를 마치면 숨을 내쉬면서 사마스티티로 돌아온다. 다음에는 왼쪽으로 세 가지 자세를 되풀이한다.

효과

균형 감각이 좋아진다.
다리, 발목, 코어 근육이 강화된다.
다리 뒷면이 신장된다.
집중력이 향상된다.

아르다 밧다 파드모따나아사나 Ardha Baddha Padmottanasana

반연꽃 선 전굴 자세
드리쉬티: 나사그라이(코끝)

아르다 밧다 파드모따나아사나는 주로 균형을 잡는 자세이며, 몸을 공간 속으로 움직이는 동안 안정성을 유지하는 법을 배우게 한다. 이 자세에서 가장 어려운 부분은 몸을 앞으로 접기 전에 안전하게 반(半)연꽃 자세로 들어가는 법을 터득하는 것이다. 많은 수련생들이 성급하게 이 자세로 들어가려다가 부상을 입곤 한다. 이 자세는 시리즈에서 처음 시도해 보는 연꽃 자세이므로 몸이 이 자세로 들어갈 수 있을 만큼 이완되고 열릴 때까지 충분한 시간과 여유를 가지는 것이 좋다.

초보자이거나 고관절이 뻣뻣한 사람이라면, 서 있는 다리의 넓적다리 안쪽을 다른 쪽 다리의 발바닥으로 누르며 서 있는 단순한 브릭샤아사나(나무 자세)로 시작해 본다(사진 6.24). 사마스티티(사진 5.1)에서 오른 무릎을 접고, 무게 중심을 왼쪽 다리로 옮기며, 오른쪽 고관절을 바깥으로 회전하여 나무 자세로 들어간다. 양손을 내려 오른발을 붙잡고서 최대한 사타구니 가까이 들어 올린다. 이렇게 하면 접은 무

름을 아래로 끌어내리는 중력을 이용하면서 고관절이
부드럽게 바깥쪽으로 움직여 자연스럽게 연꽃 자세가
깊어진다.

앉은 상태에서 연꽃 자세를 하기 전에 먼저 서 있는
상태에서 반연꽃 자세를 해 보면 도움이 된다. 서 있
는 상태에서는 근육을 사용하지 않고도 중력이 고관
절을 열어 주기 때문이다. 또한 서 있을 때는 고관절
주위에 더 많은 여유 공간이 있기 때문에 골반을 더
자유롭게 움직일 수 있다. 만일 완화된 자세를 취하고
있다면, 그 상태를 유지하며 적어도 다섯 번 호흡을
하면서 고관절이 충분히 열리기를 기다린 뒤에 반연
꽃 자세로 나아간다. 정자세로 들어가기 전에 반연꽃
자세로 서 있으면서 몇 번 더 호흡을 하면 도움이 될
수 있다.

초보자든 숙련자든 상관없이 누구나 연꽃 자세로
들어갈 때는 무릎 부상을 방지하기 위해 언제나 고관
절을 바깥으로 회전하면서 들어가야 한다. 고관절을
충분히 회전시켜서 골반에 공간을 만들어 전굴에 필
요한 여유를 갖게 한다. 반연꽃 자세로 접은 무릎이
바닥을 향하고 있을 때만 몸을 앞으로 접어야 한다.

사진 6.23

서 있는 자세에서 반연꽃 자세로 안전하게 들어가기 위해 고관절을 바깥으로 회
전한다. 고관절의 절구와 공이의 움직임을 느껴 본다. 다리를 들 때, 무릎을 옆으로
벌릴 때, 발을 손으로 잡을 때 이런 움직임을 느낄 수 있다. 또는 나무 자세에서 반
연꽃 자세로 들어가면서 양손을 내려 오른발 윗부분을 붙잡을 수도 있다. 반연꽃
자세로 들어갈 때는 발날이 서혜부 주름진 곳[18]에 위치하도록 하며, 고관절을 최대
한 돌려 준다.

비교적 유연한 사람이라면 첫 번째 들이쉬는 숨에 오른손을 등 뒤로 돌려 오른발
을 붙잡아 곧바로 반연꽃 자세로 들어갈 수 있을 것이다(사진 6.25). 반연꽃 자세를
제대로 취했다면, 숨을 내쉬면서 몸을 앞으로 접는다. 이때 왼쪽 다리로는 안정되
게 바닥을 디디고, 엉덩이(궁둥뼈)를 높이 들며 아랫배를 끌어당긴다. 왼손은 바닥
을 짚고, 손가락과 발가락이 일직선상에 오도록 정렬한다(사진 6.23). 양쪽 엉덩이가
수평을 이루게 하고 턱을 왼쪽 정강이에 갖다 대어 몸의 구조적인 안정성이 유지되

18 서혜부 주름진 곳 아랫배와 접한
넓적다리의 주변으로서 몸 앞면의, 아
랫배와 넓적다리가 만나는 주름진 곳.
hip crease.

122

사진 6.24

사진 6.25

도록 시도해 본다. 만일 균형을 잃거나 연꽃 자세를 유지할 수 없다면, 양손 다 바닥을 짚어도 된다.

자세를 유지하며 다섯 번 호흡한다. 숨을 들이쉬며 고개를 들고, 숨을 내쉬며 자세를 유지한 채로 몸무게를 엉덩이로 옮긴다. 마지막으로, 숨을 들이쉬면서 서 있는 자세로 돌아오며 오른발을 바닥에 내려놓는다. 자세를 반복하되 왼발로 반연꽃 자세를 취한다.

효과

균형 감각을 배운다.
다리, 발목, 코어 근육이 강화된다.
고관절과 발목이 신장된다.
집중력이 향상된다.
평발 증상이 완화된다.
소화력이 좋아진다.
복부의 장기들이 자극되어 활발해진다.

웃카타아사나 Utkatasana

의자 자세
드리쉬티: 앙구스타 마 디야이(엄지손가락)

이제부터 나오는 세 가지 자세는 수리야 나마스카라 빈야사를 할 때와 비슷하게 들어가고 나온다. 이제 본격적으로 호흡과 동작을 엮어서 자세를 취하는 빈야사 방식의 역동적인 힘을 경험하게 될 것이다. 수리야 나마스카라와 마찬가지로, 일련의 동작들을 호흡과 함께 물 흐르듯 이어가다가 특정한 지점들에서만 숨을 쉬며 머문다.

사마스티티에서 시작한다. 숨을 들이쉬면서 수리야 나마스카라 A처럼 양손을 모아 치켜든다. 숨을 내쉬면서 몸을 앞으로 접는다. 숨을 들이쉬며 고개를 들고, 숨을 내쉬며 뒤로 점프하여 차투랑가 단다아사나로 들어간다. 숨을 들이쉬며 업독(우르드바 무카 슈바나아사나)을 하고, 숨을 내쉬며 다운독(아도 무카 슈바나아사나)을 한다. 다음에는 숨을 들이쉬면서 두 발을 모아 앞으로 뛰어 양손 사이에 오게 하며, 곧바로 웃카타아사나로 들어간다. 자세를 유지하며 다섯 번 호흡한다.

두 발의 엄지발가락과 뒤꿈치가 맞닿도록 발을 모아 선다. 양팔은 어깨관절과 일직선을 이루도록 치켜들고, 어깨는 등 쪽으로 끌어내리며, 척추를 위로 길게 편다. 척추는 약간 늘이되 지나치게 뒤로 휘지는 않게 한다. 허리 아랫부분이 눌리는 듯한 느낌이 들면 뒤로 지나치게 휜 상태이므로 조금 곧게 펼 필요가 있다.

무릎을 발 앞쪽으로 굽힌다. 그 상태에서 넓적다리가 지면과 수평을 이룰 때까지 무릎을 더 깊이 굽혀 보되, 척추의 자세를 자각하고 발뒤꿈치가 바닥에서 들리지 않도록 주의한다. 척추가 비교적 똑바르게 서 있는 자세를 유지하는 한도 내에서 무릎을 굽힌다. 무릎의 굽힘을 보완하여 자세를 안정시키기 위해 등을 지나치게 뒤로 휘지 않는다.

이 아사나의 목적은 몸의 건강한 정렬을 유지하면서 넓적다리와 등근육, 어깨의 힘을 기르는 데 있다. 그러므로 자세를 완성하겠다는 바람 때문에 자세의 바른 지향성을 손상시키지는 말아야 한다.

복부를 끌어당기면 고관절을 안으로 회전하는 데에 도움이 되며, 몸에서 더 안정감을 느낄 수 있다. 꼬리뼈는

사진 6.26

자연스럽게 중립적인 위치에 놓아두거나, 혹은 살짝 말아서 골반에서 지지받는 느낌을 느껴 본다. 두 팔을 치켜들고, 두 팔꿈치를 서로 가까워지도록 누르며, 어깨(어깨뼈)는 등 쪽으로 내려서 목 주변에 여유를 주고 상체의 건강한 정렬을 위해 등 윗부분과 어깨(팔이음뼈)에 필요한 구조적인 지지를 제공한다(사진 6.26).

여기에서 고개를 들어 엄지손가락을 응시하는 전통은 이 자세에서 상승하는 느낌을 주고 에너지가 척추를 따라 올라가도록 의도하기 위함이다. 자세를 낮추되 몸의 기운은 아래로 처지지 않아야 하며 위를 향해 올라야 한다.

이런 식으로 생각해 보자. 발로 바닥을 누르면 당신의 에너지가 아래의 대지로 내려간다. 그러면 대지는 그와 동등한 반대 힘으로 에너지를 밀어 올려 당신에게 돌려주는데, 당신은 대지에 밀착되어 있으므로 자연의 생명력을 얻게 된다. 일단 이 에너지가 흐르기 시작하면, 당신은 이 에너지가 건강하게 조율된 자신의 몸을

사진 6.27

사진 6.28

통해 자연스럽게 상승하도록 놓아두기만 하면 된다. 만일 당신의 에너지 체계에 어떤 장애가 있다면 이 에너지의 흐름이 가로막힐 것이다. 그러니 에너지가 원활하게 흐르도록 이완된 자세를 취하면서 몸이 최대한 잘 조율되도록 유지하는 것이 중요하다.

두 팔을 심장 위로 들어 올리면 자연스럽게 심혈관계가 자극을 받아 몸 전체에서 혈액 순환이 활발해진다. 이 자세로 들어갈 때는 세심한 주의를 기울인다. 등이 지나치게 긴장되지 않도록 주의하되, 동시에 자신의 한계에 도전하여 꾸준히 진보할 수 있어야 한다.

이 자세에서 다섯 번 호흡을 한다. 숨을 내쉬면서, 계속 무릎을 굽힌 채로 양손을 바닥에 짚는다. 이 자세에서 나오는 전통적인 방법은 양손을 바닥에 단단히 짚은 상태로 두 다리를 공중으로 들어 올려 잠시 멈추는 것이다(사진 6.27). 그런데 이렇게 하기 위해서는 강한 힘이 필요하며, 나의 경우에도 이 자세에 숙달되는 데는 여러 해가 걸렸다. 그러므로 정자세로 가는 중간 단계로서, 한쪽 무릎을 가슴으로 끌어당긴 뒤, 숨을 들이쉬면서 다른 쪽 다리도 뛰어 가슴 쪽으로 끌어당긴다(사진 6.28).

두 다리를 공중으로 들어 올려 잠시 멈춘 자세로 균형을 잡는 일은 쉽지 않으며 수많은 수련이 필요하다. 양손으로 단단히 받치면서 골반의 균형을 유지해야 하고, 몸무게를 위로 들어 올리기 위해서는 골반 기저근을 잘 조여야 한다. 위에 설명한 완화된 방법으로 시도해 볼 때는 몸무게를 양손으로 보낸다고 상상하며 뛴다. 어깨 세모근(삼각근), 넓은등근(광배근), 앞톱니근(전거근), 골반 기저근을 조이고, 깊게 숨을 쉰다. 시선은 아래의 매트를 향한다. 이 자세는 오직 한 번의 호흡 동안만 유지되므로 무리하지 않는다. 만일 잘 되지 않으면, 뒤로 점프한 뒤 계속 수련을 이어간다.

정자세로 하고 있든 완화된 자세로 하고 있든, 숨을 내쉬면서 뒤로 점프하여 차투랑가 단다아사나로 들어간다. 이어서 숨을 들이쉬며 우르드바 무카 슈바나아사나(업독)로 들어가고, 숨을 내쉬면서 아도 무카 슈바나아사나(다운독)로 들어간 뒤 동작을 마무리한다.

효과

무릎, 정강이, 발목, 척추가 강화된다.
아킬레스건이 신장된다.
소화 기능, 혈액 순환, 심혈관계가 자극된다.
발바닥의 오목한 부분(장심)이 더 오목해진다.
골반과 척추가 교정된다.
고관절을 더 깊이 자각하게 된다.

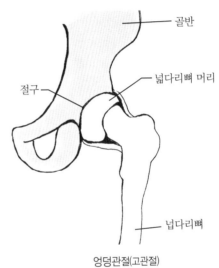

엉덩관절(고관절)

비라바드라아사나 Virabhadrasana A, B

전사 자세 I, II
드리쉬티: 하스타그라이(손가락)

아도 무카 슈바나아사나에서 한 번 숨을 내쉰 뒤, 곧바로 물 흐르듯 이 자세로 들어간다. 수리야 나마스카라 B에서처럼 오른쪽 다리부터 시작한다. 다운독 자세(아도 무카 슈바나아사나)에서 왼쪽 고관절을 바깥으로 돌리며, 왼발을 (고관절의 유연성에 맞추어) 45도에서 90도 사이 바깥으로 열어 준다. 오른발을 앞으로 내디뎌 양손 사이에 오게 하고, 가능한 한 오른발 뒤꿈치와 왼발바닥의 오목한 부분(장심)을 일직선으로 정렬한다(초보자라면 양발의 뒤꿈치를 일직선으로 정렬한다). 두 다리가 제 위

사진 6.29

치에 자리를 잡으면, 상체를 골반 위에 똑바로 세우듯이 들어 세우고, 양팔을 머리 위로 들어 올리며, 어깨(어깨뼈)는 등 쪽으로 끌어내리며, 손가락을 응시한다. 이 모든 동작이 한 번의 긴 들숨에 이루어져야 하지만, 만일 추가 호흡이 필요하더라도, 언제나 호흡에 맞추어 동작을 취해 가야 한다는 점을 기억하기 바란다.

비라바드라아사나 A는 몸의 정렬을 바로잡고 이후의 후굴 자세들을 위한 힘을 기르는 데 아주 좋은 자세이며, 고관절의 바깥 회전을 개선하여 연꽃 자세를 쉽게 취할 수 있게 한다(사진 6.29).

왼발을 바깥으로 가능한 한 90도까지 열어 주고, 왼발 뒤꿈치와 오른발바닥의 오목한 부분(장심)이 일직선상에 위치하도록 정렬을 맞춘다. 오른 무릎을 굽히되, 발의 중간 이상 넘어가도록 굽히는 것이 이상적이지만, 적어도 발목보다는 더 넘어가도록 굽힌다.

만일 무릎을 얼마큼 구부려야 할지 잘 모르겠거든, 아래에 있는 다리의 느낌에 주의를 집중하면서 넓적다리 앞쪽 근육(넙다리 네 갈래근)에 힘을 준다. 이때 무릎이 발가락 바깥으로 나오지 않도록 주의해야 한다. 두 발의 간격은 충분히 넓혀서, 무릎을 앞으로 굽힐 때 넓적다리가 바닥과 수평이 되게 한다. 두 발 사이의 알맞은 간격은 개인의 신장과 신체 비율에 따라 다르므로 지도자나 다른 수련생의 간격을 맹목적으로 따르지 않도록 주의해야 한다. 항상 자신의 몸을 기준으로 자세를 확인하는 것이 좋다.

왼 다리를 곧게 편 채로 오른 무릎을 굽힌다. 양쪽 고관절의 수평을 유지하면서, 오른 다리를 약간 안으로 회전하고 왼 다리를 바깥으로 회전한다. 왼쪽 고관절이 실제 바깥으로 회전하도록 하기 위해 골반이 최대한 앞의 오른 무릎을 향하게 한다. 왼쪽 무릎이 비틀어지지 않도록, 왼발을 억지로 바깥으로 너무 열지 않도록 주의한다. 고관절의 운동 범위에 주의를 기울인다. 뒤쪽 발의 발날로 바닥을 단단히 딛고, 양쪽 발바닥의 오목한 부분(장심)은 바닥에서 띄워 준다. 앞쪽 무릎을 깊이 굽힌 상태에서 양쪽 엉덩이는 최대한 정면을 똑바로 향하게 한다. 그러면 (허리 양쪽의 근육인) 허리근(요근)[19]과 엉덩이 굽힘근(굴근)이 신장되고 골반의 앞부분이 열리게 된다. 이 열림은 후굴 동작들에 매우 중요하다.

꼬리뼈는 중립적인 위치에 놓아둔다. 꼬리뼈를 바깥으로 빼서 허리를 지나치게 젖히려는 유혹이 들 수 있는데, 무시하기 바란다. 이는 꼬리뼈를 중립적인 위치에 놓아둔 채로 엉덩이 굽힘근(굴근)과 허리근(요근), 고관절을 여는 법을 익히도록 몸을 재훈련하는 좋은 기회가 된다. 꼬리뼈가 빠진 채로 연습을 하게 되면, 시간이 지남에 따라 등 아랫부분과 엉치엉덩관절(천장관절)[20], 골반의 뒷면 전체가 눌리고 척추를 지지해 주지 못하게 된다. 그러므로 이 방법은 장기간 지속할 수 있는 수련 방법이 아니다. 자신의 어떤 동작 패턴이 통증으로 이어진다면, 그런 동작 패턴을 버리고 더 나은 패턴을 이용하도록 자꾸 몸을 재훈련시켜야 한다.

지지하는 다리가 견고해지면 복부를 끌어당기고 골반 기저근을 당겨 올린다. 등 근육(척추 세움근)을 이용하여 척추 마디마디를 골반에서 멀어지도록 끌어올린다. 허리뼈(요추)의 유연성에 따라 자연스럽게 늘어지도록 하지 말고, 능동적으로 척추를 골반 멀리 끌어올림으로써 각 마디들 사이에 여유 공간을 만들어 줄 수 있는 힘과 확장력을 키운다. 그러는 동안 몸 앞면의 움직임을 지지하기 위해서 복부를 끌어당긴다. 이런 패턴으로 근육을 사용하면 에너지가 척추와 몸의 중심 기둥을 타고 오르는 데 도움이 되며, 이 자세의 영적 에너지를 증대시킨다. 여기에서 이런 동작을 수련하면 이후 더 깊은 후굴 자세들을 하는 데 필요한 힘을 기르게 된다.

에너지가 가슴까지 올라오면, 어깨(어깨뼈)를 등 쪽으로 서로 멀어지도록 끌어내리고, 양팔을 머리 위로 들어 올리며, 어깨(팔이음뼈)를 열고, 목 주위에 여유 공간을 만들어 준다. 척추를 편하게 두고, 윗몸이 뒤로 지나치게 젖혀지지 않도록 한다. 양팔을 곧게 펴면서 가슴 중심(복장뼈)을 살짝 내밀며 들어 올린다. 양손을 서로 밀착시켜 누르고, 어깨세모근(삼각근)을 수축하며, 양쪽 팔꿈치가 서로 가까워지도록 누른다. 두 팔을 머리 위로 치켜들면 심장이 더 활발히 펌프질을 하여 심혈관계를 강화한다. 머리를 뒤로 젖혀 계속 엄지손가락을 응시한다. 이때 엄지손가락은 서로 깍지를 끼지 않도록 한다. 여기서 어깨를 바깥으로 회전하면, 거꾸로 서는 자세와 몸을 뒤로 젖히는 자세 등 더욱 어려운 아사나를 할 때 몸을 안정시키는 데 필요한 힘과 유연성을 기를 수 있다.

자세를 유지하며 다섯 번 호흡한다. 그 후 숨을 들이쉬면서 양발을 축으로 회전하고, 숨을 내쉬면서 왼쪽으로 자세를 반복한다. 왼쪽 자세를 유지하며 다섯 번 호흡한다. 오른쪽에서 왼쪽으로 전환하는 동안에는 선 자세로 올라오지 않는다. 반대쪽으로 바꾸는 동안 양팔은 계속 치켜든 상태를 유지한다.

19 허리근 허리 양쪽의 근육. 척추의 양쪽에서 넙다리뼈(대퇴골)의 상단에 이르고, 가랑이 또는 골반 위의 허리뼈(요추) 부분을 굽히는 것을 돕는다. 큰허리근(대요근)과 작은허리근(소요근)으로 이루어진다. psoas.

20 엉치엉덩관절 엉치뼈와 엉덩뼈 사이에 있는 관절. 천장관절. sacroiliac joints.

사진 6.30

    비라바드라아사나 B는 A와 발을 정렬하는 방법이 같다(사진 6.30). 굽힌 무릎과 멀어지도록 고관절을 돌리면서 이 변형 자세로 들어가며, 두 팔을 양옆으로 뻗고, 숨을 들이쉰다. 이 자세는 왼쪽부터 하게 된다. 왼쪽 무릎이 발목과 수직을 이루게 한다. 꼬리뼈를 능동적으로 안으로 말아서, 등이 뒤로 지나치게 휘지 않도록 방지하며 중립적인 위치에 있게 한다. 골반이 왼쪽 무릎으로부터 멀어지게 하여, 무릎이 직각을 이루고 넓적다리가 최대한 지면과 평행을 이루게 한다. 양쪽 다리를 바깥으로 회전하며, 다리와 고관절을 이용해 자세를 낮춘다.

    비라바드라아사나 B는 A에 이어서 척추를 세우는 근육들을 강화하는 한편, 서혜부와 넓적다리 안쪽 근육들을 열어 준다. 척추를 길게 세워 올리는 동안 지지대가 되는 꼬리뼈는 계속 낮게 유지해 준다. 양쪽 어깨(어깨뼈)는 등 쪽으로 끌어내리며 서로 멀어지게 하고, 양팔은 어깨 높이에서 양옆으로 뻗어 준다. 이 상태에서 왼손의 손가락을 응시한다. 여기에서 뒤로 뻗은 팔이 처지는 경향이 있으므로 앞뒤 팔이 수평을 이루도록 주의한다. 상체가 골반 위에 똑바로 놓여 있어야 척추가 위로 신장하면서도 중립적인 위치에 있을 수 있다. 그러므로 몸통이 앞이나 옆으로 기울어지지 않도록 주의하며, 그 자세에서 균형과 평온을 찾도록 한다.

자세를 유지한 채로 다섯 번 호흡한다. 그 뒤 숨을 내쉬면서, 오른쪽으로 돌아 자세를 반복한다. 오른쪽으로도 다섯 번 호흡한 뒤, 숨을 내쉬면서 양손으로 바닥을 짚는다. 오른손은 오른발 바깥쪽에, 왼손은 오른발 안쪽에 놓는다. 왼발을 돌려 골반이 정면을 바라보는 동안, 오른 무릎을 구부린 상태를 유지하고 있어야 한다. 상체의 힘이 충분하다면 양팔을 짚고서 몸을 띄워서 균형을 잡는다. 몸을 띄우는 동안 두 다리는 같은 자세, 즉 왼 다리는 펴고 오른 다리는 굽힌 상태를 유지한다. 그 뒤 숨을 내쉬면서 뒤로 점프하여 차투랑가 단다아사나를 취한다. 초보자는 이 동작을 건너뛰며, 양손을 바닥에 짚고 양쪽 엉덩이가 수평을 이루는 순간, 다리를 뒤로 뻗어 차투랑가 단다아사나로 들어간다.

차투랑가 단다아사나로 들어갈 때는 숨을 내쉬고, 우르드바 무카 슈바나아사나(업독)로 들어갈 때는 숨을 들이쉬며, 아도 무카 슈바나아사나(다운독)로 들어갈 때는 숨을 내쉰다는 것을 기억하라. 이후 동작을 마무리한다.

효과

다리 근육, 특히 넙다리 네 갈래근이 강화된다.
허리근, 엉덩이 굽힘근, 서혜부가 신장된다.
후굴 자세를 할 수 있도록 몸이 준비된다.
어깨와 심장이 열린다.
심혈관계가 정화된다.

7

앉은 자세:
연꽃 기르기

아쉬탕가 요가 시리즈 중 프라이머리 시리즈에만 포함되어 있는 아사나들은 대부분 앉아서 하는 자세들이다. 수리야 나마스카라와 선 자세들은 대지와 연결되는 감각, 역동적인 동작에 대한 감각, 내적인 몸에 관한 감각을 길러 준다. 이러한 감각이 길러지면 이제 다양한 종류의 비틀기, 전굴 자세, 고관절 회전, 근력을 요구하는 자세, 그리고 후굴 자세로 들어간다.

다음에 나오는 이런 자세들을 취하는 동안 건강한 정렬을 유지하기 위해서는 코어 근육의 힘이 작용하는 것을 실제로 경험해야 하는데, 바닥을 견고히 디딜 수 있을 때 더 잘 경험할 수 있다. 서 있는 자세에서 바닥과 밀착된 발바닥을 통해 대지와 에너지로 연결되듯이, 앉은 자세에서도 발바닥을 통해 외부와 에너지로 연결되도록 해야 한다. 견고한 균형 감각과 공간적 방향 감각, 내적인 안정성, 유연성을 갖추게 되면, 자신감을 가지고 수월하게 앉은 자세들로 들어갈 수 있다.

앉은 자세들은 연관된 시리즈들로 묶인다. 이 자세들은 또한 목 뒤로 양다리를 거는 것을 목표로 고관절을 바깥으로 회전시키며, 뒤로 갈수록 그 난도가 높아진다. 목 뒤로 양다리를 건다는 이야기만 들어도 벌써 그만두고 싶은 마음이 들지도 모른다. 이러한 자세들은 일반인들이 보기에는 곡예사나 할 수 있는 동작이기 때문이다. 하지만 아쉬탕가 요가의 프라이머리 시리즈는 더욱 깊고 복잡한 동작을 할 수 있게끔 서서히 당신의 몸을 훈련하고 준비시켜 간다. 올바른 해부학 지식을 바탕으로 앉은 자세들을 수련하면, 몸이 점점 더 열려서 모든 자세를 안전하게 시작하는 데 도움이 된다.

앉은 자세들의 두 번째 그룹은 척추를 풀어 주고, 척추 세움근(척추 기립근)[21]을 강화하며, 후굴을 하기 위한 준비 역할을 한다. 전체적으로 볼 때 앉은 자세들은 몸 전체를 훈련한다고 할 수 있다. 고관절을 열어서 연꽃 자세와 목 뒤로 양다리 거는 자세를 할 수 있도록 준비시켜 주고, 거꾸로 서는 자세들을 하는 데 필요한 코어 근육의 힘을 키워 주며, 척추와 어깨를 강화하여 후굴 자세들을 위해 준비되도록 한다.

앉은 자세들은 정서적인 면에도 좋은 영향을 미칠 수 있다. 몸과 마음을 내면으로 돌리는 효과가 있기 때문이다. 이 자세들은 깊이 있게 균형을 회복시키고 치유하는 수련으로서, 소화 기관에 쌓여 있는 오래된 독소들을 청소하고 자기를 성찰하는 의식 상태를 갖도록 돕는다. 이 수련을 하는 동안 마음은 바깥을 향하는 대신에 내적인 몸에 계속해서 관심을 기울일 수 있다. 앉은 자세들을 통해 우리는 에너지를 집중하고 몸을 정화할 수 있다. 이 자세들을 소중히 여기며 인내심을 가지고 접근한다면 이 모든 자세를 해낼 수 있게 될 것이다.

다수의 앉은 자세들은 오른쪽이나 왼쪽을 향하게 된다. 그래서 수련을 하다 보면 곧 자신의 고관절이나 어깨, 몸의 한쪽이 다른 쪽보다 뻣뻣하다는 것을 알아차리게 될 것이다. 이는 지극히 정상적인 현상이므로 이 때문에 자세나 몸에 대해 걱정할 필요가 없다. 뻣뻣한 쪽을 할 때 깊이 숨을 쉬면서 조금 더 오래 자세를 유지하면 도움이 되지만, 몸의 양쪽이 똑같이 좋아지기를 기대하지는 말기 바란다. 수련의 진정한 혜택은 영적인 데 있는 것이지, 신체적인 자세를 얼마나 잘 취하는지로 측정할 수 있는 것이 아니다. 그러니 이 사실을 명심하면서 인내하고 받아들이는 마음가짐으로 수련하기 바란다.

21 **척추 세움근** 골반에서 머리까지 척추를 따라서 길게 세로로 뻗어 있는 근육군. 척추를 똑바로 서게 만드는 역할을 한다. 척추 기립근. erector spinae muscles

단다아사나 Dandasana

막대기 자세

드리쉬티: 나사그라이(코끝)

단다아사나는 건강한 전굴 자세들을 익히는 데 중요한 역할을 한다. 또한 등 아랫부분을 지지하고 코어 근육의 힘을 강화하며 오금줄(햄스트링)을 늘이는 더 깊은 동작들을 하는 데 필요한 해부학 지식과 기술을 갖출 수 있게 한다. 전통적인 아쉬탕가 요가 수련에서는 이 자세가 따로 분류되어 있지 않기에 많은 수련생이 이 자세의 중요성을 간과한다. 그러나 단다아사나는 마치 앉은 자세를 위한 사마스티티와 같아서, 모든 앉은 자세를 시작할 때 취하게 되는 중립적인 자세이다.

아도 무카 슈바나아사나(다운독)에서, 숨을 들이쉬면서 양팔 사이로 '점프 스루' 하여 앉은 자세로 들어온다. '점프 스루(jump through)'[22]와 '점프 백(jump back)'[23]으로 알려진, 앉은 자세들 사이의 전환 동작에 생소한 수련생이라면 이 책의 10장을 참고하기 바란다. 숨을 내쉬면서, 최대한 허리를 똑바르게 세워 앉고, 양손은 엉덩이 양옆 바닥에 밀착시켜 짚고, 다리를 곧게 편다.

팔이 긴 사람이라면 어깨(팔이음뼈)를 편안히 이완하기 위해 팔을 살짝 굽힐 필요가 있을 것이다. 팔이 짧은 사람이라면 손바닥

사진 7.1

이 바닥에 밀착되지 않을 수도 있는데, 그렇다고 해서 등을 굽혀 억지로 손바닥을 바닥에 밀착시키려 하지 않도록 주의한다. 팔이음뼈(어깨뼈와 빗장뼈)는 넓게 열고, 어깨(어깨뼈)를 등 쪽으로 끌어내리며, 가슴은 들어 준다. 턱은 아래로 당긴다. 숨을 들이쉴 때 가슴 중심(복장뼈)이 턱 쪽으로 올라오게 되는데, 이때 가슴 중심(복장뼈)이 턱에 와 닿는 것이 이상적이다. 숨을 내쉴 때는 가슴이 내려가면서 턱이 가슴에서 떨어지게 된다(사진 7.1).

엉덩관절(고관절)에서부터 몸을 접고, 척추를 쭉 펴 주며 다리도 펴서 몸통과 90도를 이루게 한다. 발뒤꿈치를 골반 멀리 쭉 내밀고 바닥에 대며 밀어 주고, 다리에 힘을 주어 무릎뼈가 들리게 하고, 넓적다리 앞쪽 근육(넙다리 네 갈래근)을 안쪽으로 모아 준다.

발바닥으로 가상의 바닥을 누르고 있다고 상상하며, 엄지발가락 밑에서부터 넓적다리 앞쪽 근육(넙다리 네 갈래근)을 거쳐 골반 바닥까지 다리를 통해 그 바닥과 연결된다고 상상해 본다. 코어 근육을 강화하고 오금줄 연결 부위를 보호하려면, 엉덩이(궁둥뼈)를 바닥에 밀착시키고 적극적으로 눌러서 골반 기저근을 조여야 한다. 의식적으로 이 근육들을 사용하며 복부를 끌어당겨서 골반의 내부 공간에 더욱 다가가도록 한다.

척추가 자연스럽게 설 수 있도록 복부(배꼽에서 두덩뼈까지)를 최대한 끌어당긴다. 요추가 뒤로 너무 휘거나 앞으로 구부정해지지 않도록 주의한다. 대신에 코어 근육이 허리뼈(요추)의 자연스러운 만곡을 지지하게 한다. 척추 세움근에 주의를 기울이고, 척추를 위로 올린다고 상상하면서 골반으로부터 들어 올려 척추 마디마디 사이

22 **점프 스루** 일반적으로 다운독 자세에서 앞을 향해 양팔 사이로 점프해 들어오는 연결 동작. jump through.
23 **점프 백** 뒤를 향해 양팔 사이로 점프해 나가는 연결 동작. jump back.

에 여유 공간이 생기게 한다.

에너지가 엉덩이(궁둥뼈)에 의해 바닥에 기반을 두면서도 정수리를 통해 밖으로 뻗어 나가게 한다. 숨은 아랫배로 들어가지 않고 척추의 내부 공간에서 오르내리게 해야 한다. 이 자세를 취하는 동안에는 배를 내밀지 않아야 한다. 사실, 복부 끌어 당김은 이후의 모든 전굴 자세에서 척추를 가장 건강하게 사용하는 방법의 열쇠가 된다.

만일 척추를 똑바로 세워서 앉을 수 없거나 등 아랫부분이 심하게 굽은 사람이라 면, 무릎을 살짝 구부리는 것이 도움이 된다. 고관절의 움직임을 더욱 잘 알아차릴 수 있기 때문이다. 설령 이렇게 무릎을 구부려야 하더라도, 척추는 세우고 허리뼈 (요추) 부위는 자연스러운 만곡 상태를 유지하는 상태로 무릎을 곧게 펴도록 의식적 인 노력을 하기 바란다. 숙련자는 발뒤꿈치를 골반 멀리 내밀면서도 바닥에서 살짝 띄울 수 있을 것이다. 만일 무릎 뒷부분이 바닥에 닿지 않는다면, 무릎이 지나치게 늘어나지 않는 한도 내에서, 이런 동작은 유용하다.

자세를 유지하며 다섯 번 호흡한다. 그 뒤 곧바로 다음 자세인 파스치마따나아사 나로 들어간다.

효과

골반과 고관절이 정렬된다.
몸의 중심축을 더 잘 자각하게 된다.
반다가 강화된다.
다리가 강화된다.

파스치마따나아사나 Paschimattanasana A, D

앉은 전굴 자세 A, D
드리쉬티 : 파다요라그라이(발가락)

단다아사나에서 시작한다. 서서 하는 전굴 자세들과 마찬가지로, 전굴 자세의 다 음 세 가지 요소를 적용한다―엉덩이(궁둥뼈)에서부터 발뒤꿈치까지 다리의 뒷면 전체를 늘이기, 복부를 끌어당기기, 등근육을 길게 늘이기. 물론 선 자세를 할 때와 는 약간 다른 점이 있지만, 적용해야 하는 정렬의 원칙은 같다.

선 자세에서처럼 발바닥으로 바닥을 누를
수는 없으므로, 마치 발바닥 앞에 가상의 바
닥이 있는 것처럼 여기며 엄지발가락을 모아
서 밀어 주며(이렇게 하면 넓적다리가 살짝 안으
로 회전한다) 적극적으로 발바닥을 밀어 내려
고 한다. 오금줄 연결 부위에 통증이 느껴지
면 발뒤꿈치로 바닥을 누른다. 더욱 깊게 몸
을 접으려면 발뒤꿈치를 골반에서 좀 더 멀
어지도록 내밀어 본다. 모든 전굴 자세는 척

사진 7.2

추를 약간 구부리는 작업을 포함한다. 그러므로 척추가 부상당하지 않도록 보호하
고 척추 마디마디 사이의 공간을 최대한 넓히기 위해서는 복부를 끌어당겨 코어 근
육의 지지를 받게 하는 것이 중요하다.

선 자세에서는 등이 중력에 의해 늘어나지만, 앉은 자세에서 그렇게 늘어나고 척
추 마디마디 사이의 공간이 생기게 하려면 상체의 내부 근육을 이용해야 한다. 숨
을 들이쉬면서 아랫배를 의식적으로 당기고(배꼽과 두덩뼈 사이의 부위를 몸 안으로 깊
이 끌어당긴다), 척추를 늘이며, 몸을 앞으로 접어 양손으로 두 엄지발가락을 쥔다.
숨을 내쉬면서 더 깊게 굽혀서 파스치마따나아사나 A를 취한다(사진 7.2). 이때 배근
육이 경직되지 않도록 주의한다. 근육이 경직되면 자세가 깊어지는 데 방해가 되기
때문이다. 이 깊은 전굴 자세의 치유와 정화 효과는 복부를 끌어당겨서 소화 기관
을 청소할 때 일어난다.

다리는 단다아사나와 같은 방법으로 한다. 골반 깊은 곳에서부터 다리를 뻗는다.
몸통 쪽으로 당긴 발바닥 앞에 가상의 견고한 바닥이 있다고 여기며, 고관절에서부
터 넓적다리 앞쪽 근육(넙다리 네 갈래근)의 안쪽, 들린 무릎뼈를 거쳐 가상의 바닥까
지 흐르는 긴 에너지 선을 느껴 본다.

만일 단다아사나에서 무릎을 구부리는 완화된 자세를 취했다면, 여기에서도 그
렇게 할 필요가 있겠지만, 그렇더라도 발을 최대한 골반 멀리 내뻗어서 곧게 펴려
고 노력한다. 만일 오금줄에 부상을 입은 상태라면, 엉덩이(궁둥뼈)와 발뒤꿈치로만
바닥을 누른다. 이렇게 해도 통증이 완화되지 않는다면 부상이 나을 때까지 무릎을
약간 구부린 채로 수련한다.

상체를 너무 억지로 끌어내리려 하지 않도록 주의한다. 전굴이 골반과 몸 깊은
곳에서부터 자연스럽게 이루어지게 한다. 안에서부터 늘어나도록 몸의 내부를 이
용한다. 어깨는 계속 열려 있게 하고, 살짝만 능동적으로 사용한다. 허파 깊이 숨을

사진 7.3

들이쉬고, 에너지가 몸 전체를 자유롭게 흐르게 한다. 이 상태를 유지하며 다섯 번 호흡한다.

숨을 들이쉬며 척추를 펴고, 숨을 내쉬면서 손으로 발을 최대한 깊게 감싸 쥐는데, 손가락으로 엄지발가락을 쥐거나(A), 양손으로 발날을 잡거나(B), 발 주위를 둘러 양손을 깍지 끼거나(C), 발 앞에서 한 손으로 다른 손의 손목을 잡는다(D). 다시 숨을 들이쉬어 공간을 만들고, 숨을 내쉬며 파스치마따나아사나 D로 들어가서 다섯 번 호흡한다(사진 7.3).

파스치마따나아사나에는 네 가지 방법이 있지만, 현재 아쉬탕가 요가에서는 가장 접근하기 쉬운 방법(A)과 가장 깊게 하는 방법(D), 이렇게 두 가지 방법만 수련하고 있다. 만일 수련할 시간이 넉넉하거나 전굴이 어렵게 느껴진다면 네 가지 방법을 다 수련해 볼 수도 있을 것이다. 더 자세히 알고 싶다면 파타비 조이스의 저서 《요가 말라》를 참고하기 바란다.

파스치마따나아사나 D에서 다섯 번 호흡한다. 숨을 들이쉬면서, 손목을 쥔 채로 상체를 든다. 숨을 내쉬면서 몸의 무게를 엉덩이에 두고 골반 기저근을 더욱 깊이 끌어당긴다. 숨을 들이쉬면서 손을 풀어 상체를 바닥에서 들어 올린다. 숨을 내쉬면서 점프 백을 한다. (아쉬탕가 요가에서 말하는 '점프 백'과 '점프 스루'에 관해서는 10장에서 자세히 설명한다.)

효과

소화력이 좋아진다.
오금줄이 신장된다.
궁둥뼈(좌골) 신경통이 완화된다.
내부의 장기들이 정화된다.

푸르보따나아사나 Purvottanasana

위로 향한 널빤지 자세

드리쉬티: 브루마디야(두 눈썹 사이의 중심)

사진 7.4

단다아사나, 파스치마따나아사나와 함께 이 자세를 수련하면 척추가 신장되어 그 가동 범위가 최대로 늘어난다. 이 기술은 후굴을 할 수 있도록 몸을 준비시켜 주며, 파스치마따나아사나에서 깊은 전굴을 하는 동안 척추에 가해졌던 압력도 완화해 준다.

다운독 자세에서, 숨을 들이쉬며 양팔 사이로 점프 스루 하여 앉은 자세로 들어온다. 숨을 내쉬면서 자세를 준비한다. 엉치뼈(천골)가 바닥에 닿을 때까지 척추를 말고, 복부를 끌어당기며, 양손을 뒤로 빼서 골반에서 30센티미터쯤 뒤의 바닥을 단단히 짚는다. 손가락은 발을 향하게 한다. 숨을 들이쉬면서 몸을 들어올린다(사진 7.5).

넓적다리와 고관절을 안쪽으로 회전하여, 양쪽 다리 전체에 에너지 선이 길게 이어지게 한다. 앞의 두 가지 자세에서 했듯이, 넓적다리 앞쪽 근육(넙다리 네 갈래근)의 안쪽을 단단히 모아 주고, 들린 무릎뼈(슬개골)를 통해 골반 바닥에서 발가락까지 연결되게 한다. 발끝을 일(一)자로 곧게 뻗어 주고, 엄지발가락을 서로 붙이며, 다리를 안으로 살짝 회전하여 에너지 선이 연결되게 한다.

발가락으로 바닥을 눌러서 다리 안쪽을 모으고 골반을 들어 올리는 데 도움이 되게 한다. 고관절과 넓적다리를 안으로 회전하면 등 아랫부분과 엉치뼈(천골)에 가해지는 압력이 완화된다.

골반과 꼬리뼈를 강하게 앞으로 밀고 엉치뼈(천골)를 살짝 뒤로 젖혀 등 아랫부분이 약간 휘면서 들리게 한다. 이 자세는 후굴이므로 허리가 자연스럽게 늘어나도록 해야 자세로 깊이 들어갈 수 있다. 척추 세움근이 밑에서부터 몸을 떠받치게 한다.

사진 7.5

몸을 들어 올리는 동안 배가 나오지 않도록 특히 주의해야 한다. 배근육을 척추 쪽으로 당겨서, 복부가 끌어당겨진 상태로 있게 한다. 배를 내밀고 있으면 장기들의 무게가 열려 있는 척추 쪽으로 내리쏠려서 허리 디스크를 다치게 할 수도 있다. 그러니 아랫배는 끌어당긴 채로 있게 한다.

다리로 견고하게 받치고 골반을 적극적으로 들어서 이 자세의 기반을 마련했다면, 이제는 상체에 집중할 차례다. 가슴을 높이 들고, 천장을 향해 가슴 중앙을 연다. 손끝으로 바닥을 눌러서 팔을 강하게 받쳐 올리고, 팔은 최대한 곧게 편다. 머리를 뒤로 젖히되, 목이 지지될 수 있도록 주의한다. 어깨(어깨뼈)를 등 쪽으로 끌어내려서, 등 상부가 들려 있도록 떠받치게 한다(사진 7.4). 이 자세는 후굴이므로 몸의 모든 근육을 사용하게 된다. 이 자세에서는 척추 마디마디를 길게 늘여 여유 공간을 만들어 주고, 이 공간을 이용해서 몸을 뒤로 젖혀야 한다.

의식하면서 깊이 호흡한다. 다섯 번 호흡한다. 숨을 내쉬면서 몸을 내린다. 숨을 들이쉬면서 상체를 바닥에서 들어 올리고, 숨을 내쉬면서 뒤로 점프하여(점프 백)차투랑가 단다아사나로 돌아온다.

효과

등이 튼튼해지고 신장된다.
전굴을 보완해 준다.
피로가 완화된다.

아르다 밧다 파드마 파스치마따나아사나
Ardha Baddha Padma Paschimattanasana

반 묶은 연꽃 전굴 자세
드리쉬티: 파다요라그라이(발가락)

이 아사나는 우리가 선 자세에서 배운, 고관절을 열고 그 움직임을 알아차리는 것을 시험해 보고 고관절의 바깥 회전에 도전하는 첫 번째 앉은 자세이다. 이 자세는 최대한의 집중과 주의, 인내가 필요하다. 이 자세를 통해 우리는 건강한 바깥 회전의 원리를 이해하고 익히며 연꽃 자세를 발전시킬 수 있는 아주 좋은 기회를 갖게 된다. 고관절이 아직 너무 뻣뻣한 상태라면 당분간 앞으로 나아가지 말고 여기

에서 멈출 필요가 있다. 그러지 않으면
이후의 자세에서 부상을 입을 가능성이
높아지기 때문이다.

푸르보따나아사나에서 이어지는 빈
야사로, 다운독 자세에서 숨을 들이쉬며
양팔 사이로 점프 스루 하여 앉은 자세
로 들어온다. 숙련자라면 숨을 내쉬면서
손으로 오른발을 접어 반(半)연꽃 자세를
취한다. 오른손을 등 뒤로 돌려 접은 발

사진 7.6

을 잡는다. 왼손으로는 왼발의 바깥쪽을 잡고, 가슴 중심(복장뼈)을 왼쪽 무릎 위로
굽혀 정렬되게 한다. 숙련이 되면, 양팔 사이로 점프 스루 하여 앉은 자세로 들어와
자세를 준비하는 동작을 한 번의 들이쉬는 숨에 다 할 수 있다. 그 뒤 숨을 내쉬면서
몸을 앞으로 완전히 접어 정자세를 취해 준다(사진 7.6).

초보자라면 위의 동작들을 능력에 따라서 여러 부분으로 나누어 천천히 진행하
면 된다. 오른쪽 고관절을 돌려 오른 무릎을 접는 것으로 시작한다. 접은 무릎을 고
관절 가까이 끌어당겨 오른발 발바닥을 왼 넓적다리 안쪽으로 가져온다. 오른발과
오른 무릎을 바닥에서 부드럽게 들면서, 고관절을 바깥으로 회전하여 오른발이 왼
쪽 서혜부 주름진 곳 가까이 오게 한다. 이때 오른 무릎에 통증이 느껴지면, 무릎을
뒤로 물리고 고관절의 회전 수준을 낮춘다. 이 자세로 들어갈 때는 무릎관절을 비
틀어 꺾지 않도록 해야 한다. 가능하면 고관절을 나사 돌린다는 느낌으로 천천히
돌려 움직이며 자세로 들어간다. 이때 무릎이 바닥에서 떨어져 위로 뜨더라도, 무
릎을 억지로 내리누르지 말고 무릎 주위의 근육도 긴장되지 않도록 해야 한다. 만
일 고관절을 충분히 회전해서 발을 알맞은 위치에 올릴 수는 있지만 무릎에 통증이
느껴진다면, 오른 무릎 아래에 요가블럭이나 수건 등을 받쳐 주면 좋다.

수련 방법에 관한 일반적인 팁을 하나 얘기하고 싶다. 몸의 특정 부위에서 통증
을 느낄 때 우리는 흔히 즉각 두려움으로 반응한다. 그럴 때면 무작정 통증을 회피
하려 하지 말고, 통증을 경험하는 마음상태에 머물도록 해 보라. 예를 들어 통증을
느끼게 되면, 통증이 일어나는 곳이 어디인지, 어떤 유형의 통증인지, 자신이 어떤
감정으로 반응하고 있는지에 대해 최대한 구체적으로 알아차려 보기 바란다. 대개
우리는 두루뭉술하게 통증을 느끼지만, 통증이 어디에서 일어나고 실제로 통증이
어떠한지를 더 구체적으로 알아차릴수록 우리는 두려움을 덜 느끼게 되고, 우리의
수련과 삶에서 경험하는 통증을 더 잘 다룰 수 있게 된다. 만일 관절에서 통증을 느

끼면 즉시 물러나기 바란다. 하지만 근육이 늘어나면서 욱신거리는 상태라면, 정렬을 염두에 두면서 조심스럽게 진행해 볼 수 있다.

아무 문제 없이 반연꽃 자세를 취할 수 있다면, 오른 어깨를 완전히 회전하면서 오른손을 등 뒤로 뻗어 오른발의 윗부분을 잡는다. 이때 오른발을 잡기 위해 몸을 지나치게 틀지 않도록 한다. 대신, 어깨(어깨뼈)를 등 쪽으로 끌어내리는 동안 어깨와 등 윗부분으로부터 이런 동작이 자연스럽게 나오게 한다. 오른발을 잡은 뒤에는, 오른발을 잡는 과정에서 일어날 수 있는 비틀림을 바로잡고 균형을 회복하기 위해 어깨를 견고하게 당기고 상체를 다시 중심으로 끌어당긴다. 가능하면 오른발도 당겨서 오른발 뒤꿈치로 골반의 내부 공간을 누른다. 이러면, 10장에서 설명하듯이, 복부를 더 잘 끌어당길 수 있고 반다의 끌어당기는 능력이 좋아진다.

숨을 들이쉬면서 몸을 앞으로 접으며 왼손으로 왼발의 바깥쪽을 잡는다. 가능하면 왼쪽 어깨(어깨뼈)를 등 쪽으로 끌어내리고 상체의 정렬을 맞추어 복장뼈(가슴 한복판에 있는 세로로 길쭉한 뼈)와 두덩뼈(치골)가 몸의 중심선 위에 놓이게 한다. 숨을 내쉬면서 턱을 왼쪽 정강이에 대고 다섯 번 호흡한다.

이 자세는 복합적인 동작으로 이루어져 있어서, 몸이 열리기 위해서는 호흡이 추가로 더 필요한 경우가 많다. 인내심을 가져야 하고, 성급하게 진행하지 말아야 한다. 만일 동작을 취하는 도중에 자기 유연성의 한계를 넘을 것 같다고 판단되면, 잠시 멈추고 반드시 몸의 조언을 따르기 바란다. 어떤 경우든 무릎을 억지로 비틀지는 말아야 한다. 언제나 움직임이 고관절에서부터 시작되도록 한다.

다섯 번 호흡한다. 숨을 들이쉬면서 두 발을 잡은 채로 고개를 들고 상체를 세운다. 숨을 내쉬면서, 두 발을 잡고 자세를 유지하며, 골반의 힘을 이용하여 빈야사를 할 준비를 한다. 숨을 들이쉬면서 상체를 바닥에서 들어 올리고, 숨을 내쉬면서 뒤로 점프한다(점프 백). 빈야사를 마친다. 숨을 들이쉬면서 양팔 사이로 점프 스루를 한다. 그 뒤 반대쪽에서 자세를 되풀이한다.

효과

소화력이 좋아지고, 반다를 더 잘 알아차리게 된다.
오금줄, 고관절, 어깨가 신장된다.
내부의 장기들이 정화된다.

트리앙 무카 에카파다
파스치마따나아사나
Triang Mukha Ekapada
Paschimattanasana

사진 7.7

한 다리 뒤로 접은 전굴 자세
드리쉬티 : 파다요라그라이(발가락)

　프라이머리 시리즈에서 대부분의 자세들은 고관절의 바깥 회전을 이용하지만, 이 자세는 고관절의 안쪽 회전을 이용한다. 대다수 사람들은 넓적다리를 안쪽으로 돌리기 위해서는 넓적다리의 맨 윗부분이 바닥에서 뜰 수밖에 없다고 생각한다. 하지만 넙다리뼈 머리는 고관절의 절구 안에서 깊이 회전하는 동안 실제로 뒤쪽과 아래쪽을 향해 움직인다. 고관절의 안쪽 회전을 수월하게 하는 열쇠는 엉치뼈(천골) 부위를 넓혀 주는 것이며, 등의 척추를 늘여 주어 공간이 생기게 하고 양쪽 넓적다리를 서로 가까이 붙여 준다.

　아르다 밧다 파드마 파스치마따나아사나의 마지막 빈야사인 다운독 자세에서, 숨을 들이쉬며 양팔 사이로 점프 스루 하여 앉은 자세로 들어온다. 오른 무릎을 뒤로 접고, 넓적다리를 안으로 회전하며, 오른발은 뒤를 향하여 일자로 곧게 편다. 오른발과 골반 사이에 충분한 공간을 남겨서 오른쪽 엉덩이가 바닥으로 가라앉게 한다. 오른쪽 종아리 근육을 바깥으로 빼 주면 무릎을 접는 데 필요한 공간이 늘어난다. 자세를 준비하기 위해, 숨을 들이쉬면서 양손을 앞으로 최대한 뻗어 왼발 앞에서 손목을 잡는다. 만일 이렇게 하기가 어려우면 양손으로 왼발을 잡는다. 숨을 내쉬면서 몸의 중심선을 따라 몸을 앞으로 접고, 두 무릎은 최대한 가까이 붙인다. 턱을 왼쪽 정강이 쪽으로 내리되, 몸의 무게를 앞쪽이나 왼쪽으로 옮기지는 않는다(사진 7.7).

　아랫배를 끌어당기고 골반 기저근을 조이면, 이 자세로 더 깊이 들어가는 데 필요한 안정적인 지지를 얻게 된다. 왼발을 당긴다. 왼발 뒤꿈치를 통해 에너지를 바닥으로 내려보내며, 엄지발가락을 통해서는 밖으로 내보낸다. 왼쪽 종아리 근육을 바닥에 누르면, 에너지가 골반으로 끌어올려지고 오른쪽 엉덩이(궁둥뼈)가 바닥에 닿는 데 도움이 된다. 대다수 사람들은 오른쪽 엉덩이(궁둥뼈)가 바닥에서 뜨겠지만, 골반의 내부 공간을 통해 에너지를 아래로 내려보낸다는 느낌으로 골반이 바닥에 잘 닿도록 시도해 보자. 오른쪽 넙다리뼈의 머리가 고관절의 절구 안으로 더 깊이 들어가는 것을 느껴 본다.

무릎을 접고 있기가 어려우면, 반대쪽(왼쪽) 엉덩이 밑에 수건이나 요가블럭을 받치면 양쪽 골반의 높이가 같아져서 무릎 주변의 긴장이 완화될 것이다. 요가블럭을 이용해서 이 자세를 시작했다면, 1, 2년 정도 수련해서 요가블럭을 수건으로 낮추어 보고, 다시 1, 2년 정도 수련해서 결국 아무 도구 없이도 자세를 해낼 수 있도록 해 보자.

만일 이 자세를 취할 때 무릎에서 심한 통증이 느껴지면, 고관절의 안쪽 회전이 부족하거나 넓적다리 앞쪽 근육(넙다리 네 갈래근)이 너무 뻣뻣하기 때문일 수 있다. 만일 무릎 가운데에서 찌르는 듯한 통증이 느껴지면, 무릎을 푼 뒤 요가블럭을 이용해서 완화된 자세를 취해 본다. 어떤 자세를 취하든지 늘 주의를 기울이면서 진행하고 억지로 몸을 강제하지 않는다. 시간이 지나면서 인내와 깊은 호흡을 통해 자세가 자연스럽게 펼쳐지기를 기다린다.

고관절을 안쪽으로 회전하면서 상체를 넓적다리 위로 접는 동작은 시리즈 뒷부분에 나오는 깊은 비틀기 동작들을 하기 위한 중요한 준비 과정이 된다. 만일 비틀기를 할 때 어려움을 느낀다면, 그 이유 중 하나는 고관절의 안쪽 회전이 부족하기 때문인데, 이 아사나는 그런 문제를 개선하는 데 안성맞춤인 자세다.

자세를 유지하면서 다섯 번 호흡한다. 숨을 들이쉬면서 상체를 들고, 숨을 내쉬면서 자세를 유지한다. 숨을 들이쉬면서 양손을 바닥에 짚고 상체를 바닥에서 들어 올린다. 숨을 내쉬면서 뒤로 점프하고(점프 백) 나머지 빈야사를 마친다. 숨을 들이쉬면서 양팔 사이로 점프 스루를 하고, 반대쪽으로 자세를 되풀이한다.

효과

소화력이 좋아지고, 반다를 더 잘 알아차리게 된다.
고관절을 안쪽으로 회전한다.
내부 장기들이 정화된다.
몸의 내부에 대한 자각이 깊어진다.

자누 쉬르샤아사나 Janu Sirsasana A

머리를 무릎으로 향하는 자세 A
드리쉬티: 파다요라그라이(발가락)

자누 쉬르샤아사나 A는 코어 근육을 강화하고, 고관절과 넓적다리 안쪽, 등근육이 안전하고 쉽게 열리게 한다. 트리앙 무카 에카파다 파스치마따나아사나의 빈야사를 마치고 다운독에서, 숨을 들이쉬며 양팔 사이로 점프 스루 하여 앉은 자세로 들어온다. 오른쪽 고관절을 바깥으로 회전하여, 오른 무릎이 90도를 이루며 바깥을 향하도록 접는다.

사진 7.8

고관절의 절구와 넙다리뼈의 머리(공이 부분)가 더욱 열리고 느슨해질 수 있도록 고관절을 이완한다. 관절이 열리면서 자세가 깊어짐에 따라 오른 무릎을 자유롭게 구부릴 수 있고 무릎관절을 완전히 접을 수 있게 된다. 서두르지 말고, 자세를 취하는 하나하나의 단계마다 몸의 소리에 귀를 기울인다.

이 자세를 가장 깊게 취한 상태에서는 오른발바닥의 바깥 부분이 왼쪽 넓적다리의 안쪽을 누르고, 오른발 뒤꿈치는 두덩뼈(치골) 가까이 위치한다. 이러한 움직임이 무릎이 아니라 고관절에서 일어나게 해야 한다. 그러기 위해서는 넙다리뼈의 머리 부분을 뒤로, 아래로 회전하고, 넓적다리의 윗부분은 골반 뒤쪽을 향해 돌리고, 넓적다리 안쪽의 근육을 늘인다.

이 바깥 회전이 바르게 이루어졌다면, 골반을 최대한 앞쪽으로 돌리고 상체를 왼쪽 넓적다리 위로 굽혀 정렬한다. 가슴 중심(복장뼈)이 왼 무릎을 향하면서 두덩뼈(치골)와 정렬되게 한다. 왼발 앞에서 한 손으로 다른 손목을 잡는다. 만일 이렇게 하기가 어려우면 양손으로 왼발을 잡는다. 숨을 들이쉬면서 양팔을 쭉 편다. 숨을 내쉬면서 몸을 앞으로 접어 턱이 왼쪽 정강이를 향하게 한다.

복부를 당기고 골반 기저근을 조이며 등근육을 늘여서 몸통을 골반 멀리 쭉 뻗는다. 이 상태에서 부드럽게 고개를 들어 왼발의 발가락을 응시한다(사진 7.8). 여기에서 몸은 적어도 두 가지 방향으로 작용하고 있는데(엉덩이는 뒤쪽과 아래쪽으로, 상체는 앞쪽과 멀리), 이 때문에 이 자세는 신체의 협업 능력과 두뇌 기능을 향상시킨다. 아랫배를 끌어당기는 행위는 골반의 내부 공간과 소화계를 정화하는 데 도움이 된다. 넓적다리 안쪽을 열어 주는 것은 신장 경락의 정화를 돕는다.

만일 초보자이거나 고관절이 뻣뻣한 상태라면, 무릎을 부분적으로만 접고 무릎 밑에 요가블럭이나 수건을 받쳐서 무릎이 바닥에서 약간 뜨게 하는 편이 유용할 것이다. 고관절이 충분히 열리면 그런 도구를 치워도 된다. 무릎관절 안쪽에서 통증이 느껴지면, 무릎을 약간 펴서 오른발 발바닥이 넓적다리 안쪽 윗부분이 아니라 왼쪽 무릎 가까이에 위치하도록 한다. 만일 무릎을 충분히 구부릴 수는 있지만 무릎이 바닥에서 뜬다면, 통증이 없는 한도 내에서 안전하게 자세를 취하도록 한다.

무릎의 통증을 완화하는 또 다른 방법은 오른쪽 넓적다리를 바깥으로 회전하는 대신에 안쪽으로, 골반 앞쪽으로 회전하는 것이다. 이 방법은 고관절의 회전을 감소시켜, 때로는 무릎에 가해지는 압력을 완화할 수 있다. 이 자세가 어려우면 앞서 말한 두 가지 방법을 시도해 보고, 여러 해 동안 수련하면서 서서히 자세를 완성해 가면 된다.

다섯 번 길고 깊은 호흡한다. 숨을 들이쉬면서 상체를 세우고, 숨을 내쉬면서 자세를 유지한다. 숨을 들이쉬면서 상체를 바닥에서 들어 올리고, 숨을 내쉬면서 뒤로 점프한다. 반대쪽으로 자세를 되풀이한다.

만일 요가를 처음 접한 상태로 여기까지 수련을 진행해 왔다면, 여기에서 멈추고, 더 진도를 나가기 전에 매일 수련을 생활화하면서 배운 자세들을 복습해 보는 것도 좋을 것이다. 만일 근력과 지구력이 부족하게 느껴지면, 나머지 앉은 자세들을 건너뛰고 곧바로 후굴로 넘어갈 수도 있다. 매일 적은 분량의 수련을 꾸준히 하는 것이 가끔 많은 분량의 수련을 하는 것보다 낫다. 요가 수련의 성공을 좌우하는 주된 요소 중 하나는 꾸준한 수련이다.

효과

간, 신장, 복부의 장기들이 정화된다.
신장 경락이 자극된다.
소화력이 좋아진다.

자누 쉬르샤아사나 Janu Sirsasana B

머리를 무릎으로 향하는 자세 B
드리쉬티: 파다요라그라이(발가락)

자누 쉬르샤아사나 A로 들어갈 때와 같은 방법으로, 똑같은 빈야사를 따르며 들이쉬는 숨에 이 자세로 들어간다. 오른 무릎이 90도를 이루며 바깥을 향하도록 접는 것으로 시작한다. 양손을 바닥에 짚고, 골반을 바닥에서 들어 올린다(사진 7.10).

몸을 앞으로 움직여 골반이 오른발 위에 놓이게 하고, 오른 무릎은 바깥을 향해 80도에서 85도 사이를 이루게 한다. 회음부가 오른발 뒤꿈치에 닿게 하고, 거기에 몸의 무게가 놓이게 한다. 무릎을 보호하고 안전하게 자세로 들어가기 위해서는 반드시 이전 자세와 동일한 바깥 회전의 원칙을 적용해야 한다. 오른 발목을 구부려서 발가락이 앞쪽의 왼발을 향하도록 한다.

사진 7.9

초보자라면 발을 좀 더 펴고 무릎을 45도 가까이 좁히면 덜 불편할 것이다. 하지만 이 자세는 원래 어느 정도 불편함을 감수해야 하는 자세다. 오른발을 올바른 위치에 놓았다면, 이제 숨을 들이쉬면서 상체를 앞으로 왼쪽 다리 위로 굽히며 정렬되게 하고, 왼발 앞에서 손목을 잡거나 양손으로 왼발을 잡는다. 그 뒤 숨을 내쉬면서 상체를 왼쪽 정강이를 향해 앞으로 접으며 정자세로 들어간다(사진 7.9).

회음부를 발뒤꿈치로 누르는 이유는 골반 기저근의 조임을 자극하기 위한 것이다. 이를 통해 골반 부위의 에너지 센터가 일깨워지고 미주신경이 자극되면 더 깊이 이완된 상태로 들어가기가 쉬워진다. 하체에 올바른 해부학적, 기술적 사항들을 적용했다면, 이제 몸통과 두덩뼈(치골)가 몸의 중심선을 따라 정렬되면서 최대한 앞을 향하게 한다. 자누 쉬르샤아사나 B는 엉치뼈(천골)와 등 아랫부분을 통해 더 깊이 신장되게 하며, 이 부위가 열려서 고관절의 바깥 회전이 더 깊어지도록 돕는다. 아랫배를 끌어당기고, 골반 기저근을 조이고, 상체를 바닥에 밀착된 골반으로부터 멀리 세움으로써 몸을 지지해 주어야 한다는 것을 기억한다. 왼발의 발가락을 응시한다. 만일 턱이 정강이에 닿지 않으면, 이마를 정강이에 대고 코끝을 응시하거나, 상체를 앞으로 뻗어서 발가락을 응시한다.

사진 7.10

다섯 번 호흡한다. 숨을 들이쉬면서 상체를 들고, 숨을 내쉬면서 자세를 유지한다. 숨을 들이쉬면서 상체를 바닥에서 들어 올리고, 숨을 내쉬면서 뒤로 점프한다. 반대쪽으로도 자세를 되풀이한다.

효과

간, 신장, 복부 장기들이 정화된다.
신장 경락이 자극된다.

소화력이 좋아진다.

엉치뼈가 열린다.

자누 쉬르샤아사나
Janu Sirsasana C

머리를 무릎으로 향하는 자세 C

드리쉬티: 파다요라그라이(발가락)

사진 7.11

아쉬탕가 요가를 처음 배우기 시작한 수련생이라면 이 자세가 조금 두렵게 느껴질 수도 있다. 그래서 조심스레 진행하고 싶은 마음이 들겠지만, 이 자세는 잘 알아차리면서 수련하기만 한다면 안전하고 효과적인 자세다.

자누 쉬르샤아사나 B의 마지막 빈야사인 다운독 자세에서, 숨을 들이쉬며 양팔 사이로 점프 스루 하여 앉은 자세로 들어온다. 먼저 자누 쉬르샤아사나 A 자세를 취한다. 오른 무릎관절을 완전히 접고, 고관절을 최대한 바깥으로 회전한다. 무릎에 힘을 빼고, 무릎을 지지하는 근육 주위가 긴장되어 경직되지 않게 한다. 무릎을 접은 채로 오른 다리 전체를 바닥에서 든다. 무릎에 힘을 뺀 채로 오른발을 직각이 될 정도로 깊게 돌린다. 오른쪽 고관절 또한 더욱 깊게 바깥으로 회전할 것이다. 오른손을 오른발 발목 아래로 넣어 발가락을 잡는다. 아킬레스건과 발목관절을 열어서 발을 돌리고, 다섯 발가락이 모두 바닥에 닿은 상태로 왼쪽 넓적다리에 최대한 가까이 붙인다. 오른발 뒤꿈치는 위를 향하면서 약간 뒤쪽으로, 왼쪽을 향하게 한다. 오른발의 안쪽을 왼쪽 넓적다리에 갖다 대어 지지받게 한다. 발가락과 발목을 최대한 젖힌 채로, 오른쪽 고관절의 바깥 회전과 골반 기저근의 조임으로 자세를 지지한다.

오른쪽 고관절과 발목을 최대한 회전했다면, 오른 무릎은 75도에서 80도 사이에 옆으로 벌어져 있을 것이다. 이 상태에서 무릎에 압력이 가해지지 않게 한다. 만일 발가락 다섯 개를 전부 바닥에 붙일 수 있다면, 이제 오른발에서 손을 떼어도 무릎이 (약간 뜨긴 하더라도) 바닥 쪽으로 내려가 있는지 본다. 그렇지 않더라도 억지로 힘을 주어 내리누르지는 않는다. 필요하면 오른 무릎 밑에 요가블럭이나 수건, 혹은 다른 도구를 받칠 수도 있다.

만일 발가락 다섯 개 모두가 바닥에 닿지는 않으면, 엉덩이와 골반을 앞쪽으로 움직여서 발목관절을 더 구부릴 수 있는지 본다. 여전히 어렵다면, 이 자세를 처음 시도할 때는 요가블럭 위에 앉는 게 도움이 될 수 있다. 이렇게 하면 고관절을 더 돌릴 수 있는 공간이 생기고, 무릎 부상 없이 발목을 돌리는 법을 알아차리는 데 도움이 될 것이다. 요가블럭을 사용할 수밖에 없는 상황이라면, 두어 달가량 사용해 보면서 점차 의존을 줄여 가도록 한다.

이 자세를 취할 때는 발가락이 조금 불편할 것이다. 최대한 이완하면서 그런 감각적 경험을 있는 그대로 받아들여 보자. 이 자세를 수련하면 발목은 깊게 신장되고 발과 발가락 내부의 압력도 완화된다. 이 자세를 지지하기 위해서는 골반 기저근을 조여야 한다.

발목을 최대한 돌린 뒤, 상체를 앞으로 왼쪽 다리 위로 굽혀 정렬하고, 왼발 앞에서 한 손으로 다른 손목을 잡는다. 그렇게 하기가 어려우면 양손으로 왼발을 잡는다. 숨을 내쉬면서 상체를 왼쪽 넓적다리 위로 접으며 정자세로 들어간다(사진 7.11). 상체를 앞으로 굽힐 때는 오른 무릎이 바닥 가까이 내려갈 것이다. 억지로 힘을 주어 그렇게 만들려고 하지는 않는다.

다섯 번 호흡한다. 숨을 들이쉬면서 상체를 들고, 숨을 내쉬면서 자세를 유지한다. 숨을 들이쉬면서 상체를 바닥에서 들어 올리고, 숨을 내쉬면서 뒤로 점프한다. 반대쪽으로도 자세를 되풀이한다.

효과

간, 신장, 복부 장기들이 정화된다.
신장 경락이 자극된다.
소화력이 좋아진다.
발가락, 아킬레스건, 발목이 신장된다.

마리차아사나 Marichasana A

현자 마리치에게 헌정하는 자세 A
드리쉬티 : 파다요라그라이(발가락)

이 자세는 인도의 현자 마리치의 이름을 딴 네 개의 자세 중 그 첫 번째다. 인도의 신화에서 마리치는 마음의 힘으로 생명을 창조하는 신 브라마(Brahma)의 아들이다. 인도에서는 현자의 이름을 딴 자세를 수련하면 그 현자의 좋은 점을 물려받을

사진 7.12

수 있다는 말이 전해진다. 사실 아쉬탕가 요가의 네 번째 시리즈에서는 마리치의 이름을 딴 네 개의 자세가 더 있다. 그 모든 자세에는 앉은 상태에서 하는 전굴이나 비틀기가 포함되어 있는데, 이때 골반은 최대한 안정되게 하고 수평을 유지하도록 한다.

자누 쉬르샤아사나 C의 마지막 빈야사인 다운독 자세에서, 숨을 들이쉬며 양팔 사이로 점프 스루 하여 앉은 자세로 들어와 마리차아사나 A를 시작한다. 오른 무릎을 굽히고, 바닥에 놓인 오른발은 왼쪽 넓적다리에서 한 손의 좌우 너비 정도 떨어지게 한다. 오른 무릎을 완전히 굽혀서 오른발 뒤꿈치가 오른쪽 넓적다리에 최대한 가까워지게 하고, 발이 궁둥뼈(좌골)의 바깥 부분이나 오른쪽 고관절의 바깥쪽과 정렬되게 한다. 양쪽 골반이 최대한 수평을 이루게 한다.

복부와 골반 기저근을 확고히 끌어당긴 채로 상체를 허리에서부터 앞으로, 왼쪽 넓적다리를 향해 조금 숙인다. 오른팔과 오른 어깨를 아래로 내리면서 오른쪽 정강이를 끼고 오른팔을 뒤로 돌린다. 이때 오른 어깨를 돌리고 팔꿈치를 굽히며 오른손을 등 뒤로 뻗어서 오른쪽 넓적다리나 오른쪽 등 아랫부분에 닿게 한다. 왼팔을 등 뒤로 돌려서 오른손을 찾는다. 오른손으로 왼손 손목을 잡는다. 그렇게 하기가 어려우면 양손을 깍지 낀다. 양손의 손가락이 서로 닿지 않으면, 등 뒤에서 수건을 잡거나, 뻗은 양손을 손가락이 닿지 않은 상태로 그냥 놓아둔다. 손가락들을 '묶어서(binding)' 오른손과 왼손 사이의 에너지 고리를 닫는 느낌을 느껴 본다.

양쪽 어깨(어깨뼈)를 펴면서 등 아래로 끌어내리고 어깨세모근(삼각근)을 안정시켜서 어깨의 힘을 자각한다. 가슴은 정면을 보게 하고, 어깨(팔이음뼈)는 이완한다. 숨을 내쉬면서 몸을 앞으로 접어 턱이 왼쪽 정강이 위에 놓이게 한다(사진 7.12).

몸을 앞으로 굽힐 때 오른쪽 엉덩이(궁둥뼈)가 바닥에서 너무 많이 뜨지 않도록 주의한다. 오른쪽 엉덩이(궁둥뼈)가 살짝 뜨는 것은 괜찮지만, 몸무게가 앞쪽이나 왼쪽으로 쏠리게 해서는 안 된다. 당장은 엉덩이(궁둥뼈)가 약간 들린 상태를 허용하더라도, 계속 바닥에 닿는 상태를 목표로 한다.

이 자세에서는 몸에서 두 가지 주요 방향이 작용한다. 우선, 오른쪽 고관절은 평행한 위치에 있지만 뒤로 강하게 그리고 바닥을 향해 당겨진다. 이때 상체는 앞으로 향하는 반면, 오른쪽 넓적다리는 상체의 움직임과 분리되면서 뒤로 당겨진다고 느껴질 것이다. 이 움직임은 엉치뼈(천골)를 열고 넓혀 주어, 뒤에 나오는 고관절을 더욱 깊게 열어 주는 동작을 위한 준비가 되게 하며, 또한 등 아랫부분의 모든 근육을 이완시켜 준다.

둘째 방향은 몸통을 앞으로 그리고 왼쪽 넓적다리를 향해 멀리 뻗는 것이다. 이러한 동작이 제대로 이루어지기 위해서는 전굴과 관련된 모든 기술적인 요소들이 주의 깊게 적용되어야 하는데, 이런 요소들은 앞에 나온 대부분의 자세들을 통해 차차 준비된다. 등이 구부정하게 굽지 않게 한다. 몸이 너무 뻣뻣할 때는 억지로 머리를 정강이에 닿게 하려 하지 않는다. 대신에 엉덩이는 뒤로 그리고 아래로 향하게 하면서, 척추는 앞으로 길게 늘이고, 상체는 오른쪽 넓적다리와 분리해서 움직이는 데 집중하도록 한다. 이를 통해 몸을 더 잘 자각하게 되면 안전하게 더 깊이 들어갈 수 있다.

각각의 동작을 하나의 호흡과 엮어서 해야 함을 기억한다. 만일 전통에 따라 하나의 호흡에 자세로 들어가거나 나오는 것이 어렵다면, 여분의 호흡을 하되 언제나 하나의 호흡과 하나의 동작을 결합시켜야 한다.

왼발의 발가락을 향해 앞을 응시한다. 다섯 번 호흡한다. 숨을 들이쉬면서 상체를 세우고, 숨을 내쉬면서 자세를 유지한다. 숨을 들이쉬면서 몸을 바닥에서 들어올리고, 숨을 내쉬면서 뒤로 점프한다. 반대쪽으로도 자세를 되풀이한다.

효과

간, 신장, 복부 장기들이 정화된다.
소화력이 좋아진다.
고관절과 어깨관절이 열린다.

마리챠아사나 Marichasana B

현자 마리치에게 헌정하는 자세 B
드리쉬티 : 나사그라이(코끝)

사진 7.13

마리챠아사나 B는 고관절과 엉치뼈(천골), 어깨를 열어 주는 동작의 어려움이 증가하며, 이 자세로 안전하게 들어가기 위해서는 아랫배와 골반 기저근의 지지가 더 강해져야 한다.

마리챠아사나 A의 마지막 빈야사인 다운독 자세에서, 숨을 들이쉬며 양팔 사이

사진 7.14

로 점프 스루 하여 앉은 자세로 들어온다. 아르다 밧다 파드마 파스치마따나아사나에서 하듯이 왼 다리를 들어 반연꽃 자세를 취한다. 왼발의 윗부분은 오른쪽 서혜부 주름진 곳에 단단히 놓이게 하고, 발뒤꿈치는 오른쪽 하복부를 누르게 하며, 왼무릎은 바닥에 놓이게 한다. 마리챠아사나 A에서 하듯이 오른 무릎을 구부려 세운다. 이렇게 하면 왼 무릎이 바닥에서 살짝 뜰 것이다. 그렇다고 해서 왼 무릎에 힘을 주지는 말고, 이완되고 열려 있는 상태로 그냥 놓아둔다. 만일 이 동작을 취하기가 어렵고 버겁게 느껴지면, 그대로 자세를 유지한 채 적어도 다섯 번 호흡을 한 뒤, 왼발을 오른쪽 고관절 아래에 두어 자세를 완화하고 다음 단계로 진행한다(사진 7.14).

반연꽃 자세든 충분히 완화된 자세든, 몸의 무게를 앞쪽으로 기울여서 왼 무릎이 바닥에 견고히 받쳐지게 한다. 엉덩이(궁둥뼈)는 바닥에서 약간 들릴 것이다. 여기에서도 몸의 무게가 과도하게 앞쪽이나 왼쪽으로 쏠리지 않게 한다. 조심스럽게 몸의 무게를 오른발 엄지발가락과 발뒤꿈치로 옮긴다. 마리챠아사나 A와 마찬가지로 이 자세에서도 적어도 두 가지 다른 방향으로 몸을 움직여야 한다. 즉, 몸통은 앞쪽으로, 엉덩이는 뒤로 그리고 아래로. 하지만 이런 기법을 너무 엄격하게 적용하지는 않도록 한다. 자신의 몸과 움직임을 탐구하는 태도가 중요하다는 것을 기억하기 바란다.

일단 몸을 허리에서부터 앞으로 굽혔다면, 오른팔과 오른 어깨를 아래로 내리면서 오른쪽 정강이를 끼고 오른팔을 뒤로 돌린다. 이때 오른 어깨를 돌리고 오른손을 등 뒤로 뻗어서 오른쪽 넓적다리나 오른쪽 등 아랫부분에 닿게 한다. 상체를 앞으로 깊이 굽혀서 척추를 길게 늘이고 어깨를 최대한 깊게 올가미를 걸 수 있는 위치에 둔다. 왼팔을 등 뒤로 뻗어서 오른손을 찾는다. 오른손으로 왼손 손목을 잡는다. 그렇게 하기가 어려우면 양손을 깍지 끼거나, 혹은 수건을 잡아서 '묶음(the bind)'을 완성한다. 가슴을 몸의 중심선과 정렬시켜서 가슴 중심(복장뼈)과 두덩뼈(치골)가 양다리 사이에서 앞을 향하게 한다. 일단 양손을 '묶었으면' 숨을 내쉬면서 턱이나 이마를 바닥에 댄다(사진 7.13).

복부를 끌어당기고, 골반은 최대한 수평을 유지하도록 한다. 엉덩이(궁둥뼈)가 바닥에서 조금 뜰 수도 있지만, 가급적 양쪽 엉덩이(궁둥뼈)를 바닥에 붙이려고 해 본다. 머리가 바닥에 쉽게 닿지 않더라도 등을 구부정하게 만들면서까지 애쓰지는 않는다. 대신에 상체를 단단한 토대인 골반으로부터 길게 늘인다는 느낌으로 편안하게 노력한다.

다섯 번 호흡한다. 숨을 들이쉬면서 상체를 세우고, 숨을 내쉬면서 자세를 유지

한다. 숨을 들이쉬면서 몸을 바닥에서 들어
올리고, 숨을 내쉬면서 뒤로 점프한다. 반대
쪽으로도 자세를 되풀이한다.

효과

간, 신장, 복부 장기들이 정화된다.
소화력이 좋아진다.
고관절과 어깨관절이 열린다.
반다가 깊어진다.

사진 7.15

마리챠아사나 Marichasana C

현자 마리치에게 헌정하는 자세 C

드리쉬티 : 파르쉬바(측면)

이 자세는 척추와 몸통을 비틀어서 소화계를 깊이 정화한다. 배근육과 등근육의
지지를 이용해서 비틀기 동작을 하면 안전하고 효과적으로 정화 운동이 이루어진
다.

마리챠아사나 B의 마지막 빈야사인 다운독 자세에서, 숨을 들이쉬면서 양팔 사
이로 점프 스루 하여 앉은 자세로 들어오되, 단다아사나처럼 두 다리를 뻗은 채로
들어와 앉는다. 마리챠아사나 A에서 하듯이, 오른 다리를 접어 세우고, 바닥에 놓
인 오른발은 오른쪽 고관절의 바깥 부분 가까이 있게 하고, 발뒤꿈치는 엉덩이(궁둥
뼈) 바로 앞에 오게 하되, 오른발과 왼쪽 넓적다리는 한 손의 좌우 너비 정도 떨어지
게 한다. 양쪽 엉덩이(궁둥뼈)는 바닥에 단단히 밀착되게 하고, 골반은 최대한 수평
을 이루게 한다.

아랫배를 끌어당기고 척추는 골반으로부터 들어 올리면서, 에너지가 상승하여
정수리를 통해 밖으로 뻗어 나가는 것을 느껴 본다. 숨을 들이쉬면서, 가슴을 허리
로부터 들어 몸통을 오른쪽으로 돌리며, 왼팔을 들어 오른쪽으로 가져온다. 숨을
내쉬면서, 몸통 전체를 오른쪽으로 기울이며 척추를 비틀고, 왼팔을 내려 오른 넓
적다리 바깥에 걸친다. 앞톱니근(전거근), 어깨세모근(삼각근), 넓은등근(광배근) 등
왼쪽 어깨(팔이음뼈) 주변의 근육을 써서 왼쪽 어깨를 아래로 돌린다. 왼손의 손가락

들이 천장을 가리키기 시작하지만, 왼쪽 어깨를 앞으로 돌릴 때 왼쪽 팔꿈치는 자연스럽게 굽혀지며 오른쪽 정강이와 무릎 둘레를 '묶게' 된다.

왼손의 손가락들을 왼쪽 넓적다리 위쪽을 향해 뻗는다. 이 왼손은 나중에 오른손을 받는 손이 되는데, 일단 이 손이 제자리에 놓였다면 그 이상 과도하게 힘을 쓰지 않도록 한다. 숨을 내쉬면서 오른손을 뻗어 등 뒤로 돌려서, 왼쪽 넓적다리 상단 위에서 양손이 만나게 한다. 양손의 손가락들을 서로 걸어 꽉 쥐거나, 왼손으로 오른손 손목을 잡는다. 만일 양손이 서로 닿지 않으면, 닿지 않은 채로 놓아두거나 수건을 이용해서 양손을 '묶을' 수 있게 한다.

일단 이런 식으로 스스로 혹은 도구를 이용해서 이 '묶음'을 이루었다면, 골반이 한쪽에서 다른 쪽으로 이동한 것은 아닌지 확인하고, 골반 뒷면이 최대한 수평으로 정렬되게 한다. 등 아랫부분이 구부정하지 않도록 점검한다. 이 부분은 골반으로부터 곧게 위로 뻗어 내는 힘의 지지를 받을 수 있어야 한다(사진 7.15).

나중에 숙련된 뒤에는 한 번의 들숨에 양팔 사이로 점프 스루 하여 자세를 취하고, 한 번의 날숨에 두 손을 맞잡아 '묶고' 정자세로 들어가게 된다. 하지만 아직 초보자라면 충분한 시간 여유를 가지면서 호흡을 이용하여 서서히 몸을 열어 간다.

모든 들숨은 몸 안에서 길이와 공간을 창조하고, 모든 날숨은 그 공간을 이용하여 안전하게 몸을 구부린다. 모든 움직임은 강함과 유연성의 결합이다. 선천적으로 강한 사람은 깊은 호흡을 하여 강함을 부드럽게 만들 필요가 있고, 선천적으로 유연한 사람은 마음이 예리하고 엄밀해지도록 마음을 집중하여 결국 몸을 강하게 만들 필요가 있다.

이 자세를 올바르게 취했다면, 에너지가 정수리까지 상승하는 것이 느껴질 것이다. 그런데 이렇게 에너지가 상승하더라도 회전된 상태의 왼쪽 어깨와 몸통의 위치는 변하지 않도록 주의해야 한다. 이 상태가 유지되지 못하면 몸이 비틀어지면서 양손의 '묶임'이 풀릴 수 있기 때문이다.

오른쪽 어깨가 뒤로 열리는 동안 왼쪽 어깨는 아래로 회전하도록 팔이음뼈(어깨뼈와 빗장뼈)는 제 위치를 유지하게 한다. 왼손으로 오른손 손목을 잡아 '묶을' 수 있다면, 오른손의 손가락들로 왼쪽 넓적다리를 눌러 본다. 몸통을 오른쪽 넓적다리에 최대한 밀착하고, 몸통을 오른쪽 넓적다리로 최대한 기울여 기대면서 돌린다. 복부를 끌어당긴 상태로 유지하면 내부 장기들이 정화되고 척추가 지지받게 된다.

비트는 동작은 두덩뼈(치골) 바로 위에서부터 시작되며, 척추를 축으로 비트는 동작과 한쪽으로 기울이는 동작의 결합으로 일어난다는 점에 대해 생각해 보라. 양쪽 엉덩이(궁둥뼈)는 바닥에 닿아 있어야 하고, 오른 무릎은 오른발 위에 정렬된 채로

있어야 한다. 오른쪽 고관절을 약간 안으로 회전하면 고관절
이 깊게 접혀 자세가 깊어진다.

다섯 번 호흡한 뒤, 숨을 들이쉬며 자세에서 빠져나온다.
몸을 바닥에서 들어 올리고, 숨을 내쉬면서 뒤로 점프한다.
반대쪽으로도 자세를 되풀이한다.

효과

복부 장기들이 정화되고 마사지된다.
소화력이 좋아진다.
변비 증상이 완화된다.
척추와 어깨가 열린다.
반다가 깊어진다.
등 통증이 완화된다.
에너지의 흐름이 증가한다.

사진 7.16

마리챠아사나 Marichasana D

현자 마리치에게 헌정하는 자세 D
드리쉬티 : 파르쉬바(측면)

마리챠아사나 D는 아쉬탕가 요가 시리즈에서 가장 성취하기 어려운 자세 중 하
나다. 일종의 관문이라고 할 수 있는 이 자세는 고관절을 안쪽과 바깥으로 회전하
는 능력, 어깨를 여는 능력, 척추로부터 깊이 비트는 능력, 등 아랫부분을 지지하는
능력을 요구하며 시험한다. 그래서 이 자세를 제대로 취할 수 있다는 것은 적어도
프라이머리 시리즈의 절반 이상에 숙달했다는 것을 의미한다.

마리챠아사나 C의 마지막 빈야사인 다운독에서, 숨을 들이쉬며 양팔 사이로 점
프 스루 하여 앉은 자세로 들어와 단다아사나를 취한다. 아르다 밧다 파드마 파스
치마따나아사나에서 설명했듯이, 왼 다리를 잡아 반연꽃 자세를 취한다. 왼발의 윗
부분은 오른쪽 서혜부 주름진 곳에 최대한 가까이 오게 하고, 발뒤꿈치는 아랫배를
누르도록 한다.

만일 반연꽃 자세를 취할 수 없다면, 가장 비슷한 자세를 취한 채로 다섯 번 호흡

사진 7.17

을 하면서 고관절의 바깥 회전에 주의를 기울이며 고관절이 열리기를 기다린다. 반 연꽃 자세를 완화하려면, 왼 무릎을 접으면서 왼발을 오른 넓적다리 상단 밑에 끼 워 넣는다(사진 7.17).

반연꽃 자세를 취하든 완화된 자세를 취하든, 이제 오른 무릎을 접어 세워서 오 른발바닥이 바닥에 밀착되게 하고, 오른발이 오른쪽 고관절의 바깥 부분과 정렬되 게 한다. 몸의 무게를 앞으로 기울여서 왼 무릎이 바닥에 닿게 한다. 필요하면 오른 쪽 엉덩이(궁둥뼈)가 살짝 뜨도록 허용할 수 있다. 그렇지만 당장은 오른쪽 엉덩이 (궁둥뼈)가 바닥에서 뜨더라도 향후에는 바닥에 닿는 상태를 지향해야 한다.

이때 만일 왼 무릎에서 통증이 느껴지면, 동작을 멈추고 다섯 번 호흡한 뒤 완화 된 자세로 진행해 본다. 무릎에서 통증이 느껴지지 않으면, 반연꽃 자세를 유지한 채로 오른 무릎을 가슴 쪽으로 끌어당긴다. 오른쪽 고관절을 깊게 접고 아랫배를 끌어당겨 척추를 지지해 준다. 상체를 오른 다리에 가깝게 붙이면 오른쪽 고관절의 안쪽 회전이 깊어지는데, 이 회전은 깊은 비틀기를 위해 필요한 요소이다. 숨을 들 이쉬면서, 가슴우리(흉곽)와 척추, 상체를 골반 내부로부터 위쪽으로 들어 올린다. 상체 전체를 들어 오른쪽으로 틀면서 오른쪽 넓적다리 바깥으로 넘긴다.

완화된 자세

마리챠아사나 C에서 했듯이 왼쪽 어깨를 오른쪽 넓적다리 아랫부분과 무릎 바깥 에 올가미를 걸듯이 걸어 준다. 왼쪽 어깨를 뻗으며 오른쪽 넓적다리에 붙여 돌려 서 왼팔 팔꿈치가 자연스럽게 오른쪽 정강이를 두르며 굽혀지게 한다. 왼손을 반연 꽃 자세로 접힌 왼 다리 위에 올려놓는다. 이렇게 왼손을 뻗어 오른 다리를 끼고 돌 릴 때 몸통은 최대한 오른쪽 넓적다리에 붙인다. 왼팔을 걸기 위해 너무 무리하지 말고, 자세로 들어가기 위해 골반과 척추 내부에 공간을 만드는 데 주의를 기울인 다. 오른손을 몸 뒤쪽의 바닥에 짚으면 몸의 무게를 앞으로 이동하는 데 도움이 된 다.

오른 어깨(어깨뼈)를 등 쪽으로 끌어내리면서 몸의 무게를 앞으로 옮기고, 숨을 내쉬면서 오른손을 등 뒤로 돌려서 왼쪽 넓적다리 위쯤에서 양손을 맞잡아 묶는다. 일단 양손이 서로 닿았다면, 왼손으로 오른손 손목을 잡는다. 그렇게 하기가 어려 우면 양손을 깍지 낀다. 이렇게 두 손을 맞잡고 나면 균형이 흐트러져 매우 불안정 하게 느껴질 것이다. 아랫배를 끌어당기고 골반 기저근을 조이며, 몸무게가 오른쪽 엄지발가락에 실리게 한다. 왼 무릎은 힘을 빼며, 바닥에 닿게 하기 위해 억지로 힘을 주지는 않는다(사진 7.16).

만일 손을 맞잡을 수 없다면, 서로를 향한 채로 있도록 놓아두거나, 수건이나 허리띠를 이용해서 묶음을 만들어 준다. 일단 양손을 맞잡아서든 도구를 이용해서든 묶음이 만들어졌다면, 이제 골반이 한쪽에서 다른 쪽으로 너무 많이 이동한 것은 아닌지 점검해서 바로잡고, 골반 뒷면이 최대한 수평을 이루도록 정렬한다. 오른발과 왼쪽 무릎이 너무 가깝거나 너무 멀리 떨어져 있으면 바로잡는다. 등 아랫부분은 구부정하지 않아야 하며, 골반으로부터 곧게 위로 뻗어 지지받을 수 있어야 한다.

사진 7.18

나중에 숙련된 뒤에는, 이 책 '부록 B'의 '빈야사 순서'에 나와 있듯이, 한 번의 들숨에 양팔 사이로 점프 스루를 하며, 한 번의 날숨에 두 손을 맞잡아 묶고 정자세로 들어가게 된다. 하지만 아직 초보자라면 충분한 시간 여유를 가지면서 호흡을 이용하여 서서히 몸을 열어 가도록 하자. 동작을 배울 때는 서두르지 않아야 한다. 이 자세의 치유 효과는 마치 젖은 수건을 짜듯이 소화계와 몸통을 비트는 데서 온다. 독소들이 온몸에서 빠져나와 혈류로 들어간 뒤 몸 밖으로 빠져나갈 것이다. 깊이 숨을 쉬면서 고요히 머무른다.

엉덩이를 바닥에 붙이는 숙련자 자세

어떤 수련생들은 양쪽 엉덩이(궁둥뼈)를 모두 바닥에 붙이고도 정자세로 들어갈 수 있지만, 이는 초보자뿐 아니라 중급자에게도 권장되지 않는다(사진 7.18). 이런 자세를 취하기 위해서는 많은 난관을 극복해야 하지만, 충분히 여유를 가지면서 꾸준히 노력한다면 결국 목적지에 도달하게 될 것이다.

각각의 움직임을 있는 그대로의 온전한 과정으로서 받아들이고, '묶음'을 이루기 위해 서두르지 말기 바란다. 몸이 들려주는 소리에 귀를 기울이고, 각각의 단계에 충분히 숙달된 뒤에 다음 단계로 넘어간다. 만일 자세를 취하는 중에 두려움에 사로잡히거나 숨이 제대로 쉬어지지 않는다면, 충분히 이완하면서 그 불확실성을 받아들여 보자. 시간이 지나다 보면, 허파 속의 새로운 공간들로 숨을 쉬는 법을 배우게 되어 이 자세를 취하는 동안에도 충분히 깊은 호흡을 하게 될 것이다.

다섯 번 호흡한 뒤, 숨을 들이쉬며 몸을 바닥에서 들어 올린다. 숨을 내쉬면서 뒤로 점프한다. 반대쪽으로도 자세를 되풀이한다.

효과

복부 장기들이 정화되고 마사지된다.
소화력이 좋아진다.
변비 증상이 완화된다.
척추와 어깨가 열린다.
반다가 깊어진다.
등의 통증이 완화된다.
에너지의 흐름이 증가한다.

나바아사나 Navasana

보트 자세
드리쉬티: 파다요라그라이(발가락)

이 자세는 두 부분으로 나뉘며, 힘을 기르기 위해서 두 부분을 각각 다섯 번씩 반복한다. 첫째 부분(사진 7.19)은 모든 요가 전통에서 나바아사나라고 부르는 자세이며, 둘째 부분(사진 7.20)은 아쉬탕가 외의 다른 요가에서는 흔히 롤라아사나(Lolasana, 펜던트 자세)라고 부른다. 두 부분이 반복되면서 이루어지는 동작들은 코어 근육을 단련한다.

마리챠아사나 D의 마지막 빈야사인 다운독 자세에서, 숨을 들이쉬며 양팔 사이로 점프 스루 하여 앉은 자세로 들어온다. 무릎을 구부리고, 골반을 엉덩이 뒤쪽으로 말아 준다. 궁둥뼈(좌골)와 꼬리뼈 사이의 살이 바닥을 누르도록 한다. 다리를 바닥에서 들기 전에, 골반 내부로부터 지지하는 토대를 강화한다. 골반 기저근을 강하게 조이면서, 궁둥뼈(좌골)와 꼬리뼈, 두덩뼈(치골)가 서로 좁혀지며 모이는 느낌으로 골반 기저근을 강하게 조인다.

부드럽게 복부를 당기며 아랫배를 척추 쪽으로 끌어당긴다. 이렇게 끌어당긴 뒤에는 아랫배를 아래로 끌어내리는데, 그러면 엉덩이(궁둥뼈)가 내부에서부터 바닥을 내리누르는 것처럼 느껴질 것이다. 마치 몸을 제자리에 붙잡아 두고 있는 닻처럼, 엉덩이(궁둥뼈)와 골반 바닥이 바닥에 견고하게 뿌리 내린 것처럼 느껴질 것이다.

이렇게 기초가 탄탄해졌다면, 이제 다리를 들어서 쭉 편다. 양쪽 넙다리뼈의 머

리를 골반의 절구 부분에 깊이 끼워 넣는다. 양쪽 엄
지발가락은 함께 모아 붙여 주고, 넓적다리 앞쪽 근
육(넙다리 네 갈래근)의 안쪽에 힘을 주어 다리가 살
짝 안으로 회전하도록 돕는다. 엉덩이 굽힘근들을
과도하게 사용하지 말고, 대신에 더 깊은 내부의 근
육들을 이용하여 다리를 들어 올린다. 척추를 골반
으로부터 들어서 상체를 길게 들어 올린다. 등을 구
부정하게 굽히고 싶은 유혹을 받을 수 있지만, 이겨
내기 바란다. 두 팔을 곧게 펴서 바닥과 수평을 이루
게 하고, 어깨는 등 쪽으로 끌어내리며 가슴은 들어
서 편다.

사진 7.19

만일 이 자세가 어렵게 느껴지면, 당분간 무릎을
굽힌 채로 발을 바닥에서 들어 본다. 그렇게 하더라
도 골반의 내부 공간을 강화하는 작업은 똑같이 적용해야 한
다. 나바아사나를 반복할 때마다 다리를 조금씩 더 곧게 펴서
결국은 몸이 90도를 이루게 한다. 각각 다섯 번씩 호흡하면서
다섯 번 반복하는 동안에도 이렇게 할 수 없다면, 이 자세의 전
체 빈야사를 꾸준히 수련하면서 차차 완성해 간다. 다리를 더
높이 드는 데에만 신경 쓰느라 골반에 관한 작업을 소홀히 해
서는 안 된다. 다섯 번 호흡을 하여 1회를 마친 뒤에는 이 자세
의 둘째 부분으로 들어간다.

둘째 부분에서는 몸 전체를 바닥에서 들어 올린다. 나바아사
나를 다섯 번 연이어 반복하는 동안 그 사이사이에 이 동작을
끼워 넣는다. 이렇게 하면 골반 내부에 관한 작업에 가속도가
붙게 되고, 이 부분에 대한 자각을 유지하면 골반 내부가 실제
로 매우 강화된다.

나바아사나의 첫째 부분을 마친 뒤 곧바로 이 동작으로 들
어간다. 사진 7.20처럼 양쪽 무릎을 굽혀 가슴 쪽으로 당기며
정강이에서 서로 교차시킨다. 두 다리를 최대한 당긴다. 양손
을 바닥에 짚는데, 골반 약간 앞쪽, 엉덩이 약간 옆쪽에 짚는
다. 상체를 강하게 오므려 어깨(팔이음뼈)에 힘을 쓰고, 복부를
끌어당긴 채로 골반 기저근을 조인다. 몸무게를 앞쪽으로 기울

사진 7.20

이면서 팔에 의지해 몸을 바닥에서 들어 올린다. 발이 바닥에 닿지 않게 하되, 만일 발이 바닥에 닿으면 엉덩이를 더 높이 들어 올리고, 넙다리뼈의 머리를 고관절에 끼워 넣으며, 무릎을 가슴 쪽으로 끌어당긴다.

만일 엉덩이는 들 수 있지만 아직 발은 바닥에서 뗄 수 없다면, 꾸준한 수련을 통해 그런 힘을 갖게 될 것이다. 초보자는 몸을 팔에 의지해 앞쪽으로 기울이면서 엉덩이를 확실히 들 수 있게 된 뒤, 한 번에 한쪽 발만 들어 보는 연습을 해 본다.

이렇게 들어 올릴 때는 다리를 몸 쪽으로 당겨 붙이는 것이 중요하다. 만일 다리에 힘이 부족하면, 몸무게를 팔에 의지해 앞쪽으로 기울여도 다리를 들기가 어렵다. 나바아사나를 수련하면 고관절이 더 깊이 구부러질 수 있으며, 골반의 내부 공간을 자각하면서 수련하면 머지않아 다리가 가볍게 바닥에서 뜨게 될 것이다.

한 번 호흡한 뒤, 부드럽게 내려와서 다시 나바아사나의 첫째 부분으로 들어간다. 다섯 번 반복한다. 그 뒤 숨을 내쉬면서 뒤로 점프한다.

효과

변비 증상이 완화된다.
코어 근육이 강화된다.
신장, 전립선, 갑상선의 기능이 향상된다.

부자피다아사나 Bhujapidasana

어깨 누르는 자세
드리쉬티: 나사그라이(코끝)

부자피다아사나는 아쉬탕가 요가 프라이머리 시리즈에서 처음 나오는, 팔로 균형 잡는 자세다. 이 자세에서는 빈야사 동작을 통해 길러진 기본적인 힘과 고관절의 바깥 회전이 결합되는데, 쉽지는 않지만 도전을 통해 성취해 낼 수 있다. 이제까지 팔로 균형 잡는 동작을 한 번도 시도해 본 적이 없다면, 이 자세를 하면서 몸이 마법처럼 신기하게 바닥에서 들린다고 느끼게 될 것이다. 그리고 자신이 해낼 수 없다고 믿는 한계를 넘어서는 경험도 맛보게 될 것이다.

긴 시간에 걸쳐 천천히 이루어지는 작업이라 여기면서 편안한 마음으로 시작한다. 여기서는 자세 자체뿐만 아니라, 자세로 들어가고 나오는 전통적인 빈야사도 올바르게 해낼 수 있어야 한다. 완전한 자세를 취하기 위해서는 정신적인 힘과 육체적인 힘이 모두 요구된다. 처음에는 이 동작이 불가능해 보일 수도 있지만, 그래도 포기하지는 말자. 배우는 과정 전체와 점진적인 발전에 자신을 맡겨 보기 바란다.

아도 무카 슈바나아사나(다운독)에서 두 발을 벌리고 앞으로 점프하여, 두 발이 각각 양손의 바깥에 놓이게 한다. 두 발이 양손 앞에 오도록 앞으로 더 걸어 나온다. 고관절을 구부려 상체가 두 다리 사이에 오도록 하고, 어깨는 마리챠아사나 A를 시작할 때처럼 앞으로 숙인다. 자세를 조금 더 쉽게 만들기 위해 팔을 살짝 구부리고 손등 위에 발을 올린다. 이때 양손의 손꿈치로는 바닥을 견고히 누르고 있어야 하며, 넓적다리는 위팔에 선반처럼 걸친 채로 있게 한다. 만일 이렇게 하기가 어려우면, 여기에서 멈추고 다섯 번 호흡을 하는 동안 이 동작을 시도해 본 뒤, 뒤로 점프한다.

사진 7.21

만일 계속 진행할 수 있다면, 넓적다리는 팔꿈치 위에 걸치고 어깨(팔이음뼈)에 힘을 주어 윗몸을 지지하는 동안, 엉덩이를 조금 내린다. 손가락 끝으로 약간 힘주어 바닥을 누르고, 몸의 힘을 느끼면서 골반 기저근을 조인다. 이 상태에서 안정감을 느낀다면, 무릎을 구부리고 두 발을 손 앞에서 서로 가까워지도록 걷게 하여 양발의 엄지발가락이 서로 닿게 한다. 앞에서처럼 두 발을 서로 가까워지도록 조금씩 움직일 때는 두 발이 바닥에서 들리지 않게 한다. 몸의 무게는 양손과 코어 근육의 힘으로 지지한다. 만일 이렇게 하기가 어렵다면, 여기에서 멈춘 뒤 다섯 번 호흡을 하고, 뒤로 점프한다.

동작을 이어 갈 수 있다면, 오른발을 왼발 위에 걸쳐 교차하고, 그 상태로 두 발을 구부리고 힘을 주어 서로 단단히 걸어 준 뒤 자세를 유지한다. 여기에서 안정감이 느껴지면, 양팔로 바닥을 누르며, 앞으로 살짝 몸을 기울이고, 두 발을 바닥에서 떼어 들어 올린다. 이때 뒤로 엉덩방아를 찧지 않도록 노력하며, 발목은 서로 걸어 주며 구부려 준다(사진 7.21).

양손으로 단단히 바닥을 밀고, 빗장뼈(쇄골)를 열어 주며, 어깨(어깨뼈)를 등 쪽으로 끌어내린다. 복부에서 나오는 힘으로 단단히 들어 올려 몸을 지지한다. 만일 이 자세를 처음 시도하고 있다면, 여기에서 멈춘 뒤 다섯 번 호흡을 하고, 계속 몸을 들어 올린 상태를 유지한다. 등이 둥글게 굽지 않은 채로 가슴을 앞으로 내밀고, 골반

사진 7.22

사진 7.23

을 들어 주며, 양손으로 단단히 바닥을 누른다.

만일 예비 동작에서 균형을 잡을 수 있다면, 숨을 내쉬면서 정수리를 바닥에 갖다 댄다. 그동안 몸무게는 계속 양손과 팔로 지탱한다. 두 발을 양손 사이의 공간으로 걷게 하여 뒤로 움직이고, 발끝을 곧게 펴 주며, 발목을 서로 걸어 준 채로 두 발을 완전히 바닥에서 떼어 들어 올린다(사진 7.22). 여기까지 균형을 잡을 수 있다면, 양팔을 굽히고 양손 사이로 두 발을 뒤로 보내 들어 올리는 동안 두 발이 계속 떠 있게 한다.

이런 동작들을 물 흐르듯 쉽게 이어 갈 수 있는 숙련자는 아도 무카 슈바나아사나(다운독)에서 점프하면서 곧바로 이 자세의 첫 번째 부분으로 들어올 수 있다. 즉, 점프하여 다리를 걸고 양손으로 균형을 잡는 것까지 한 번의 호흡에 하는 것이다. 이 정도로 숙련된 사람이라면 정수리가 아니라 턱을 바닥에 갖다 대야 하며, 동작 내내 두 발이 바닥에 닿지 않게 할 수 있다. 이것이 이 자세의 완성된 모습이다(사진 7.23).

바닥에 정수리를 대고 있든 턱을 대고 있든, 자세를 유지하면서 다섯 번 호흡한다. 머리를 바닥에서 들면서 발은 다시 손 앞으로 가져온다. 이제 두 발을—바닥 위에서 걷게 하든 바닥에서 뜬 채로 하든—손 뒤로 보내는 동작을 반복한다. 머리를 들 때는 양팔로 단단히 바닥을 누르면서 가슴을 앞으로 내민다. 자세에 들어갈 때와 같은 수준의 짜임새로 자세에서 나오는 것이 좋다. 몸무게를 엉덩이에 너무 많이 싣지 않도록 주의한다. 엉덩방아를 찧을 수도 있다. 그런 일이 일어나면 벌떡 일어나서 다시 시도하면 된다. 매일 적어도 세 번은 시도해 보되, 그 이상 무리는 하지 않도록 한다.

이 자세에서 뒤로 점프하기 위해서는 마음과 몸의 지구력과 근력이 필요하다. 첫째, 두 발을 교차한 채 양팔로 균형을 잡는 준비 단계에서 다시 균형점을 찾는다. 몸무게를 오른쪽으로 기울이면서 왼 다리를 돌려, 왼 무릎이 굽혀진 채로 왼쪽 겨드랑이에 최대한 가까이 걸쳐 앉게 한다. 다음에는 몸무게를 왼쪽으로 기울이면서 오른 다리에 대해서도 똑같이 한다. 이 전환 동작은 바카아사나(Bakasana, 두루미 자세)라는 자세를 거치게 된다. 그 상태로 양팔을 구부린 채, 숨을 내쉬면서 뒤로 점프한다.

동작이 코어 근육에서 나오게 하고, 깊이 호흡한다. 동작을 해낼 수 있을 때까지 충분히 많은 호흡을 한다. 서두르지 않는다. 완벽한 이행을 하지 못할까 봐 걱정하지 말고, 그저 가슴을 앞으로 기울이며 양팔로 누르면서 뒤로 점프한다.

숙련자라면 두 발로 양팔을 감싸고, 가슴을 앞으로 기울이면서, 골반을 두 팔 위로, 앞쪽으로 수평을 유지하며 동시에 들어 올릴 수 있을 것이다. 그렇게 해서 일단 바카아사나 자세가 취해지면, 몸무게를 앞으로 더 기울이고 양팔을 약간 구부리면서 뒤로 점프하기 시작한다. 뒤로 점프를 하기 전에 두 발을 바닥에 내려놓고 싶은 유혹이 강하게 들 것이다. 깊이 숨을 쉬며, 어깨(팔이음뼈)와 코어 근육의 힘으로 몸을 들고 있는 상태를 유지한다. 몸의 내부 공간에 의해 자연스럽게 동작이 이루어지도록 맡겨 본다. 숨을 내쉬면서 뒤로 점프하여 차투랑가 단다아사나를 취한다.

효과

균형이 좋아진다.
코어 근육, 팔, 어깨, 손목이 강화된다.
복부 장기들이 정화된다.
자신감이 커진다.

쿠르마아사나 Kurmasana / 숩타 쿠르마아사나 Supta Kurmasana

거북 자세/잠자는 거북 자세
드리쉬티: 나사그라이(코끝)

이 두 자세는 아쉬탕가 요가 프라이머리 시리즈의 어려운 관문 중 하나이며, 몸과 마음의 힘과 안정성, 열려 있는 수준을 시험한다. 이 자세를 위해서는 반다, 고관절의 회전, 등근육의 신장에 대해 잘 이해해야 한다. 여기에서는 넙다리뼈의 머리를 골반과 고관절 속으로 깊이 끼워 넣는 동작을 시도해야 하는데, 이는 매우 어려운 부분이다. 자신의 몸이 열릴 때까지 충분한 시간과 공간을 주면서 천천히 진행해 보자.

아도 무카 슈바나아사나(다운독)에서 점프를 하여, 양쪽 넓적다리가 양쪽 어깨 바깥에 걸치면서 어깨 아래를 감싸게 하고, 몸통이 양쪽 넓적다리 사이에 최대한 잘 밀착되게 한다. 점프해서 들어가기가 어려우면, 두 발을 양손 옆에 오게 한 뒤 최대

162

사진 7.24

사진 7.25

한 앞으로 걸어서 앞의 자세를 취한다. 팔꿈치를 굽혀서 엉덩이를 바닥에 내린 뒤, 두 손을 옆으로 뻗어서 손바닥이 바닥을 향하게 한다. 이때 바닥에 살짝 엉덩방아를 찧는 느낌이 들 수 있지만, 최대한 동작을 잘 제어하도록 노력한다. (더 숙련된 수련생이라면 한 번에 점프하여 곧장 자세로 들어와서, 양쪽 넓적다리를 위팔에 걸치고 균형을 잡은 뒤, 엉덩이를 바닥에 내릴 수 있을 것이다.)

엉덩이와 골반이 바닥에 닿으면, 고관절에서부터 다리를 뻗으면서 다리와 무릎을 쭉 편다. 이때 다리가 양옆으로 더 벌어지도록 놓아두고 싶은 유혹이 드는데, 이러한 유혹에 빠지지 말고, 최대한 허벅지를 안으로 조여 다리를 어깨에 가깝게 붙인다. 척추와 몸통을 길게 늘여서 등을 평평하게 만든다. 심장과 가슴 중앙이 바닥에 닿게 하고, 어깨를 넓적다리 쪽으로 눌러서 버텨 주어 가슴 앞면 주위에 압력이 가해지지 않게 하고 빗장뼈(쇄골)를 열어 준다. 어깨(어깨뼈)를 등 쪽으로 끌어내리면서 팔이음뼈(어깨뼈와 빗장뼈)로 받쳐 주어 가슴과 등, 고관절이 안정되고 열리게 한다.

가능하면 양다리를 뻗어 눌러 다리가 완전히 쭉 펴지게 하고, 발뒤꿈치가 바닥에서 들리게 한다. 다리를 더 높이 들기 위해서는 넙다리뼈의 머리를 고관절(골반)의 절구 속에 깊이 끼워 넣는다는 느낌으로 당기고, 골반 기저근을 부드럽게 조인다. 무릎 안쪽에 지그시 힘을 주고 턱을 바닥에 누르며 엉덩이를 들어서, 고관절이 더 깊이 구부러지고 여유 공간이 생겨 몸통이 넓적다리 사이로 더 깊게 들어가게 한다. 몸 전체를 통해 깊이 숨을 쉬되, 복부로는 과도하게 숨을 쉬지 않도록 주의한다. 고관절에 힘을 빼고 이완하면서, 에너지가 골반 내부 공간 전체에 자유롭게 흐르게 한다. 쿠르마아사나를 취한 채로 다섯 번 호흡한다(사진 7.24).

숩타 쿠르마아사나(사진 7.25)로 들어가기 위해서는 등근육을 길게 늘이고 팔이음뼈(어깨뼈와 빗장뼈)를 연 상태에서 고관절을 바깥으로 회전해야 한다. 무릎을 바깥으로 열어 주며, 양팔을 넓적다리 밑에 넣어 뒤로 멀리 뻗는 것으로 시작한다. 팔을 뒤로 굽히면 어깨가 회전하게 될 것이다. 두 발을 최대한 가깝게 모아 준다. 팔을 굽히며 양손을 들어서 돌려 등 아랫부분까지 오도록 뻗는다. 어깨를 아래로 돌리고 어깨관절을 늘이면 손을 뻗는 데 도움이 된다. 숨을 내쉬면서 한 손으로 다른 손의 손목을 잡는다. 그렇게 하기가 어려우면 양손을 깍지 낀다. 양손이 서로 닿지 않으면 두 손으로 수건을 잡을 수도 있다. 만일 지도자와 함께 수련하고 있다면, 여기야말로 자세로 더 깊이 들어갈 수 있도록 지도자의 자세 교정[24]을 기다려야 할 부분이다.

사진 7.26

일단 양손을 단단히 맞잡았다면, 이제 머리 뒤에 왼발을 걸고 그 위에 오른발을 걸어 발목을 교차시킨다. 이렇게 하기가 어려우면 두 발을 최대한 가깝게 모아 준다. 더 숙련된 수련생이라면 자리에 앉은 채로 두 다리를 머리 뒤에 걸어 줄 수 있는데, 이렇게 하면 더 깊게 자세를 취할 수 있다. 이 숙련자의 방법을 시도해 보고 싶다면, 먼저 바닥에서 두 발목을 머리 뒤에 올려 교차시키는 방법에 숙달해야 한다. 혹은 지도자의 도움을 먼저 받도록 한다. 고관절에서 바깥 회전이 일어나는 곳을 주의 깊게 알아차려야 한다. 초보자의 방법으로 하든 숙련자의 방법으로 하든, 만일 무릎에 압력이 느껴지면 물러서기 바란다.

24 자세 교정 어저스트먼트. 지도자의 도움으로 자세를 교정 받는 것. adjustment.

두 다리를 머리 뒤에 걸고 있으면, 척추를 타고 상승하는 에너지의 흐름이 증가한다. 이 자세를 위해서는 골반과 고관절이 깊이 열려야 하고, 몸의 내부 깊은 곳까지 안정되어야 한다. 발목을 서로 건 상태로 다섯 번 호흡한다. 숨을 들이쉬면서 다리를 풀지 않은 채로 몸을 바닥에서 곧바로 들어 올린다(사진 7.26). 정자세를 취한 채로 몸을 들기 위해서, 두 팔을 어깨보다 약간 넓게 벌려 바닥에서 들어 올린다. 목으로 뒤의 두 다리를 받치면서 어깨세모근(삼각근)과 팔이음뼈(어깨뼈와 빗장뼈)를

사진 7.27

사진 7.28

조인다. 나바아사나와 빈야사를 하며 다져진 힘을 이용해 양팔로 바닥을 누르면서 위를 쳐다본다.

다리를 풀어 티띠바아사나(Tittibhasana, 반딧불이 자세)로 들어온다(사진 7.27). 티띠바아사나는 인터미디어트 시리즈에 별도로 있는 자세이지만, 여기서는 단지 이행하는 자세로 거쳐 갈 뿐이므로 완벽하게 하려고 너무 애쓸 필요는 없다. 지금 할 수 있는 한도 내에서 최선을 다해 동작을 이어 가기 바란다.

숨을 내쉬면서, 부자피다아사나에서 했던 것처럼, 다리를 뒤로 접어 바카아사나를 취한다(사진 7.28). 올바른 바카아사나에서는 무릎이 겨드랑이에 위치한다. 하지만 프라이머리 시리즈에서는 전환 동작일 뿐이므로 능력껏 최선을 다해 동작을 이어 가면 된다. 이 전환 동작에서 배워야 할 가장 중요한 점은 어려운 동작들을 이어 가는 동안 두 발이 바닥에 닿지 않도록 하는 것이다. 이 자세들을 더 잘 취하려고 멈추지 말고, 계속 동작을 이어 간다.

바카아사나를 취한 상태에서, 숨을 내쉬면서 뒤로 점프하여 차투랑가 단다아사나로 들어간다. 동작 전체가 당신의 지구력과 근력을 시험할 것이다. 에너지 흐름을 촉진하는 이 자세는, 특히 고관절 주위에서, 과거에 입은 감정적인 상처들을 깊이 치유해 주고, 몸의 내적 자각을 키워 준다. 만일 매일 수련을 하는 동안 이자세를 쉽게 취하지 못한다면, 다음 자세로 넘어가기전에 여기에서 멈추기를 조언한다. 남아 있는 앉은 자세들을 건너뛰고, 후굴 자세로 넘어가면 된다.

효과

고관절이 열리고, 고관절 주위의 에너지 통로가 열린다.
어깨가 강화된다.

소화력이 좋아진다.

우울증, 불안감, 분노가 완화된다.

인내력이 좋아진다.

가르바 핀다아사나 Garbha Pindasana

자궁 속 태아 자세

드리쉬티: 나사그라이(코끝)

가르바 핀다아사나는 프라이머리 시리즈에서 처음으로 나오는 연꽃 자세다. 두 다리를 머리 뒤에 거는 자세 바로 뒤에 이 자세가 오는 것이 이상하게 느껴질 수도 있을 것이다. 하지만 이 자세는 단순히 연꽃 자세로 앉는 것보다 훨씬 더 많은 의미를 포함한다. 이 자세에서는 충분히

사진 7.29

이완되면서도 역동적인 자세 제어를 통해 연꽃 자세를 취한 채로 움직이게 된다. 그리고 무릎이 완전히 접혀 있는 상태이므로 고관절을 최대한 바깥으로 회전해야 하며, 등 아랫부분과 골반 내부는 완전히 이완되어야 한다. 그래서 어떤 면에서는 숩타 쿠르마 아사나보다 더 어려운 동작이다.

우선 아르다 밧다 파드마 파스치마따나아사나에서 설명한, 고관절의 건강한 바깥 회전 요령을 따르는 것으로 시작한다. 앞에서 나온 프라이머리 시리즈의 자세들을 비교적 쉽게 취할 수 있다면, 반연꽃 자세를 편안하게 취할 수 있을 것이다. 그렇다면 오른 다리를 바깥으로 회전하면서 무릎을 접어 무릎이 옆을 향하게 하며 왼쪽 넓적다리 위쪽에 올린다. 앉은 반연꽃 자세로 들어가기 위해 왼발을 오른쪽 정강이 밑으로 당길 때, 오른 무릎을 살짝 들어 준다.

여기까지 편안하게 할 수 있다면, 이제 양 무릎이 여전히 접힌 상태에서 왼 무릎을 왼쪽 바깥으로 더욱 열어 준다. 오른 무릎이 바닥에서 약간 뜨더라도 그냥 놓아두고, 억지로 눌러서 바닥에 붙이려고 하지 않는다. 왼발을 오른쪽 정강이 위로 부드럽게 올리고, 가능하면 발 윗부분이 오른쪽 서혜부 주름진 곳까지 오도록 끌어당긴다. 왼발을 올바른 위치로 가져오는 동안 오른발이 미끄러져 빠지지 않도록 주의한다. 이상적으로는 양쪽 발뒤꿈치가 배꼽의 양 옆면에 정렬되고 다리를 연꽃 모양으로 접어 몸 쪽으로 당길 때, 양쪽 발뒤꿈치는 골반 내부의 공간을 누르게 될 것이다.

연꽃 자세에서 편안함을 느끼고 충분히 이완할 수 있다면 이제 정자세로 더 깊이 들

사진 7.30

사진 7.31

어가 본다. 그러나 만일 연꽃 자세를 취하기가 어려우면, 억지로 자세를 만들려고 애쓰지 않는다. 한계에 부닥쳤다고 판단되면 반연꽃 자세로 진행하거나, 남아 있는 앉은 자세들을 건너뛰고 바로 후굴 자세로 넘어갈 수도 있다.

연꽃 자세로 진행할 수 있다면, 다리를 들어 가슴 쪽으로 끌어당긴다. 반연꽃 자세로 진행하고 있다면, 두 팔로 양쪽 넓적다리를 감싸 안고, 오른손으로 아래에 있는 왼발을 붙잡아 밑에서 받쳐 준다. 연꽃 자세로 진행하고 있다면, 종아리와 넓적다리 사이의 작은 틈으로 각각 양손을 끼워 넣으려 해 본다. 만일 틈 사이로 손이 들어가지 못하면, 바지를 걷어 올리거나 짧은 바지를 입고, 다리에 분무기로 물을 뿌려 주어 미끄럽게 만들어 준다.

그 뒤 손을 작게 오므려 다시 시도해 보는데, 구멍의 중심을 향해, 보이지 않는 듯한 작은 구멍 속으로 먼저 손가락을 집어넣고, 손가락부터 팔꿈치까지 나사를 박듯이 돌리면서 집어넣는다. 팔꿈치까지 밀어 넣었다면, 팔을 굽히고, 계속 돌리면서, 다리를 통해 팔들의 회전을 뒷받침하는 나선형 동작을 따른다.

먼저 오른팔을 끝까지 밀어 넣는 편이 더 쉬울 수 있다. 그러면 왼팔을 절반 조금 넘게 밀어 넣었을 때, 오른손으로 왼손을 잡아서 당길 수 있다. 양쪽 팔을 다 넣었으면, 양쪽 팔꿈치를 깊이 접고, 양손을 위로 올려 볼을 감싸며 귀를 누른 뒤, 코끝을 응시한다(사진 7.29). 팔을 다리 틈으로 집어넣을 때 억지로 무릎을 벌리려 짜내듯 힘을 주지 않도록 주의한다. 만일 연꽃 자세는 취할 수 있지만 손을 끼워 넣을 수가 없다면, 연꽃 자세를 취한 다리를 가슴 쪽으로 들어 당긴 뒤, 두 손으로 다리를 감싸 맞잡는다.

일단 균형을 잡게 되면, 반다를 이용하여 골반이 바닥에 확고히 자리 잡게 하면서, 고관절이 바깥으로 더 깊은 수준까지 회전할 수 있도록 고관절 주위를 이완한다. 초보자라면 연꽃 자세든 반연꽃 자세든 그저 두 팔로 넓적다리를 감싸 몸에 붙인 자세에서도 균형을 유지하기가 매우 어려울 것이다(사진 7.30). 나바아사나에서 이용한 것과 같은 방법으로 균형을 찾도록 한다. 지금까지 길러 온 골반 내부의 힘은 이 자세의 다음 단계와 이후에 나오는 다른 자세들에서 몸을 굴릴 때 필요한 자각을 자리 잡게 한다.

균형을 잡은 상태로 다섯 번 호흡을 할 수 있다면, 이제 등을 바닥에 대고 앞뒤로 구를 준비가 되었다. 숨을 내쉬면서 뒤로 구르고, 숨을 들이쉬면서 앞으로 올라오면 된다. 동작을 준비하기 위하여 양손으로 머리를 잡고서, 오른쪽 등근육의 바깥 부분을 따라 뒤로 굴러 내려가고, 왼쪽 등근육의 바깥 부분을 따라 굴러 올라온다. 척추를 최대한 바닥에 밀착해서 구르되, 척추 뼈마디에 압력이 가해지지 않게 한다(사진 7.31). 처음 이 동작을 시도할 때는 익숙해질 때까지 제자리에서 앞뒤로만 구르도록 한다. 요가 매트가 너무 얇게 느껴지면, 구르기 전에 척추 밑에 수건을 깔아 준다. 이 동작에 능숙해지면 수건을 덧댈 필요가 없을 것이다.

제자리에서 앞뒤로 다섯 번 구르는 게 쉬워졌다면, 이제 시계방향으로 한 바퀴 돌면서 굴러 보자. 앞으로 뒤로 구를 때마다 조금씩 옆으로 이동한다. 복부를 끌어당기고, 자기의 무게 중심에 기초하여 몸을 굴린다. 몸이 자동차라면 골반이 핸들 같은 역할을 하게 하고, 손을 이용하여 몸을 움직이는 행동은 피해야 한다. 어깨를 이완하고, 내부의 힘이 전체 동작을 제어하게 한다.

몸이 옆으로 넘어가더라도 포기하지 말고, 골반을 이용하여 등이 바닥에 닿은 자세로 돌아와서 다시 이어 간다. 호흡과 함께 동작을 시작하여, 내쉬는 숨에 내려가고 들이쉬는 숨에 올라오면서 조금씩 몸을 이동시킨다. 전통적으로는 다섯 번 구르는 사이에 한 바퀴를 돌아서 제자리로 돌아와야 하지만, 자세를 배우는 동안에는 필요한 만큼 충분히 구르며 돌도록 한다. 다음 자세로 연결 빈야사 없이 곧바로 이어진다.

효과

반다, 코어 근육의 힘이 강해지고, 몸의 중심축을 더 잘 자각하게 된다.
소화력이 좋아진다.
균형 감각이 향상된다.
몸 전체가 강건해진다.

쿡쿠타아사나 Kukkutasana

수탉 자세
드리쉬티: 나사그라이(코끝)

가르바 핀다아사나에서 곧바로 이 자세로 들어온다. 가르바 핀다아사나에서 시계방향으로 한 바퀴를 돌고 원래 자리로 돌아왔다면, 숨을 들이쉬면서, 몸을 앞으

사진 7.32

로 굴리며 양손을 바닥에 짚고 몸을 세워 앉은 자세로 올라온다.

만일 연꽃 자세에서 양팔을 다리 사이에 끼워 넣은 상태라면, 다리가 아래로 약간 미끄러지듯 내려가서 바닥과 손목에 더 가까워지도록 허용할 필요가 있을 것이다. 만일 반연꽃 자세를 취했거나, 연꽃 자세를 취했지만 팔을 끼워 넣지 않은 상태라면, 나바아사나의 중간 빈야사를 취할 때처럼 골반 양옆 바닥에 양손을 짚고 몸을 들어 올린다.

어떤 형태의 자세를 취하고 있든 간에, 이제 몸무게를 앞으로 기울여 양손에 싣고, 손가락과 손가락 끝, 양손의 손꿈치로 바닥을 단단히 누른다. 아랫배를 끌어당기고, 가슴우리(흉곽) 아랫부분도 서로 가깝게 모아주며, 다리를 당겨 주고, 어깨(어깨뼈)는 등 쪽으로 끌어내린다. 이때 몸무게를 너무 앞으로 기울이는 바람에 고꾸라지는 일이 없도록 주의한다. 지나치게 많은 노력과 지나치게 적은 노력 사이에서 알맞은 균형을 찾아본다(사진 7.32).

무릎을 가슴 쪽으로 최대한 당기고, 깊이 숨을 쉰다. 자신의 힘이 몸 전체에서 나오게 한다. 다섯 번 깊은 호흡한다. 그 뒤 자세를 풀고, 바닥에서 부드럽게 손을 떼며 양팔을 넓적다리 사이에서 빼내되, 가능하면 연꽃 자세는 유지한다. 더 숙련된 수련생이라면 연꽃 자세에서 곧바로 뒤로 점프할 수 있다. 하지만 초보자는 먼저 연꽃 자세나 반연꽃 자세를 풀고, 평소 하던 방식으로 두 다리를 교차해서 뒤로 점프한다. 숨을 들이쉬면서 몸을 들어 올리고, 숨을 내쉬면서 뒤로 점프하여 차투랑가 단다아사나로 들어간다.

효과

반다, 코어 근육의 힘이 강해지고, 몸의 중심축을 더 잘 자각하게 된다.
소화력이 좋아진다.
균형 감각이 향상된다.
몸 전체가 강건해진다.

밧다 코나아사나
Baddha Konasana A, B

묶은 각 자세 A, B
드리쉬티: 나사그라이(코끝)

사진 7.33

이 자세는 무릎을 최대한 접은 상태에서 양쪽 고관절이 바깥으로 회전하므로 자누 쉬르샤아사나보다 더 깊은 유연성이 필요하다. 억지로 자세를 취하려 하다가 무릎에 부상을 입지 않도록 처음부터 주의한다. 인내심을 가지고, 움직임이 고관절과 넓적다리 안쪽의 이완으로부터 나오도록 허용한다.

숨을 들이쉬면서, 다운독 자세에서 양팔 사이로 점프 스루 하여 앉은 자세로 들어온다. 양쪽 발바닥을 당겨서 서로 붙여 주는 것으로 시작한다. 양쪽 발의 발날을 서로 누르며, 두 손으로 양발의 엄지발가락 밑 볼록한 부위의 아랫부분을 각각 쥔 뒤, 발바닥이 천장을 향하도록 돌린다. 새끼발가락을 마주 붙이면 발날 전체가 뒤꿈치까지 서로 붙어 있을 수 있다. 뒤꿈치도 서로 누르며, 두 다리를 능동적으로 사용한다. 양쪽 무릎은 양옆을 향해야 하

사진 7.34

며 최대한 접어야 한다. 무릎관절은 접어 준 상태에서, 무릎을 보호하기 위해 두 발을 서로 밀어 주면서 고관절과 넓적다리를 열어 준다. 만일 이 자세를 처음 시도하는 중이라면, 골반 가까운 고관절 부위와 넓적다리 안쪽에 뭉근하게 화끈거리는 듯한 감각을 느낄 수도 있다.

깊이 호흡을 하며 골반 바닥과 복부를 끌어당긴다. 척추는 똑바로 편다. 하체를 통해 토대를 잘 마련했다면, 이제 프라이머리 시리즈 내내 연습한 기술로 안전하게 전굴을 하여 가슴과 턱을 바닥에 대고, 숨을 내쉬면서 두덩뼈(치골)를 뒤로 보낸다.

이 자세의 첫 번째 형태에서는 등근육을 길게 늘이며 등을 곧게 편다(사진 7.33). 바닥에 가까이 내려가기 위해 등을 구부리고 싶은 유혹이 들 수 있지만, 이겨 내기 바란다. 중력에 의해 넓적다리 안쪽이 이완되기 위해서는 시간이 필요하다. 그러니 최대의 유연성에 도달하기 위해 필요하다면 일반적인 횟수인 다섯 번 이상 호흡한다. 몸을 앞으로 접을 때 골반을 최대한 발에 가깝게 당겨 붙인다. 적어도 다섯 번

170

사진 7.35

호흡한 뒤, 숨을 들이쉬며 몸을 일으켜 척추를 똑바로 세운다. 숨을 내쉬면서 등을 둥글게 말아 두 번째 형태를 준비한다.

복부를 강하게 끌어당겨서, 깊이 구부러지는 척추를 지지하며 밧다 코나아사나 B로 들어간다(사진 7.34). 등을 구부려서 정수리가 발바닥에 닿는 것을 목표로 한다. 척추가 눌리지 않도록 주의하고, 몸 내부의 강력한 힘을 이용하여 만들어 낸 공간감을 이용하면 안전하고 쉽게 자세를 취할 수 있을 것이다. 이 상태에서 다섯 번 호흡한다.

나의 스승은 골반이 많이 굳어 있는 수련생들에게는 이 자세를 유지하면서 최대 50번까지 호흡을 하도록 조언해 주셨다. 그러나 만일 무릎에서 화끈거리거나 찌르는 듯한 감각이 느껴지면, 물러나라는 신호이므로 더 깊이 들어가지 않는다. 양쪽 무릎 아래에 수건이나 요가블럭, 덧베개 등을 받쳐주면 통증이 줄어들 수 있다. 하지만 발목이나 등근육, 고관절, 넓적다리 안쪽 부위 등에서 강한 자극이 느껴진다면, 이 자세가 목표로 하는 부위들에 효과를 발휘하고 있다는 신호이다. 조심하고 주의하고 사랑으로 보살피면서 자세를 이어 가도록 한다.

숨을 들이쉬면서 몸을 세워 척추를 곧게 편다. 숨을 내쉬면서 자세를 유지한다(사진 7.35). 숨을 들이쉬면서 몸을 바닥에서 들어 올리고, 숨을 내쉬면서 뒤로 점프한다.

효과

신장, 방광, 전립선, 난소, 다른 복부 장기들이 정화된다.

신장 경락이 열린다.

혈액순환이 좋아진다.

넓적다리 안쪽, 서혜부, 고관절이 신장된다.

피로가 완화된다.

출산에 도움이 된다.

사진 7.36

우파비쉬타 코나아사나
Upavistha Konasana

넓은 각 앉은 전굴 자세
드리쉬티: 나사그라이(코끝)와 우르드바(하늘, 위쪽)

밧다 코나아사나의 마지막 빈야사인 다운독 자세
에서, 숨을 들이쉬며, 양팔 사이로 점프 스루 하여
앉은 자세로 들어간다. 두 다리를 넓게 벌리고, 양
손으로 각각 두 발의 발날을 잡는다. 이때 두 다리
는 손으로 발날을 잡을 수 있을 만큼, 즉 어깨(팔
이음뼈)가 허용하는 범위 안에서만 벌린다. 여기에

사진 7.37

서 다리를 완전히 일자로 펼칠 필요는 없다. 이 자세의 주요 목적은 등을 앞으로 풀
어 주고 늘여 주면서 상체로부터 고관절의 회전 움직임을 더 깊게 하는 데 있기 때
문이다.

두 다리를 넓게 벌리고 발날을 잡았으면, 이제 어깨(어깨뼈)를 등 쪽으로 끌어내
릴 수 있을 정도로만 양팔에 힘을 준다. 양팔로 다리를 너무 세게 잡아당기거나 두
다리를 억지로 너무 넓게 벌리면, 넓적다리 안쪽 근육과 오금줄이 지나치게 늘어날
수 있다.

허리에서부터 부드럽게 몸을 굽히며, 아랫배를 끌어당기고, 중력의 도움을 받아
상체를 양쪽 넓적다리 사이로 서서히 내려서 자세를 취해 준다(사진 7.36). 전자(골반
가까운 넙다리뼈의 윗부분)를 뒤로 당겨서 골반이 바닥에 닿게 하고, 엉덩이(궁둥뼈)는
바닥에서 뜨지 않게 한다. 넓적다리 앞쪽 근육(넙다리 네 갈래근)을 수축하고, 넙다리

뼈의 머리 부분을 골반으로 끌어당기면서, 양쪽 엄지발가락의 밑부분을 통해 에너지를 뻗어 준다. 발은 굽혀서 똑바로 세운다. 배를 내밀지 않도록 주의한다.

이 자세의 첫째 부분에서는 애써 노력하는 마음을 내려놓고 자기의 몸을 다정하게 대하는 것이 중요하다. 만일 턱이 바닥에 닿지 않는다면, 이마를 바닥에 대 본다. 만일 척추를 비교적 곧게 편 상태에서 이마를 바닥에 대는 것이 어려울 경우, 인내심을 가지고 호흡을 하다 보면 머지않아 댈 수 있게 될 것이다. 넓적다리 안쪽을 열어 주면 몸속의 당분이 균형 잡히고, 신장을 위한 주요 경락이 열리게 된다. 자세를 유지하며 적어도 다섯 번 호흡한다.

이 자세의 둘째 부분에서는 상체를 뒤로 젖혀서 골반이 나바아사나와 같은 위치에 오게 하며, 복부를 끌어당기고 골반 기저근을 조인다. 숨을 들이쉬면서 잡고 있던 발을 놓고, 다리를 곧게 펴거나 무릎을 굽힌 채로 들어 올린다. 그리고 다시 새끼발가락 부근의 발날을 잡고 균형을 잡는다(사진 7.37).

다리를 완전히 끌어당기며 엄지발가락에서부터 바깥으로 내뻗는다. 발끝을 곧게 펴 주고, 넙다리뼈의 머리 부분을 고관절의 절구 속으로 끌어당겨서 균형을 맞춘다. 척추를 골반으로부터 뽑아내듯 신장시켜 주고, 위를 쳐다보면서 가슴 중심(복장뼈)을 들어 준다. 골반은 바닥에 견고하게 자리 잡게 하고, 몸의 내부에 의해 지지를 받게 한다.

수련 후반부에 나오는, 강도 높은 전굴 자세들에서 후굴 자세로 이행하는 과정을 위해서는 척추를 풀어 주고 부드럽게 신장할 수 있어야 한다. 이 자세는 바닥에서 지지받는 전굴로 시작해서 등근육을 신장하고 강화하는 균형 자세로 이어진다.

여기에서 균형을 유지하며 다섯 번 호흡한다. 손을 바닥에 짚는다. 숨을 들이쉬며 몸을 들어 올린다. 숨을 내쉬며 뒤로 점프하여 차투랑가 단다아사나로 들어간다.

효과

신장, 방광, 전립선, 난소, 그 밖의 다른 복부 장기들이 정화된다.
신장 경락이 열린다.
혈액 순환이 좋아진다.
넓적다리 안쪽, 서혜부, 고관절이 신장된다.
피로가 완화된다.

숩타 코나아사나 Supta Konasana

뒤로 젖히는 각 자세

드리쉬티: 나사그라이(코끝)

우파비쉬타 코나아사나의 마지막 빈야사인 다운독 자세에서, 숨을 들이쉬며 양팔 사이로 점프 스루 하여 앉는 자세로 들어온다. 숨을 내쉬면서 등을 바닥에 대고 반듯이 눕는다. 숨을 들이쉬며, 두 다리를 들어 머리 뒤로 넘기면서 상체도 따라 넘겨 어깨로 상체를 떠받친다. 발가락을 바닥에 대고, 다리를 벌리되 손으로 발을 잡을 수 있을 만큼만 벌린다. 양손으로 양쪽 엄지발가락을 단단히 잡고 발을 굽혀 똑바로 세운다. 이때 몸무게는 대부분 어깨와 엄지발가락에 실린다. 정자세로 들어갈 때는 목 뒷부분에 적어도 손가락 하나가 들어갈 만큼은 공간을 남긴다(사진 7.38).

골반으로부터 척추를 쭉 늘여서 등근육이 몸을 들어 올리며 지지하게 한다. 가능하면 엉덩이는 어깨 위에 반듯하게 놓여 있도록 유지한다. 등을 둥그스름하

사진 7.38

게 말아 자세를 편하게 하고 싶은 유혹이 들 수 있지만, 이겨 내기 바란다. 아랫배는 끌어당기고, 몸통 자체의 힘으로 들어 올린다. 이 자세는 마치는 자세들에 있는 살람바 사르방가아사나(어깨서기) 같은 거꾸로 서는 자세를 위해 준비시켜 주며, 후굴 자세를 위해 등을 강화한다.

다섯 번 호흡한다. 숨을 들이쉬며 척추를 굴려서 천천히 몸을 일으켜 잠시 균형을 잡은 뒤, 부드럽게 숨을 내쉬면서 착지한다. 동작 내내 다리는 곧게 펴 준다. 앞의 동작에서 균형을 잡은 상태로 오래 있지 않으며, 착지를 제어할 수 있을 만큼만 잠시 멈춘다. 바닥에 다리를 내려 착지할 때는 손가락으로 엄지발가락을 당기고 종아리 근육이 먼저 바닥에 닿게 하여 부드럽게 착지하도록 한다. 발을 바닥에 내린 뒤, 가슴과 턱도 내려 바닥에 닿게 한다(사진 7.39).

이전 자세와 마찬가지로, 몸을 앞으로 접을 때 억지로 밀어붙이지 않으며, 몸에서 힘을 빼고 자연스럽게 동작을 한다. 머리와 발이 바닥에 닿으면, 곧바로 숨을 들이쉬면서 발가락을 잡은 채로 고개를 들고, 숨을 내쉬면서 자세를 유지한다. 숨을 들이쉬면서 몸을 바닥에서 들어 올린다. 숨을 내쉬면서 뒤로 점프한다.

사진 7.39

효과

신장, 방광, 전립선, 난소, 그 밖의 다른 복부 장기들이 정화된다.

신장 경락이 열린다.

혈액 순환이 좋아진다.

넓적다리 안쪽, 서혜부, 고관절이 신장된다.

피로가 완화된다.

몸의 무게중심과 반다에 대한 자각이 향상된다.

숩타 파당구쉬타아사나 Supta Padangusthasana

누워서 엄지발가락 잡는 자세

드리쉬티: 나사그라이(코끝)와 파르쉬바(측면)

숩타 코나아사나의 마지막 빈야사인 다운독 자세에서, 숨을 들이쉬며 양팔 사이로 점프 스루 하여 앉은 자세로 들어온다. 숨을 내쉬면서 등을 바닥에 대고 반듯이 눕는다. 발끝을 일자로 곧게 펴 주고, 뒤꿈치로 바닥을 누르며, 양손을 넓적다리 위에 올린다. 숨을 들이쉬면서, 오른 다리를 위로 들고 오른손으로 엄지발가락을 잡는다. 그동안 왼손은 계속 왼쪽 넓적다리 위에 올려놓고 누른다. 왼발 뒤꿈치로 바닥을 누른 상태에서 복부를 강하게 끌어당겨 골반이 움직이지 않도록 한다. 숨을 내쉬면

사진 7.40

서, 상체를 일으켜 오른 다리와 닿게 한다.

설령 상체를 일으키지 않은 채로 오른 다리를 귀 옆의 바닥에 닿게 할 수 있을 만큼 몸이 유연하다고 해도, 여기에서는 오른 다리를 들어 올린 상태에서 몸의 힘으로 상체를 들어 다리와 만나게 한다. 이 자세의 목적은 순전히 유연성만을 기르는 것이 아니라 힘도 함께 기르려는 것임을 기억하자. 상체를 들어 올릴 때 등근육과 코어 근육이 작용하는 것을 느껴 본다. 아랫배를 끌어당기면 상체를 들어 올리는 데 도움이 된다.

턱을 정강이에 갖다 대며 강하게 들어 올린다(사진 7.40). 유연한 수련생이라면 상체를 들어 올릴 때 코어 근육의 힘을 사용하도록 주의를 기울여야 한다. 덜 유연한 수련생이라면 손으로 발가락을 잡기 위해 무릎을 굽혀야 할 수도 있으며, 양쪽 다리를 최대한 곧게 펴는 데 중점을 두어야 한다. 다섯 번 호흡한다. 숨을 들이쉬면서 머리를 바닥에 대고 눕는다.

숨을 내쉬면서, 왼손으로는 여전히 왼 다리를 누르고 있는 채로, 오른 다리를 그대로 옆으로 열면서 내린다. 시선은 왼쪽 어깨 너머를 향한다. 오른쪽 고관절을 바깥으로 회전하여 다리가 완전히 옆을 향하게 한다(사진 7.41).

오른발을 바닥에 닿게 하기 위해서 엉덩이를 바닥에서 들려는 유혹이 들 수 있는데, 무시하기 바란다. 오른발에 관해서는 중력이 알아서 자세를 돕도록 맡겨 두고, 대신에 엉덩이를 안정되게 하면서 오른쪽 넓적다리 안쪽을 늘이는 데 노력을 집중한다. 왼 다리는 안정되고 견고한 축이 되도록 한다. 골반을 바닥에 단단히 눌러 주면 고관절이 이완되는 데 도움이 될 것이다. 오른발 끝은 일자로 곧게 펴 준 상태를

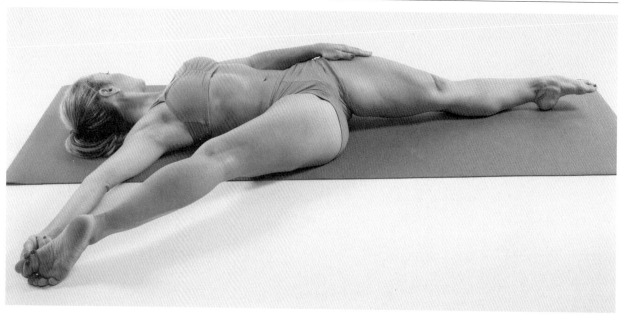

사진 7.41

유지한다.

　다섯 번 호흡한다. 숨을 들이쉬면서 오른 다리를 다시 위로 가져온다. 숨을 내쉬면서 다시 몸을 들어 오른쪽 정강이에 턱을 댄다. 숨을 들이쉬면서 머리를 바닥에 대고 눕는다. 숨을 내쉬면서 오른 다리도 바닥에 내려놓는다. 반대쪽으로 동작을 반복한다. 마지막으로, 숨을 들이쉬면서 뒤로 구르는 차크라아사나(Chakrasana, 바퀴 자세)를 한다. 차크라아사나에 대해서는 10장에서 자세히 설명한다.

효과

코어 근육이 강화된다.
오금줄이 신장된다.
마음이 안정된다.
전립선이 자극된다.

우바야 파당구쉬타아사나
Ubhaya Padangusthasana

양쪽 엄지발가락 잡는 자세
드리쉬티: 우르드바(하늘)

숩타 파당구쉬타아사나의 마지막 빈야사인 다운독
자세에서, 숨을 들이쉬며 양팔 사이로 점프 스루 하여
앉은 자세로 들어온다. 숨을 내쉬면서 바닥에 등을 대
고 반듯이 눕는다. 숨을 들이쉬며, 두 발을 들어 머리
뒤로 넘기면서 상체도 따라 넘겨 어깨로 상체를 떠받
친다. 손가락으로 양쪽 엄지발가락을 단단히 쥐고, 숨
을 내쉰다(사진 7.43). 배를 끌어당기면서, 척추 마디마
디를 한 번에 하나씩 바닥에 눌러 주는 느낌으로 다시
앞으로 구른다. 균형 잡는 자세로 올라오면서 숨을 들
이쉬며 정자세로 들어간다(사진 7.42).

전굴을 능숙하게 할 수 있는 수련생이라면, 팔과 다
리를 곧게 편 채로 굴러서 일어나 본다. 초보자라면
무릎을 굽힌 채로 굴러서 일어난 뒤, 골반으로 균형을
잡은 다음에 다리를 펴서 정자세로 들어가는 편이 좋
을 수 있다. 몸의 중심 깊은 곳에 있는, 제어가 일어나

사진 7.42

는 곳에 집중한다. 나바아사나에서 했던 것처럼 골반이 바닥에 고정되게 하고, 척
추를 골반으로부터 들어 올리며, 위를 쳐다본다. 가슴 중심(복장뼈)을 천장 쪽으로,
척추를 골반으로부터 멀어지도록 들어 올린다.

이 자세는 척추 마디마디를 제어하는 방법을 가르쳐 준다. 이 자세를 계속 수련
하다 보면, 안전하게 척추를 신장시키는 데 필요한 내적 자각이 깊어질 것이다. 또
한 몸의 무게중심으로부터 움직이는 법을 배우고, 골반 내부의 힘을 이용하여 골반
을 제어하는 법도 배우게 될 것이다.

사진 7.43

팔의 힘을 써서 억지로 자세를 유지하려 하지 않는 것이 좋다. 그 대신, 어깨를
등 쪽으로 내린 채로 팔은 비교적 자유롭게 놓아둔다. 발바닥과 엄지발가락 밑면을
통해 내뻗는다. 몸의 각 부분이 저마다 움직임을 맡아서 하듯이, 당신이 위를 응시
하는 동안, 척추는 스스로 곧게 뻗어야 하고, 다리는 적절히 힘을 준 상태를 유지하
며 안으로 회전한다. 양쪽 넙다리뼈의 머리 부분을 고관절의 절구 부분에 더욱 깊
이 끼워 넣는 느낌으로 자세를 취하면 다리를 더 쉽게 들어 올릴 수 있다. 엄지발가
락을 서로 누르면, 다리가 안쪽으로 조금 더 회전할 수 있다. 발끝은 일자로 곧게 펴
준다.

다섯 번 호흡한다. 양손으로 바닥을 짚고, 숨을 들이쉬면서 몸을 바닥에서 들어
올린다. 숨을 내쉬면서 뒤로 점프한다.

사진 7.44

효과

소화력이 좋아진다.

오금줄이 신장된다.

반다와 코어 근육의 힘이 강해지고, 중심축에 대한 자각이 향상된다.

내부의 장기들이 정화된다.

우르드바 무카 파스치마따나아사나
Urdhva Mukha Paschimattanasana

위로 얼굴 향한 전굴 자세

드리쉬티: 파다요라그라이(발가락)

이전 자세의 마지막 빈야사인 다운독 자세에서, 숨을 들이쉬며 양팔 사이로 점프 스루 하여 앉은 자세로 들어온다. 숨을 내쉬면서 바닥에 등을 대고 반듯이 눕는다. 이전 자세인 우바야 파당구쉬타아사나와 마찬가지로, 숨을 들이쉬며, 두 발을 들어 머리 뒤로 넘기면서 상체도 따라 넘겨 어깨로 상체를 떠받친다. 이전 자세와 달리 두 손으로 양쪽 엄지발가락이 아니라, 뒤꿈치 근처의 양쪽 발날을 잡는다(사진 7.45). 발을 잡고서 깊게 숨을 내쉬며, 몸무게를 발가락에 실어 바닥을 눌러 준다. 이렇게 하면 다시 올라올 때 탄력의 도움을 받을 수 있다.

숨을 들이쉬면서, 척추 마디마디를 한 번에 하나씩 바닥에 눌러 주는 느낌으로 천천히 앞으로 구르면서 올라와 균형 자세를 취하며, 팔과 다리는 곧게 편다(사진 7.46). 만일 앞으로 구르지 못하고 뒤로 넘어갈 것 같은 느낌이 들면, 누운 상태에서 무릎을 굽혀 가슴 쪽으로 끌어당긴 채로 굴러 올라오거나, 아니면 발가락을 이용해 몸무게를 앞쪽으로 옮긴 뒤 엉덩이를 바닥에 밀착시킨 채 다리를 펴고 굴러 올라온다.

발끝은 곧게 펴 준다. 골반을 바닥에 고정

사진 7.45

사진 7.46

시키고 골반 내부에서 반다가 작용하게 한다. 이 견고한 기반으로부터 척추를 들어 곧게 세운다. 팔의 힘을 써서 넓적다리를 바닥으로 끌어당기고, 넙다리뼈의 머리 부분을 골반 깊이 끼워 넣는다. 숨을 내쉬면서 몸을 앞으로 접고, 두 팔을 구부려서 가슴은 넓적다리 쪽으로, 턱은 정강이 쪽으로 당겨서 정자세로 들어간다(사진 7.44). 시선은 발가락을 응시한다.

어깨(어깨뼈)는 등 쪽으로 내리고, 골반은 바닥에 고정되는 느낌이 증가하도록 한다. 목 주위에 넓은 공간감을 갖도록 의식해 본다. 자세를 취할 때 팔보다는 코어 근육의 힘이 더 작용하도록 한다. 엉덩이(궁둥뼈)가 바닥에 더욱 고정되게 하며 아랫배를 강하게 끌어당긴다. 가슴우리(흉곽) 아래쪽이 몸의 중심선을 향해 당겨지는 것을 느껴 본다. 앞서 설명했던, 건강한 전굴을 위한 세 가지 요소를 의식한다.

자세를 유지하며 다섯 번 호흡한다. 숨을 들이쉬면서 팔을 쭉 펴고 위를 쳐다본다. 숨을 내쉬며 이 자세에서 자세의 균형을 잡는다. 양손을 골반 약간 앞쪽 바닥에 짚는다. 숨을 들이쉬며 몸을 들고, 숨을 내쉬며 뒤로 점프한다.

효과

소화력이 좋아진다.
오금줄이 신장된다.
반다와 코어 근육의 힘이 강해지고, 중심축에 대한 자각이 향상된다.
내부의 장기들이 정화된다.

세투 반다아사나 Setu Bandhasana

척추 들어 올리는 다리 자세
드리쉬티: 브루마디야(두 눈썹 사이의 중심)

숨을 들이쉬면서 양팔 사이로 점프 스루 하여 앉은 자세로 들어온다. 숨을 내쉬면서 바닥에 등을 대고 반듯이 눕는다. 무릎을 구부리고, 두 발을 벌린 채 양쪽 뒤꿈치를 붙인다. 그러면 두 발의 발가락은 바깥을 향하게 되고, 발날과 새끼발가락은 바닥에 닿을 것이다. 등을 젖혀 활처럼 휘게 하며, 정수리를 바닥에 대고, 척추를 바닥에서 완전히 들어 올리되, 아직 엉덩이는 바닥에 닿아 있어야 한다(사진 7.48).

사진 7.47

양팔을 서로 교차하여 양손으로 반대쪽 어깨를 잡는다. 숨을 들이쉬면서, 몸무게를 다리와 정수리로 보내며, 엉덩이를 들어 올려 정자세로 들어간다(사진 7.47).

넓적다리 앞쪽 근육(넙다리 네 갈래근)을 수축하고 다리를 바깥으로 회전하면 다리를 쭉 펴는 데 도움이 된다. 골반과 꼬리뼈를 앞으로 밀어 준다. 복부는 끌어당긴 상태를 유지한다. 척추 마디마디를 하나씩 들어 올리며, 등근육을 수축하면서 동시에 신장한다. 몸무게가 목으로 쏠리지 않게 한다. 등 윗부분을 열어 주어 가슴 중심(복장뼈)을 들어 올린다. 자세가 안정되었다고 느껴지면, 발가락을 최대한 뻗어 준다.

이 자세는 척추를 열어 주고, 척추 세움근의 힘을 길러 주며, 다리로 몸을 지탱해 주는 감각을 더욱 견고하게 함으로써 후굴 자세를 할 수 있도록 몸을 준비시켜 준다.

이 자세를 하는 동안 목에서 불편한 감각이 느껴질 수 있다. 그런 경우에는 엉덩이를 바닥에서 들어 올릴 때, 양손을 바닥에 짚고 떠받쳐서 부담을 덜어 줄 수 있다. 하지만 점차 손에 대한 의지를 줄여 나가야 한다. 왜냐하면 이 자세에서 길러진 목의 힘은 더 고난도의 강력한 자세들을 취할 때 중요한 역할을 하기 때문이다. 수련을 통해 목과 등, 다리가 강해질수록 목에서 느껴지는 불편한 감각도 차츰 없어질 것이다.

다섯 번 호흡한 뒤, 들어갈 때와는 반대의 과정으로 자세에서 나온다. 숨을 내쉬면서 완전히 몸을 내려 바닥에 눕는다. 양손을 어깨 밑 바닥에 짚고, 숨을 들이쉬면서, 몸을 뒤로 굴리며 차크라아사나를 한다(차크라아사나는 10장 참고).

효과

목과 등이 신장되고 강화된다.

에너지가 척추를 따라 올라간다.

두려움, 불안감, 우울증이 완화된다.

두뇌가 차분해진다.

소화력이 좋아진다.

사진 7.48

8

후굴:
마음을 열기

요가를 수련할 때 우리는 내면의 세계를 탐구하게 된다. 진지한 요가 수련자는 지고의 진실을 추구하는 영적 세계의 과학자와 같다. 이 성스러운 영역에 발을 들여놓을 때 가장 먼저 맞닥뜨리는 주요 난관들 중 하나는 자신의 감정에 관한 시험이다. 내면에 잠들어 있는 감정들은 마치 판도라의 상자와 같은데, 이 상자를 가장 잘 열어 주는 자세는 바로 후굴 자세들이다.

감정들은 생생하고 현실적이어서 때로는 우리를 압도한다. 분노나 슬픔이 일어나기 시작하면, 그 생화학적 현실은 심장박동수와 호르몬 균형, 근육의 긴장 수준을 바꿔 버린다. 감정들은 뇌와 몸의 화학적 균형까지도 변화시킨다. 화가 나거나 슬프거나 걱정하거나 우울하거나 행복하거나 사랑에 빠져 있을 때는 그런 하나하나의 감정마다 일어나는 생각들도 달라진다. 감정들은 우리의 삶 전반에 큰 영향을 미치며, 개인의 세계를 수많은 색조로 물들인다. 그리고 우리 삶의 상당 부분은 감정을 억누르거나, 감정에 반응하거나, 감정에 따라 행동하느라 소모될 것이다.

마이소르 방식의 아쉬탕가 요가를 처음으로 매일 수련하기 시작했을 때, 나의 감정들은 마치 롤러코스터처럼 심하게 요동치곤 했다. 나는 나의 민감한 감정을 더 잘 알아차리게 되었고, 요가 수련은 내가 어떤 감정들을 느끼는지, 그런 감정들이 어떤 영향을 미치는지를 새롭게 더 잘 자각하게 해 주었다.

예를 들어, 후굴 동작들을 할 때면 슬픔이 자주 올라오곤 했는데, 요가 수련 중이 아니었다면 아마 이 감정을 회피해 버렸을 것이다. 평소라면 내면에 실제로 잠재해 있는 감정들을 회피할 수 있었지만, 척추가 열려 있는 상태에서는 그 감정을 피해 숨을 곳이 없었다. 때로는 몸에 아무 통증이 없는데도 눈물이 흘러나왔다. 깊은 후굴 자세를 한 뒤에 풀려나는 깊은 슬픔은 마치 천 번의 생애의 눈물처럼 느껴질 수 있지만, 그 슬픔의 원인이 무엇인지는 알 필요가 없다. 그저 지켜보고 경험하기만 하면 될 뿐이다.

감정의 몸을 이루는 층들 속에 숨겨져 있던 슬픔이 아사나라는 수단을 통해 표면으로 올라온다. 깊은 요가 자세들을 통해 감정이 치유되는 까닭은, 신체와 내적인 몸 구석구석을 해방시키고 새롭게 채워 주면, 자각의 빛이 오래 갇혀 있던 묵은 감정들과 습관적인 패턴들을 풀어 주고 치유해 주는 원리 때문이다. 이것을 말로 설명하기는 어렵지만, 깊은 후굴을 하고 나면 문자 그대로 세상이 달리 보인다. 왜냐하면 우리의 몸이 다른 의식으로 채워지기 때문이다. 몸속에 갇혀 있던 감정들을 경험하고 해방시키는 여행을 통해서, 나는 깊이 잠재되어 있던 감정들과 그로 인한 반응이 미치는 영향들을 분명히 의식하게 되었으며, 모든 것을 더 분명히 알아차리게 되었다. 내가 이룬 진보의 상당 부분은 매일의 요가 수련을 통해 얻어진 더 깊은 통찰력 덕분일 것이다.

척추를 깊게 움직이는 동작들을 수련하다 보면 흔히 풀어 주고, 내맡기고, 놓아주어야 한다는 것을 깨닫게 된다. 요가에서 하는 깊은 비틀기와 구부리는 동작들의 명시적인 목적 가운데 하나는 몸과 감정의 잠들어 있는 부분들을 문자 그대로 흔들어 깨우는 것이다. 후굴 동작들은 나에게 그런 효과를 발휘했고, 여전히 발휘하고 있다.

요가의 세계에서 몸은 마음과 분리된 별개의 것이 아니다. 몸은 개인의 물질성, 생각, 감정, 영혼을 포함하는 에너지 장 안에 존재한다. 그리고 요가 자세들은 그 영역 안에서 작용한다. 우리가 꽈배기처럼 몸을 비틀어서 상식을 뛰어넘는 자세를 취할 때, 몸은 이제까지 한 번도 경험하지 못한 곳으로 갈 것을 요구받는다. 그리고 동시에 마음 역시 한 번도 경험하지 못한 곳으로 가도록 요구받는다.

우리가 특정한 틀에 따라 행동하고 생각하고 느끼고 말하고 살아가면, 그로 인해 우리의 몸은 오래 지속되는 영향을 받게 된다. 우리의 습관적인 자세는 신체라는 모습의 캔버스에 기록된, 자기 자신에 대한 생각의 총합과 같다. 그러므로 자기 자신과 다른 사람들에 대해 부정적인 생각을 하면, 시간이 지남에 따라 그 결과가 자기의 몸에 나타나게 될 것이다.

다행히도 요가 수련은 장기간에 걸쳐 새로운 방식으로 몸을 움직이게 하여 마법처럼 변형되는 효과를 가져온다. 마음은 몸이 움직이는 패턴과 깊이 연결되어 있다. 그래서 우리가 요가를 수련하면 마음도 따라 변하게 된다. 또한 잠들어 있는 근육과 조직, 뼈, 그리고 몸 안의 공간들에 다가가는 법을 배울 때, 동시에 우리는 잠들어 있는 생각과 감정, 느낌, 힘, 그리고 성공에 다가가는 법을 배우게 된다.

후굴 자세들은 아마도 가장 훌륭한 선생님일 것이다. 후굴 자세의 혜택을 충분히 얻으려면, 그 동작들이 단지 '등'에서만 나온다고 생각하지는 말아야 한다. 후굴 동작은 발가락, 다리, 척추, 가로막(횡격막), 어깨, 머리뿐 아니라 몸에 있는 모든 근육과 연관된다.

전통적인 우르드바 다누라아사나(위로 향한 활 자세)에서 후굴의 기초가 되는 것은 다리의 힘이다. 고관절의 앞부분(넙다리뼈가 골반에 끼워지는 곳)이 열리면, 골반의 앞부분이 열려 다리 위에서 뒤로 젖혀질 수 있으며, 엉덩뼈능선(장골능선, iliac crest)이 앞으로 움직일 수 있게 된다. 어깨(어깨뼈)가 등 쪽으로 내려가서 가슴 중심(복장뼈)이 들리도록 지지하는 동안, 각 척추 마디는 코어 근육과 등근육의 지지를 받아서 들어 올려지고 신장된다. 양팔은 견고하게 바닥을 눌러서 상부 지지대를 이룬다.

이해하기 쉽게 말하자면, 후굴은 몸 전체를 뒤로 구부리는 동작이다. 하지만 후굴에서도 주된 관심은 여전히 척추가 되어야 한다. 척추는 감정과 느낌, 에너지의 중추이기 때문이다. 비의적 전통의 인체관에 따르면, 차크라(chakra)라고 하는 에너지 센터들이 척추의 몇몇 주요 지점에 위치해 있다고 한다. 척추 요법 전문가들은 척추를 건강하게 관리하는 것이 매우 중요하다고 강조할 것이다. 척추에 장애가 생기면 생활이 마비될 정도의 재앙으로 이어질 수도 있다. 요가는 척추 마디마디를 자각하도록 요구한다. 후굴 자세들은 척추를 들어 올리고, 늘이고, 마디들 사이에 공간을 만들고, 그 공간을 이용하여 깊게 구부리는 법을 가르쳐 줄 것이다.

깊은 후굴을 수련하다 보면 여러 가지 문제에 직면할 수 있다. 앞으로 구부리는 데만 익숙해져 있는 등의 아랫부분이나 윗부분을 뒤로 늘이게 되면 통증이 생길 수 있다. 등을 구부리고 책상 앞에 앉아 많은 시간을 보내는 수련생의 경우, 척추를 활처럼 뒤로 젖히며 늘이는 방식의 동작을 배우면 신체에 대한 기존의 관념 전체가 흔들릴 수도 있다. 하지만 계속해서 후굴을 수련하다 보면, 새롭게 움직이는 방식들이 몸에 익을 뿐 아니라, 안전하고 검증된 방법에 의해 척추의 건강이 평생 보호받게 될 것이다.

후굴 자세는 치유 효과가 있지만, 감정의 솥단지를 열고 휘젓는 것도 바로 이 열고 구부리는 과정이다. 많은 사람들은 후굴을 수련하면서, 심지어 단순한 자세인 우르드바 무카 슈바나아사나를 수련하면서도 심한 근육통을 경험한다. 근육통은 비교적 안전한 문제이므로 자세의 정렬을 점검해 줄 수 있는 지도자의 감독을 받으며 계속 연습할 수 있다. 그런 문제는 등에 있는 긴 척추 세움근(척추 기립근)에서 자주 발생한다.

척추 세움근은 일상생활에 필요한 자세를 취할 때 중요한 역할을 하는 자세 근육이다. 그러므로 후굴을 할 때마다 계속 통증을 경험하는 사람들은 요가를 수련할 때뿐 아니라 일상생활을 하는 동안에도 자세의 정렬이 어떠한지를 잘 살펴보아야 한다. 평소 익숙하지 않은 방식으로 몸을 움직이게 되면 통증이 일어나기 마련이다. 익숙한 틀을 깨고 새로운 방식으로 행동할 때면 정신적인 괴로움을 적잖이 겪을 때가 많은데, 이와 같은 이치다. 하지만 이와 달리 척추에서 예리하고 찌르는 듯한, 또는 꼬집는 듯한 통증이 느껴진다면, 이것은 아주 다른 종류의 통증이며 이 상태로 계속 수련을 하면 안 된다. 그럴 때는 즉시 진단을 받아야 한다. 후굴뿐 아니라 어떤 자세를 취하든지 척추에서 예리하고 찌르는 듯한 통증이 느껴지면, 동작을 멈추고 물러나야 한다.

고관절은 척추를 뒤로 구부리는 능력의 기준점을 결정한다. 여기에서 큰 역할을 하는 것은 엉덩허리근(장요근)[25]과 엉덩이 굽힘근(굴근)이라는 두 가지 근육이며, 이 근육들의 유연성이 중요하다. 이 두 근육이 굳어 있으면 골반을 뒤로 젖히고 고관절을 여는 능력이 제약을 받는다. 때로는 이 두 근육의 경직 때문에 등 아랫부분이 뻣뻣하고 통증을 느끼기도 한다.

꼬리뼈를 앞으로 내미는 것은 몸을 뒤로 구부리는 동안 허리뼈(요추)가 눌리지 않도록 방지하는 데 중요하다. 하지만 이는 자주 오해하게 되는 움직임이기도 하다. 만일 등 아랫부분에 부상을 입은 상태라면, 수련하는 동안 그 부위를 보호하며 자극을 피하기 위해 꼬리뼈를 강하게 말도록 한다. 그러나 꼬리뼈를 마는 동작은 허리뼈(요추) 부위를 평평하게 만드는 효과가 있는데, 이는 깊은 후굴에 도움이 되지 않는다는 문제가 있다. 그래서 이런 후굴 자세들을 위해서는 하체의 단단한 기초 위에 골반의 무게를 얹기 위해 꼬리뼈를 앞으로 움직여야 한다.

다음에는 엉덩뼈능선(장골능선)을 앞으로 기울여 골반도 약간 앞으로 기울게 한다. 이 동작은 골반 기저근과 하체의 힘으로 제어한다. 이 움직임은 꼬리뼈를 뒤로 젖히지 않으면서도 엉치뼈(천골)를 기울일 수 있게 하여 등 아랫부분과 골반에 공간을 만들어 준다. 이것을 엉치뼈(천골)의 미동(微動, nutation; 미세한 회전 움직임)이라고 하며, 엉치뼈(천골)의 윗부분이 골반 쪽으로 기울어지는 것을 나타내는데, 이로 인해 엉치엉덩관절(천장관절)을 마치 척추의 연장선처럼 움직이는 것이 가능해진다.

고관절과 골반의 앞부분을 열어 주는 능력은 흔히 삶에서 강한 추진력으로 앞으로 밀고 나가는 능력과 연관된다. 근육 조직을 이완하고 풀어 주고 늘여 주면, 등을 뒤로 구부리는 동안 고관절을 앞으로 보내는 데 필요한 가동 범위가 더 넓어진다.

후굴 자세에서 어깨는 척추를 떠받치는 상부 지지대가 된다. 어깨의 팔이음뼈는

25 엉덩허리근 허리와 다리를 이어 주는 근육. 엉덩근(장골근)과 큰허리근(대요근)으로 이루어진다. 장요근. iliopsoas.

고관절보다 훨씬 자유롭게 움직이므로 자세를 취하는 데에 유용하지만, 동시에 통증이 생길 가능성도 높다. 정렬에 대해 잘 알고 이해하는 지도자와 함께 수련한다면, 깊은 후굴을 수련할 때 어깨를 안전하게 정렬할 수 있으므로 많은 도움이 될 것이다. 마음으로 통하는 관문으로 알려져 있는 어깨는 보호하고, 안정시키고, 풀어 주고, 뻗고, 늘이고, 갇히고, 무너지고, 기능을 멈추고, 고장 난다.

때때로 뻣뻣한 어깨는 설령 척추가 강하고 유연하다고 해도 척추의 자유로운 가동 범위를 즐기지 못하도록 방해한다. 상체를 최대한 끌어올려 후굴을 할 때는 어깨를 등 쪽으로 내리고 바깥으로 회전해야 한다. 양쪽 손목과 팔꿈치, 어깨의 정렬을 맞추고, 손을 안쪽으로 돌리거나 팔꿈치를 바깥쪽으로 구부리지 않는다. 손끝과 손바닥으로 바닥을 단단히 누르면서, 팔꿈치는 서로 모아 주도록 한다.

후굴 자세에서 척추와 고관절, 어깨를 여는 작업을 하는 동안에는 두려움, 걱정, 슬픔, 답답함, 호흡 곤란, 분노 같은 부정적인 감정들이 강하게 일어날 수 있다. 마찬가지로 기쁨, 행복감, 신뢰, 놓아 보냄, 내맡김, 평온함, 고양된 에너지, 참된 힘 같은 긍정적인 느낌들도 강하게 일어날 수 있다. 후굴과 같은 자세들을 하면서 경험하는 통증을 받아들이기 위해서는 그저 신체의 통증과 요동치는 감정을 피해 달아나지 않기만 하면 된다. 이런 감정들을 느낄 때는 이것들이 일시적이며 지나가는 것임을 기억하고 더욱 깊게 호흡하며 이완하는 데 집중하도록 하자.

만일 감당하기 힘든 감정이나 심한 신체적 통증을 만나게 되면, 최선의 행위는 자신의 호흡에 집중하는 것이다. 평소에는 통증이라는 자극이 일어나자마자 도망치고 싶은 욕구가 자동적으로 일어나겠지만, 호흡에 집중하면 그런 자극과 욕구 사이에 잠시 멈추는 틈이 생길 것이다. 그 공간에서는 상황을 더 잘 알아차릴 수 있으며, 무엇이 알맞은 행동인지를 더 분명하게 볼 수 있다. 예를 들어, 통증이 근육에서 일어나는지 관절에서 일어나는지, 지금 겪는 감정이 분노인지 불안인지를 구별할 수 있게 될 것이다. '한 번에 한 호흡'을 하면서 의식을 확장하는 것은 인내와 자각, 받아들임을 통해 아사나로 더 깊이 들어갈 수 있는 강력한 방법이다.

요가의 길은 자유로 가는 길이며, 그 자유는 삶의 진실에 대한 깊고 근본적인 받아들임 위에 세워진다. 삶은 고통을 포함하며, 고통과 직면하게 될 때 당신의 적절한 선택은 오로지 그것을 받아들이는 것이고, 그것에 내맡기는 것이며, 그것이 당신에게 '한 번에 한 호흡'을 가르치도록 허용하는 것이다.

사진 8.1

사진 8.2

우르드바 다누라아사나 Urdhva Danurasana

위로 향한 활 자세

드리쉬티: 나사그라이(코끝)

프라이머리 시리즈의 마지막 부분에서 이 자세(사진 8.1)를 세 번 반복한다. 초보자라면 처음부터 정자세를 취하기보다는 단순한 다리(bridge, 브릿지) 자세로 시작하는 편이 좋을 것이다. 이 쉬운 준비 자세를 취하기 위해, 세투 반다아사나의 마지막 빈야사인 다운독 자세에서, 숨을 들이쉬며 양팔 사이로 점프 스루 하여 앉은 자세로 들어온다.

숨을 내쉬면서 등을 바닥에 대고 반듯이 눕는다. 무릎을 구부리고, 두 발이 엉덩이 옆에 평행하게 놓이게 한다. 이 상태에서 양손으로 발목을 잡거나(사진 8.2), 골반 밑의 바닥에 팔을 곧게 펴서 양손을 깍지 낀다. 숨을 들이쉬며, 발꿈치로 힘주어 바닥을 밀면서, 무릎이 발목 너머 앞으로 나오도록 밀어 준다. 넓적다리 앞쪽 근육(넙다리 네 갈래근)을 수축하여 이 움직임을 지지한다.

복부를 끌어당기고 골반 기저근을 끌어당겨 골반을 앞으로 들어 올리며 밀어 준다. 엉치뼈(천골)가 골반 속으로 기울어지게 하고, 척추를 골반으로부터 들어 올리면서 등 근육을 길게 늘인다. 위쪽 가슴 아래에서 어깨를 돌리고, 가슴 중심(복장뼈)을 들어 올리며, 가슴우리(흉곽)를 앞으로 들어 올려서 가능하면 턱과 닿을 수 있게 한다. 다섯 번 호흡한다. 등근육을 늘이고 강화하는 동안, 척추 마디마디 사이에 생기는 공간에 주의 깊게 관심을 기울인다. 숨을 내쉬면서 바닥으로 내려온다.

만일 이 자세를 입문용 동작으로 이용하고 있다면, 척추를 억지로 너무 깊게 뒤로 구부리려 하지는 말아야 한다. 그저 호흡과 늘어나는 느낌에만 주의를 기울인다. 이 자세를 세 번까지 반복할 수 있다. 만일 이 자세도 자신에게 너무 버겁다면, 여기서 멈추고, 다음의 정자세들로 나아가지 않는다.

준비된 수련생이라면 이제 전통적인 우르드바 다누라아사나 시퀀스로 들어간다. 숙련된 수련생이라면 단순한 다리 자세를 건너뛰어도 되며, 세투 반다아사나의 마지막 빈야사를 마친 뒤 곧바로 이 자세로 들어온다. 다음에는 정자세를 세 번 반복하며, 바닥에서 손과 발을 떼지 않은 채로 연이어 취한다. 정자세들 사이에 잠깐씩 쉬는 동안에만 아래로 내려와 정수리를 바닥에 댄다. 바닥에 반듯이 누운 자세에서 무릎을 구부리고 두 발은 엉덩이 양옆에 평행하게 놓이게 한다. 양손으로 어깨 바로 밑을 짚는다. 이때 손가락은 발을 향하게 하고, 팔꿈치는 가급적 손바닥과 수직을 이루게 하며, 손가락은 활짝 펴 준다.

사진 8.3

숨을 들이쉬면서, 단순한 다리 자세로 들어갈 때와 같은 요령으로 몸을 들어 준다. 발꿈치로 힘주어 바닥을 밀고, 무릎은 발목 너머 앞으로 밀어 주며, 넓적다리 앞쪽 근육(넙다리 네 갈래근)을 수축하여 골반을 위로 들어 앞으로 밀어 준다. 엉치뼈(천골)가 골반 속으로 기울어지게 하고, 척추를 골반으로부터 들어 올린다. 이번에는 몸이 바닥에서 들릴 때 가슴을 양손 위로 들어 올리고 어깨(어깨뼈)를 등 쪽으로 끌어 내려서 가슴 중심(복장뼈)과 가슴우리(흉곽)가 더 높이 들리게 한다.

등 아랫부분에 가해지는 압력을 줄이기 위해서는 등 윗부분을 구부리는 것이 중요하다. 그러니 척추 전체에 걸쳐 모든 마디가 고르게 구부러지도록 해야 한다. 다섯 번 호흡한다. 숨을 내쉬면서 몸을 내려 정수리를 바닥에 댄다(사진 8.3). 두 손을 움직여 걷듯이 발 쪽으로 약간 걸어 들어온 뒤, 숨을 들이쉬면서 다시 몸을 들어 올린다. 발뒤꿈치를 들지 않도록 주의한다. 그러면 바닥과의 연결이 단절되기 때문이다.

넓적다리 앞쪽 근육(넙다리 네 갈래근)에 타는 듯한 느낌은 심하지만 척추나 등 아랫부분에 찌르거나 꽉 죄이는 듯한 느낌이 없다면, 후굴 자세를 잘 취하고 있다는 건강한 신호다. 들이쉬는 숨은 관절들에 공간을 만들어 주고, 내쉬는 숨은 그 공간을 활용하여 더 깊이 들어가게 한다는 점을 기억한다. 너무 강하게 밀어붙이거나 서두르지 않도록 주의한다. 척추가 열리도록 충분히 시간을 주고, 자기 자신을 부드럽게 대한다. 동시에 현재 자신의 유연성과 힘의 한계를 파악하며, 건강한 방식으로 더 깊이 들어가도록 노력한다.

숨을 내쉬면서 몸을 내려 정수리를 바닥에 댄다. 다시 두 손을 움직여 걷듯이 발 쪽으로 걸어 들어온다. 숨을 들이쉬면서 몸을 들어 올려, 마지막으로 자세를 반복한다. 각각의 후굴 자세를 적어도 다섯 번 호흡하는 동안 유지한다.

후굴 자세를 취하는 동안에는 가끔 호흡이 짧아진다. 그럴 때는 호흡의 횟수를 여덟 번까지 늘릴 수도 있고, 반복 횟수도 한두 번 더 늘릴 수 있다. 만일 더 이상은 하기 어렵다고 느껴지면, 여기에서 멈춘다. 숨을 내쉬면서 몸을 내리고, 숨을 들이쉬면서 몸을 뒤로 굴려 차크라아사나를 한 뒤, 연결 빈야사를 하고 양팔 사이로 점프 스루 하여 파스치마따나아사나로 들어간다.

후굴 올라오기와 후굴 내려가기

후굴 동작의 두 번째 부분은 꽤 어려운 편이다. 우르드바 다누라아사나를 취할 때 양팔을 수월하게 완전히 펼 수 있고 두 손을 움직여 발 쪽으로 약간 걸어 들어올 수 있을 때만 시도하도록 한다. 몸무게를 다리로 옮기면 두 손을 움직여 발 쪽으로 가까이 걸어 들어올 여유가 생기며, 일어서는 법을 익히게 된다.

시도할 준비가 되었다면, 우르드바 다누라아사나를 취한 뒤 두 손을 움직여 최대한 발 쪽으로 걸어 들어온다. 발뒤꿈치가 바닥에 단단히 밀착되어 있도록 주의를 기울인다. 발뒤꿈치가 들리면 더 이상 안으로 들어오지 않는다. 숨을 들이쉬면서 몸무게를 발로 옮기고, 숨을 내쉬면서 몸무게를 다시 손으로 옮긴다. 이런 이동을 적어도 다섯 번은 해 보면서 자신의 유연성과 힘의 한계를 가늠해 본다. 숨을 들이쉬면서, 발뒤꿈치를 바닥에 밀착시킨 채로 손끝으로만 상체를 지탱할 수 있고 몸무게를 다리에 실을 수 있는지 확인해 본다.

여기까지 수월하게 할 수 있다면, 이제 후굴 올라오기[26]와 후굴 내려가기[27]를 시도할 준비가 되었다. 만일 수월하게 할 수 없다면, 힘과 유연성을 기르기 위하여 위와 같이 몸무게를 부드럽게 발로 옮겼다가 손으로 옮기는, 시계추처럼 흔드는 동작을 매일 반복하여 연습해 보기 바란다. 이처럼 앞뒤로 몸무게를 옮기며 움직여 보는 동작을 연습할 때는 흔드는 동작으로부터의 탄력을 얻으려 하기보다는 몸무게를 골반, 다리, 발 등 견고한 지지대로 미묘하게 이동하는 감각에 주의를 기울인다.

우르드바 다누라아사나로 시작하여, 두 손을 움직여 최대한 발 쪽으로 가까이 걸어간다. 후굴의 건강한 정렬 원칙들을 준수한다. 발이 바깥쪽으로 벌어지지 않도록 주의하되, 이렇게 하기가 어려우면, 넓적다리를 안쪽으로 강하게 회전하려고 노력하여 엉치뼈(천골)가 눌리지 않도록 엄지발가락으로 힘주어 바닥을 누른다. 무릎이 발목 너머 앞으로 움직이게 한 뒤, 몸무게를 발로 옮기며, 양쪽 발뒤꿈치와 엄지발가락으로 바닥을 누른다. 골반을 앞으로 더 내밀고, 엉덩뼈능선(장골능선)도 앞으로 기울여 뻗도록 한다. 손끝으로만 바닥을 짚거나 양손을 둘 다 바닥에서 떼기 위하여 몸무게를 다리에 충분히 실어 준다(사진 8.7).

힘이 충분히 강해졌다면, 발로 바닥을 단단히 누르고 다리와 골반의 힘으로 상체를 끌어올려 몸무게를 앞으로 옮길 수 있다. 힘이 아직 충분하지 않을 경우에는, 몸무게를 앞뒤로 옮겨 보는 운동을 통해 몸을 위로 들어 올릴 추진력을 충분히 얻어 낼 수 있다.

어느 쪽이든, 일단 양손이 바닥에서 떨어지면, 머리를 들어 올리고 싶은 유혹이

26 흔히 '컴업(come up)'이라고 부르는 동작이다. standing up.
27 흔히 '드랍백(drop back)'이라고 부르는 동작이다. dropping back.

강하게 일어날 것이다. 이 유혹은 결코 따르지 말아야 하며, 머리는 항상 맨 마지막에 올라와야 한다. 대신에, 머리와 손은 그저 뒤에 매달려 있게 하고, 상체의 무게가 골반과 발 위에 얹힐 때까지 고관절을 다시 앞으로 밀어 준다. 일단 가슴이 엉덩이 너머 앞으로 이동하면, 양손을 가슴 윗부분 앞에서 모아 합장하고 머리는 발 위에서 정렬되게 한다. 발을 바깥으로 벌리거나, 뒤꿈치를 들거나, 두 발의 간격이 너무 넓어지지 않도록 주의한다.

우르드바 다누라아사나에서 올라올 수 있게 되었다면, 이제 다시 우르드바 다누라아사나로 내려갈 차례다. 어떤 수련생들에게는 올라오는 것보다 내려가는 것이 놀라우리만큼 쉬울 수도 있다. 내려가는 것이 더 쉬울 것 같다고 생각되면, 편안한 마음으로 내려가는 것을 시도해 보도록 한다.

먼저 두 발을 골반 너비 또는 그보다 약간 넓게 벌리고, 가급적 평행하게 한다. 몸무게를 두 엄지발가락 밑에 단단히 실으면서, 두 다리를 곧게 편 채로 넓적다리 앞쪽 근육(넙다리 네 갈래근)을 수축한다. 양쪽 엄지손가락을 엉치뼈(천골) 위에 대고 골반을 앞으로 밀어서 엄지발가락에 몸무게를 더욱 실어 준다(사진 8.4). 골반 기저근을 조이고 복부를 끌어당기며, 골반으로부터 척추를 들어 올린다. 척추 마디마디를 세우고 늘이는 동안 엉치뼈(천골)가 살짝 뒤로 젖혀지도록 놓아둔다. 숨을 들이쉬면서 가슴우리(흉곽)를 들어서 공간을 만들어 주고, 숨을 내쉴 때 그 공간이 사라지지 않도록 주의한다. 가슴 중심(복장뼈)은 천장 쪽으로 최대한 높게 들어 올린다. 어깨는 등 쪽으로 끌어내린다. 너무 어렵게 느껴지면, 이 상태로 다섯 번 호흡한 뒤 숨을 들이쉬면서 선 자세로 돌아온다. 여기까지 괜찮으면 계속 이어 간다.

사진 8.4   사진 8.5   사진 8.6   사진 8.7

양손을 가슴 중심(복장뼈) 앞에서 합장하고 고개를 뒤로 가볍게 떨군 뒤 편안하고 깊게 숨을 쉰다(사진 8.5). 척추가 신장된 상태를 유지하도록 주의를 기울여야 한다. 이제는 더 이상 양손이 엉치뼈(천골)를 받쳐 주고 있지 않으므로 엉덩이를 앞으로 밀어 주면서 등 아랫부분을 늘여 줄 보조 수단이 없어졌기 때문이다. 이 단계에서 어려움을 느낀다면, 자세를 유지하며 다섯 번 호흡한 뒤, 숨을 들이쉬면서 선 자세로 돌아온다. 여기까지 괜찮고 등에 통증이 없으면 계속 이어 간다.

어깨(어깨뼈)를 등 쪽으로 끌어내리면서 양손을 머리 위로 들어 올린다(사진 8.6). 고개는 뒤로 젖힌 상태로 골반을 앞으로 더욱 내밀며 몸무게를 더욱 발에 싣는다. 무릎은 살짝 굽어도 되지만, 발뒤꿈치는 바닥에 견고하게 밀착되어야 한다. 시선은 뒤쪽 요가 매트를 향한 채로 이 자세를 유지하며 다섯 번 호흡한다. 이 상태에서 숨을 쉬기가 어려워도 놀랄 필요는 없지만, 그래도 가슴우리(흉곽)로 충분히 숨을 들이쉬어 허파가 확대되게 한다. 만일 이 자세를 편안하게 유지하며 다섯 번 호흡을 할 수 있다면, 매트도 볼 수 있고 생각도 문제없이 잘 할 수 있다면, 이제 바닥까지 내려갈 준비가 되었다. 만일 어지러움을 느끼면, 한 점을 응시한다. 속이 울렁거리면, 깊은 호흡을 한 뒤 자세를 이어 간다.

매트 위 한 점에 시선을 고정해 보자. 숨을 내쉬면서, 손가락을 벌리고 팔꿈치를 살짝 굽히며 양팔로 착지할 준비를 하고, 양손을 바닥으로 내린다. 이 동작을 할 때는 결코 서두르지 말아야 한다. 이 동작에 숙달되는 데는 몇 년 이상이 걸릴 수도 있으니, 시간이 많이 걸리더라도 마음을 편안히 하자. 일단 시도해 보기로 마음을 정했으면, 몸무게를 발에 싣는 것을 잊지 말고, 척추는 코어 근육을 이용해 들어서 지지해 주며, 등 윗부분을 늘이기 위해 가슴을 높이 들어 준다. 손바닥이 바닥으로 내려갈 때는 갑자기 확 떨어지지 않게 하는 것이 중요하다. 손바닥으로 갑자기 확 바닥에 떨어지면, 손목에 심한 압력이 가해질 수 있으며 머리를 바닥에 부딪칠 수도 있다. 다리로 몸무게를 지탱하면서 손바닥을 가볍게 바닥에 갖다 댄다는 느낌으로 하는 것이 좋다.

성공적으로 바닥에 내려왔다면, 숨을 들이쉬면서 다시 올라간다. 이 올라오고 내려가는 동작을 세 번 반복한다. 수련을 계속하면 동작이 점점 개선되어 물 흐르듯 부드러워지고 우아해지며 쉬워질 것이다. 그리고 마침내 물 흐르듯 이어지는 세 번의 호흡과 연결시켜 동작을 해낼 수 있게 될 것이다: 숨을 내쉬며 내려가고—숨을 들이쉬며 올라오고—숨을 내쉬며 내려가고—숨을 들이쉬며 올라오고—숨을 내쉬며 내려가고—숨을 들이쉬며 올라온다. 하지만 이것은 매우 고난도 동작이므로 준비가 되지 않았다면 시도하지 말아야 한다. 지도자의 안내를 받으며 수련하고 있다면, 더 깊이 들어가기 전에 도움을 기다린다.

서 있는 상태에서 이 연습을 마치 며, 만일 집에서 혼자 수련하고 있 다면, 뒤로 구르는 빈야사(차크라 아 사나)를 건너뛰고, 바로 자리에 앉아 파스치마따나아사나를 취한다. 아니 면, 숨을 내쉬면서 바닥에 눕고, 숨 을 들이쉬면서 뒤로 굴러 차크라아 사나를 하며, 빈야사를 이어 간다.

사진 8.8

파스치마따나아사나
Paschimattanasana

앉은 전굴 자세
드리쉬티 : 파다요라그라이(발가락)

숨을 들이쉬며 다운독 자세에서 양팔 사이로 점프 스루 하여 앉은 자세로 들어온 다. 또는 후굴을 마친 뒤 선 자세에서 바로 자리에 앉는다. 7장에서 한 전굴 방법을 똑같이 적용한다. 하지만 여기서 하는 자세의 의도는 7장에 나왔던 자세와 조금 다 르다. 왜냐하면 여기서 하는 전굴의 목적은 후굴을 했던 등허리를 풀어 주는 것이 기 때문이다. 아쉬탕가 요가에서는 척추를 건강하게 유지하기 위해, 깊은 후굴을 한 뒤에는 모든 등근육을 풀어 주는 것을 필수적인 과정으로 본다.

전굴을 할 때는 너무 서두르지 않는다. 복부와 골반 기저근의 조임 상태를 유지 하며, 그저 앞으로 구부리기만 하는 게 아니라 이러한 내부의 힘으로 자세를 취하 도록 노력해 본다. 몸 앞면의 지지를 이용해 의식적으로 등근육을 이완한다. 들이 쉬는 숨에 척추를 길게 늘이고, 내쉬는 숨을 이용하여 마치는 자세로 더 부드럽게 이동할 수 있게 한다(사진 8.8).

이때에는 깊은 후굴을 하는 동안 휘저어졌던 감정들이 표면으로 올라올 때가 많 다. 만일 이 전굴을 하는 동안 울고 싶어지면, 감정들이 흘러나오도록 허용하되, 감 정에 지나치게 빠지지는 않는다. 감정이 느껴질 때는 판단하지 않는 태도로 고요히 지켜보기만 한다. 전굴 상태로 머물면서 열 번 호흡을 하고, 숨을 들이쉬면서 고개를 든다. 숨을 내쉬면서 자세를 유지하고, 숨을 들이쉬면서 상체를 바닥에서 들어 올린다. 숨을 내쉬면서 뒤로 점프한다.

9

마치는 자세:
내면의 공간으로 들어가기

프라이머리 시리즈와 후굴 시퀀스를 통해 유연성과 힘을 기르고 심혈관 기능이 향상되었다면, 이제 고된 노력으로부터 치유의 공간으로 자연스럽게 이동할 차례다. 마치는 자세들은 최소한의 힘을 사용하며 이완되고 편안한 마음으로 행해야 한다.

마치는 자세들은 수련을 통해 얻은 에너지가 우리의 몸과 마음에 잘 간수되게 하며, 다양한 면에서 균형이 회복되게 한다. 아사나는 우리 몸의 에너지 통로들에 영향을 미친다. 그러므로 마치는 자세를 할 때는 순서 전체에 걸쳐서 서두르지 않고 천천히 하면서 깊은 호흡을 하는 것이 중요하다. 이 자세들은 시간이 없다고 해서 건너뛰어도 되는, 그저 차분히 진정시켜 주는 상투적인 순서에 불과한 것이 아니다. 어떤 요가 수련을 하든지 간에 언제나 마치는 자세들과 마지막 휴식을 행할 수 있는 시간은 충분히 남겨 두고 수련하기 바란다.

수련을 할 때마다 마치는 자세들의 전체 순서를 다 하는 것이 가장 좋긴 하지만, 초보자라면 마치는 자세들 중 마지막 세 가지 자세와 마지막 휴식만큼은 취해 주도록 한다. 아쉬탕가 요가를 꾸준히 수련하다 보면 점차 더 많은 자세를 소화하게 될 것이다. 만일 프라이머리 시리즈를 절반 이상 해낼 수 있다면, 마치는 자세 시퀀스 전체를 수련할 준비가 된 것이다.

사실, 마치는 자세들은 누구나 매일 수련할 수 있도록 짜여 있다. 하지만 임신과 월경은 두 가지 예외적인 경우이다. 임신한 여성은 임신 기간 중 때에 따라 다른 자기만의 경험에 근거하여 역자세(거꾸로 서는 자세)를 완화하여 수련하는 것이 좋다. 월경 중인 여성은 역자세를 길게 수련하지 않아야 한다. 월경 중에는 몸 안의 에너지가 아래로 흐르는데, 이 기간에 역자세를 하면 에너지의 자연스러운 흐름을 방해할 수 있기 때문이다. 또한 허리근(요근)이 난소에 근접해 있는데, 역자세는 깊은 반다의 적용이 요구되므로 월경 중에는 역자세를 피해야 한다. 사실 여성들은 월경이 시작하고 처음 사흘간이나, 월경 주기 중 양이 가장 많은 날에는 수련을 하지 않고 쉬어야 한다. 그 뒤 다시 수련을 하게 되면, 월경 기간 중에는 역자세를 제외한 나머지 모든 자세를 평소처럼 수련할 수 있다.

매일 수련의 마지막에 갖는 '마치는 자세'의 시간은 고된 요가 수련을 마친 뒤 자신의 몸과 마음의 상태를 살펴보는 기회를 갖게 한다. 단순히 요가 수련이 감정적, 육체적, 영적 상태에 미치는 효과를 느끼는 시간을 갖기만 해도 이 시간은 내적인 몸을 정직하게 비추어 주는 거울이 된다. 이처럼 마음이 주의를 기울여 내면으로 향하게 하는 것은 요가의 가장 깊은 목표다. 그리고 마치는 자세들은 마음이 명상적인 상태에 몰입되게 하는 최상의 기회를 제공한다. 자신이 내면에 몰입되어 있는지 여부를 쉽게 알 수 있는 방법 중 하나는 얼굴의 표정을 알아차리는 것이다. 만일 자신이 애를 쓰느라 미간을 찌푸리거나 눈을 찡그리고 있다면, 표정을 부드럽게 하고 내면을 더 깊게 바라보자.

마치는 자세를 시작할 때는 먼저 등을 바닥에 대고 편안히 눕는다. 팔다리를 편안하게 뻗은 상태로 움직이지 않으면서 눈을 살짝 뜬 채 다섯 번 호흡한다. 이렇게 편안하게 호흡을 하면서 자연스럽게 프라이머리 시리즈에 이어 마치는 자세들로 넘어갈 준비를 한다. 이렇게 자연스럽고 편안한 자세로 누워 있으면 호흡이 안정되며, 들이쉬는 숨과 내쉬는 숨이 길어지고 깊어지도록 의식적으로 제어할 수 있는 기회를 갖게 된다. 그러면 마음과 몸이 고요해지며, 내면으로 더 깊이 주의를 기울이게 된다.

프라이머리 시리즈에서는 정화하고 청소하는 작업이 내면의 불을 강화하기 위해서였지만, 마치는 자세들은 정화의 불을 영적인 깨어남을 위한 불로 변형시키고자 한다. 그러므로 이 목적을 달성하기 위해서는 이 자세들을 하는 동안 마음을 고요히 집중하는 것이 중요하다. 또한, 어느 시리즈든 아쉬탕가 시리즈의 자세들을 깊이 수련한다면, 마치는 자세들은 몸의 건강을 지켜 주고 부상을 방지해 줄 것이다.

마치는 자세들은 하나씩 차례로 이어 가며, 각각의 시퀀스 사이에만 점프 백과 점프 스루를 행한다. 이것이 앉은 자세들과 다른 점인데, 앉은 자세들에서는 각각의 시퀀스 안에서 각각의 자세 사이사이마다 점프 백과 점프 스루를 하기 때문이다. 일련의 자세들을 연결해서 하면 더 많은 에너지가 쌓이며, 각각의 동작 사이에 빈야사들을 하지 않기에 몸의 열이 진정되는 효과도 있다. 잘 이완하면서 올바르게 수련하면, 마치는 자세들은 깊은 치유 효과를 일으켜서 신경계가 차분해지고, 관절이 보호되며, 마음이 건강하고 영적으로 열리는 데에도 도움이 된다.

여기 나오는 자세들은 프라이머리 시리즈의 자세들보다 대체로 더 쉽고 덜 힘들다. 이 자세들은 요가의 모든 전통에서 가장 중요하게 여기는 자세들에 속하며, 이 자세들을 통해 얻을 수 있는 효과는 이루 말할 수 없을 만큼 유익하다. 마치는 자세들을 통해 가장 깊은 치유 효과 중 일부를 얻을 수 있는데, 이를 얻기 위해서는 매일 꾸준히 수련을 해야 한다.

이렇게 매일 수련을 하면 마음과 영혼이 고요해진다. 이 시퀀스를 하는 동안 명상적 자각이 향상되면 오래가는 수련의 혜택을 거둘 수 있다. 수리야 나마스카라가 시작점을 이루는 것처럼, 이 일련의 마치는 자세들은 수련이 끝나는 종점을 이룬다. 서서 하는 자세들과 마찬가지로 마치는 자세들은 당신이 아쉬탕가 요가의 어떤 시리즈 또는 어떤 자세 그룹을 수련하든 상관없이 매번 함께 수련한다. 마치는 자세들은 거꾸로 서는 자세들과 그런 아사나들의 치유 효과에 중점을 둔다.

나의 스승 스리 K. 파타비 조이스는 때때로 '생명의 감로(암리타빈두, amritabindhu)'라고 부르는 것에 대해 이야기하셨다. 성스러운 경전인 우파니샤드에 따르면, 한 달간 좋은 성질의 음식을 먹으면서 요가를 수련하면 한 방울의 암리타빈두가 만들어진다고 한다. 여섯 달 동안 수련을 하면 이 순수한 생명 에너지 가운데 작은 한 방울의 정수가 머리의 에너지 센터에 저장된다고 하는데, 이 머리 센터를 사하스라라 차크라(정수리 차크라)라고 한다. 파타비 조이스는 이 여섯 달이, 새로운 수련생이 의미 있는 변화를 경험하기 위해 수련해야 하는 최소한의 시간이라고 말씀하셨다.

거꾸로 서는 자세들을 오랫동안 수월하고 편안하게 유지하면서 깊이 호흡할 수 있다면, 생명의 정수가 만들어지는 속도는 점점 빨라질 것이고, 그것이 파괴되는 속도는 점점 감소할 것이다. 우리는 매일의 일상적인 일들에 치여서 이 영적인 정수를 소모해 버리고 세상에서 우리 영혼의 광채를 잃어버리는 경우가 많다.

마치는 자세들은 새로운 영적 에너지를 모은다고 느끼기에 가장 좋은 곳이다. 몸을 오랫동안 거꾸로 세운 채로 유지하면, 암리타빈두가 정수리의 에너지 센터에 모여서 영적인 성장 및 깨어남을 촉진한다. 여기에서 중력은 몸에 거꾸로 작용하여, 평소 위에서 아래로 장기들에 가해지던 압력도 줄어든다. 암리타빈두가 영적 깨어남에 관한 요가의 많은 신비한 개념들 중 하나이지만, 어떤 사람들은 오래 수련한 숙련자들에게서 이 내면의 빛을 목격하기도 한다.

그들의 신체는 영혼이 기쁨으로 거주하며, 지혜의 빛이 빛난다. 생명의 정수를 세심하게 계발하지 못하면, 이 내면의 빛은 현실이 되지 못하고 단지 꿈에 머무르

고 말 것이다. 하지만 매일 꾸준히 수련을 하면, 처음에는 이상한 이야기로 들리던 것들이 자신의 실제 경험이 될 수 있다. 마치는 자세들을 매일 수련하면 몸과 영혼 사이에 놓여 있던 간격이 차츰 좁혀질 것이며, 날마다 자신의 영적 에너지를 경험할 수 있는 기회가 주어질 것이다.

살람바 사르방가아사나 Salamba Sarvangasana

어깨서기

드리쉬티: 나사그라이(코끝)

등을 곧게 펴고 바닥에 눕는다. 조심스럽게 반다를 적용하여 코어 근육의 힘으로 몸을 바닥에서 들어 올릴 준비를 한다(반다에 관해서는 10장의 설명을 참고하라). 숨을 들이쉬면서 몸을 들어 올려 곧바로 자세를 취한다. 양팔 윗부분으로 바닥을 밀고 반다를 조이면서, 토대가 되는 양팔 윗부분 위로 하체의 무게를 옮긴다. 엉덩이가 바닥에서 떨어지면 몸통 위로 들어 주면서 즉시 어깨를 몸 아래로 끌어내린다.

사진 9.1

양쪽 어깨(어깨뼈)를 억지로 힘주어 좁히지 않도록 주의한다. 목에 불필요한 긴장을 일으킬 수 있기 때문이다. 그저 양쪽 어깨와 팔 윗부분이 바닥을 누르면서 현재 위로 들려 있는 몸을 지탱하게 해 주면 된다.

이제 양손으로 등 가운데를 받쳐 주어 척추를 지지해 준다. 양팔이 몸 밑에서 충분히 회전하여 적당한 위치에 놓일 수 있도록 몸을 조금씩 좌우로 움직여 줄 수 있다. 일단 몸을 들었다면, 발, 다리, 엉덩이, 가슴우리(흉곽), 어깨가 모두 일직선을 이루게 하고, 몸은 바닥과 직각을 이루게 한다(사진 9.1).

양쪽 팔꿈치가 어깨 너비로 평행을 유지하도록 서로 가깝게 모아 준다. 그보다 더 가깝게 모을 필요는 없다. 만일 팔꿈치를 어깨 너비로 좁히기가 어려우면, 어깨가 굳어 있어서 더 유연해질 필요가 있다는 것을 나타내는 표시일 것이다. 어깨서기는 이러한 유연성을 안전하게 기르기에 좋은 자세이다.

손바닥과 손가락으로 등 아랫부분을 적극적으로 밀어 주어 안정적으로 받쳐 주며 적절한 힘을 만들어 준다. 목이 바닥에 눌리지 않도록 주의한다. 대신에 어깨와 팔 윗부분으로 바닥을 밀어서 이 자세가 이름 그대로 '어깨' 서기가 되게 한다. 코끝을 응시하면서, 목이 척추와 긴밀히 연결되어 있게 한다. 턱으로 복장빗장관절(흉골쇄골관절)[28]을 눌러서 잘란다라 반다(턱 잠금)를 취한다. 이 반다는 이 자세에서 에너지의 흐름을 조절한다.

바로 몸을 들어 자세를 취하는 것이 어렵거나 목에 무리가 간다면, 전통적인 방법은 아니지만 좀 더 쉽게 어깨서기로 들어가는 방법이 있다. 먼저 등을 바닥에 대고 눕는 것으로 시작한다. 한 번에 몸을 들어 정자세를 취하는 대신, 양손으로 바닥을 누르면서, 고관절에서 몸을 반으로 접고, 다리를 들어 머리 뒤로 넘긴다. 발끝이 바닥에 닿게 하여 지지대를 이루게 하고, 몸을 좌우로 움직여 주며 어깨를 더욱 깊게 회전한다. 양쪽 팔꿈치를 어깨 너비까지 모은 뒤, 두 손으로 등 가운데를 받치고서 다리를 한 번에 하나씩 들어 올린다.

여전히 목에 통증이 느껴지면, 팔 아래에 담요를 받치고, 머리는 담요 밖 바닥에 놓이게 하며 목 아랫부분만 담요 끝에 살짝 걸칠 수 있다. 어떤 방식의 자세를 취하든지 간에 최선을 다해서 목 뒤 오목한 부분은 바닥에서 떨어져 있게 한다. 이렇게 하면 목뼈(경추)에 부상 입는 것을 방지할 수 있다.

몸의 무게를 떠받치기 위해서 골반 기저근을 조이고 반다들을 취하도록 한다. 호흡을 할 때마다 몸을 들어 올리며, 몸 전체의 힘을 이용하여 바닥으로부터 강하게 들어 올린다. 가슴우리(흉곽)를 끌어당겨 몸통도 들리게 한다. 발끝은 곧게 펴서 천장을 향해 뻗는다. 양쪽 엄지발가락 밑을 서로 힘주어 눌러서, 넓적다리가 안쪽으로 약간 회전하게 한다. 이 회전을 돕기 위해 넓적다리 앞쪽 근육(넙다리 네 갈래근)의 안쪽을 모은다. 양쪽 다리 전체가 하나의 길고 매끈한 에너지 선으로 연결되어 있고, 골반 바닥과 몸통까지 연결되어 있음을 느껴 보자.

사르방가아사나는 등 윗부분과 목을 신장시켜 주며, 반다와 코어 근육을 강화한다. 이 자세는 가장 쉽게 접근할 수 있는, 거꾸로 서는 자세(역자세)이기도 하다. 등 윗부분을 신장하기 위해서는 등세모근(승모근) 주변의 긴장을 풀어 주어야 하는데, 이 부위는 많은 사람들에게 만성적인 스트레스가 쌓이는 곳이다. 등 윗부분과 목의 관절들을 자유롭게 움직이기 위해서는 장기간 지속되는 스트레스와 연관된 마음의 상태도 풀어 주어야 한다. 그래서 신경계도 이완되어야 한다.

자기의 몸을 바닥에서 완전히 들어 올린 상태로 오래 유지하면 자신감과 자존감이 길러지며, 결국에는 두려움으로 인해 스트레스를 일으키는 반응 패턴도 치유될 수 있다. 자기의 몸을 바닥에서 들어 올리기 위해서는 몸 내부 깊숙한 곳에서부터

28 **복장빗장관절** 복장뼈(흉골)와 빗장뼈(쇄골)를 연결하는 관절. 흉골쇄골관절. sternoclavicular joint.

사진 9.2

힘을 길러야 한다. 사르방가아사나를 꾸준히 수련하면, 더욱 어려운 거꾸로 서는 자세(역자세)들을 해내는 데 필요한 기본적인 육체적, 정신적 힘을 기를 수 있다. 안전한 해부학적 기법을 주의 깊게 적용하며 수련하면, 더 어려운 동작을 하는 데 필요한 기초를 닦는 데 도움이 된다. 이 자세는 또한 송과선과 림프계에서 깊은 정화 작용이 일어나도록 돕는다.

적어도 15번에서 25번 정도 호흡을 하는 동안 자세를 유지해 본다. 그리고 바로 다음 자세로 넘어간다.

월경 중인 여성이나 심한 목 부상을 입은 사람들이 할 수 있는 완화된 자세로는 비파리타 카라니(Viparita Karani)가 있는데, 다리를 벽에 붙여 올리는 자세다(사진 9.2). 이 자세를 가장 쉽게 하는 방법은 바닥에 누운 상태에서 골반을 벽에 최대한 가깝게 붙이는 것이다. 다리를 벽에 댄 채로 곧게 펴고, 양쪽 발뒤꿈치와 엄지발가락을 서로 붙인다. 이때 발은 굽힌다.

이보다 조금 더 어려운 방법은 벽 없이 자세를 취하는 것이다. 등을 바닥에 대고, 다리를 골반으로부터 똑바로 들어서 몸통과 직각을 이루게 한다. 사르방가아사나에서 이미 설명한 방법을 모두 적용한다. 자세를 유지하면서 10번에서 12번 정도 호흡한다. 바로 마츠야아사나로 넘어간다.

효과

갑상샘과 부갑상샘을 포함한 분비샘의 기능이 잘 조절된다.

천식, 기관지염, 인후 관련 문제들이 치유된다.

신경계가 진정된다.

우울증과 불안증이 완화된다.

요로감염증, 자궁 관련 문제, 탈장 증상이 완화된다.

척추가 정렬된다.

목이 신장된다.

다리와 골반 기저근이 강화된다.

소화력과 혈액 순환이 향상된다.

사진 9.3

할라아사나 Halasana

쟁기 자세
드리쉬티: 나사그라이(코끝)

사르방가아사나에 이어 바로 할라아사나를 취해 주어 깊은 치유 작용과 몸 내부에 대한 섬세한 집중을 이어 간다. 할라아사나는 절반 정도의 역자세이며, 사르방가아사나보다 힘이 덜 들면서 깊이 이완하게 한다. 이 자세는 거의 모든 사람이 쉽고 편하게 취할 수 있다. 이전 자세에 이어 곧바로 이 자세로 들어가면, 영적인 발전에 기여하는 효과가 누적되어 쌓이게 된다.

양손을 등 뒤 바닥에 내려놓는다. 어깨를 상체 아래에 고정시켜 놓고, 목뼈(경추)가 가능한 만큼 바닥에서 들려 있게 한다. 숨을 내쉬면서, 복부를 끌어당기며 다리를 골반에서부터 깊게 접어 천천히 내린다. 발끝을 곧게 펴고, 엄지발가락 밑을 서로 붙이며, 다리는 곧게 편 상태를 유지한다. 이상적으로는, 엉덩이부터 발가락까지의 선을 곧게 펴서 발의 윗부분이 바닥에 안정되게 놓여 있는 것이 좋다. 이렇게 정렬되게 하기 위해서 고관절을 안으로 회전하고, 넓적다리 앞쪽 근육(넙다리 네 갈래근)을 모아 주며, 엉덩이 굽힘근(굴근)은 이완한다. 발가락이 바닥에 놓이도록 떨어뜨리되, 억지로 발가락으로 바닥을 누르려 하지는 않는다. 그저 다리의 힘을 이용하여 발가락의 자연스러운 지점이 바닥을 향해 뻗게 한다. (만일 발가락을 접어 바닥을 누르면, 발끝을 곧게 뻗을 수 없을 것이다.) 발끝을 곧게 펴서 다리와 일자로 정렬되게 하면, 에너지가 몸 안의 미묘한 통로들을 따라 원활하게 흐르는 데 도움이 되며, 할라아사나를 통해 최대의 효과를 얻을 수 있다. 마지막으로, 바닥에 놓인 양손을 깍지 끼고 양팔은 곧게 펴서, 몸이 이제 몸통, 팔, 코어 근육의 힘으로 스스로 지지하여 자세를 유지하게 한다(사진 9.3).

이 자세를 하는 동안 척추는 곧게 펴야 한다. 다리를 최대한 수축한 채로 고관절을 깊게 구부리면 발가락이 바닥에 닿을 수 있다. 등을 구부리지 않으며, 발이 바닥에 닿게 하기 위해 억지로 다리를 끌어내리지 않도록 한다. 복부는 안으로 깊이 끌어당긴다. 이 자세를 취하는 동안에는 아랫배가 잘 보이므로 반다를 깊이 적용하고 있는지 여부를 더 잘 알아차릴 수 있다. 반다를 깊이 적용하면 마치는 자세들이 강력한 효과를 발휘하는 데 도움이 된다.

만일 몸이 너무 굳어 있어서 발가락이 바닥에 닿지 않으면, 양손을 바닥 위에서 깍지 끼는 대신, 양손으로 등 아랫부분을 받쳐 본다. 다리를 공중에 놓아두면, 중력이 작용하여 다리를 내려가게 하고 고관절도 늘어나서 구부러지게 해 줄 것이다. 어떤 방식으로 자세를 취하더라도 무릎은 똑바로 펴 있는 상태를 유지하게 한다. 그렇게 해야 다리를 흐르는 에너지의 흐름이 더 원활해지고, 다리가 골반의 내부 공간과 깊이 연결되기 때문이다.

이 절반의 역자세를 위해서는 몸 내부의 힘으로 척추를 들어 올려야 하며, 몸의 각 부분이 저마다 이 들어 올림에 기여해야 한다. 목 윗부분이 바닥에 눌리지 않도록 주의하고, 몸의 무게를 어깨와 팔 윗부분으로 계속 떠받친다.

이 단순한 자세는 에너지가 척추를 타고 오르게 하고 암리타빈두를 자극하여 아쉬탕가 요가 시리즈의 효과가 결실을 맺게 한다. 이 자세를 오래 유지하면 마음이 안정되고 호흡이 평온해진다. 들숨과 날숨의 길이가 같도록 조절하는 데 중점을 두고 주의를 기울인다. 이 자세를 유지한 채 여덟 번 호흡한다. 다리를 내리면서, 바로 이어 카르나피다아사나를 취한다.

효과

갑상샘과 부갑상샘을 포함한 분비샘의 기능이 잘 조절된다.
천식, 기관지염, 인후 관련 문제들이 치유된다.
신경계가 진정된다.
우울증과 불안증이 완화된다.
요로감염증, 자궁 관련 문제, 탈장 증상이 완화된다.
척추가 정렬된다.

사진 9.4

목과 오금줄이 신장된다.

다리와 골반 기저근이 강화된다.

소화력과 혈액 순환이 향상된다.

카르나피다아사나 Karnapidasana

귀 누르는 자세

드리쉬티: 나사그라이(코끝)

할라아사나에 이어 바로 카르나피다아사나로 들어감으로써 '마치는 자세'들의 시퀸스를 물 흐르듯 이어 간다. 무릎을 구부려 바닥 쪽으로 내리고, 양 무릎으로 귀를 누른다. 할라아사나를 할 때처럼 양손을 깍지 끼고 양팔은 곧게 펴서 바닥에 놓는다.

앞의 두 자세에서는 척추를 최대한 곧게 펴야 했지만, 이 자세에서는 척추를 구부린다. 이 자세를 안전하게 취하기 위해서는 복부를 당기고 골반 기저근을 조여서 반다를 충분히 적용해야 한다(10장을 참고하라). 등을 안전하게 말기 위해서는 몸 앞면의 근육들을 이용해 충분히 지지해 주어야 한다.

척추를 똑바로 편 채로 이 자세를 취하려 한다면, 반다를 더 잘 알아차리고 내부의 힘을 기를 수 있는 기회를 놓치게 될 것이다. 마찬가지로, 만일 몸 앞면 근육들의 지지 없이 등만 구부리려 한다면, 이 자세의 핵심을 놓치게 될 것이다.

7장의 밧다 코나아사나 B에 설명된 대로, 반다를 이용하여 능동적으로 척추를 머리 뒤로 넘겨 말아 준다. 상체를 바닥에서 멀어지게 뒤로 넘겨 목 뒤에 공간을 만들어 주고, 목에 가해지는 압력을 줄여 주며, 깊은 전굴로 들어갈 때 척추 마디마디를 지지해 준다. 이 자세를 하는 내내 목 뒷부분이 바닥에 눌려 있지 않도록 주의를 기울인다. 목 뒷부분에 지나친 압력이 느껴지면, 반다를 적용하여 몸을 목으로부터 멀어지게 들어 올리며, 어깨로 바닥을 견고하게 눌러서, 목뼈(경추)를 위한 공간이 생기게 한다.

가능하면 무릎이 귀에도 닿고 바닥에도 닿게 한다(사진 9.4). 아직은 이렇게 하기 어렵다면 등을 안으로 구부려 귀만 단단히 눌러 주려고 한다. 카르나피다아사나에서는 무릎으로 귀를 강하게 눌러 주는 것이 중요하다. 이렇게 하면 귀와 귀 내부기관들의 모든 불균형이 치유되는 데 도움이 되기 때문이다. 양쪽 귀를 똑같은 압력으로 눌러 주면, 귀 안에 있는 평형기관들이 정상으로 돌아온다. 만일 바닥에 무릎을 댈 수 있다면, 무릎을 바닥에 살짝 눌러 주되, 양쪽 귀에 가하는 압력은 일정하게 유지해야 한다.

만일 무릎이 곧바로 귀에 닿지 않으면, 복부를 안으로 더욱 끌어당기고 등을 좀 더 말아서 척추를 더 구부린다. 그러나 이 자세를 해내기 위해 복부를 억지로 집어넣지는 않는다. 그래도 여전히 무릎이 귀에 닿지 않으면, 두 손으로 등 아랫부분을 받쳐 주면 도움이 될 수 있다. 만일 이렇게 해도 무릎이 귀나 바닥에 닿지 않으면, 두 팔을 무릎 뒤로 둘러서 당기면 도움이 될 수 있다. 이 완화된 자세는 꼭 필요할 경우에만 임시로 사용해야 한다. 이 자세는 오직 코어 근육의 힘만을 이용할 때 더욱 효과적이기 때문이다.

만일 무릎으로 귀를 누를 수는 있지만, 무릎이 아직 바닥에는 닿지 못하고 떠 있는 경우라면, 양팔을 곧게 편 채로 양손을 깍지 낀다. 한 가지 도움이 되는 완화된 방법은 골반을 한쪽으로 기울여서 한쪽 무릎이 바닥에 닿게 한 뒤 두세 번 호흡한 다음, 반대쪽으로도 똑같이 하는 것이다. 마지막 시도로 등을 구부려 무릎이 바닥 쪽으로 내려오게 한 뒤 무릎으로 한 번 더 귀를 강하게 눌러 준다.

몸의 무게는 손과 어깨, 뒷머리 가운데로 분배되어야 한다. 몸무게가 이 부위들에 고르게 나뉘어 있다고 느껴지는 것이 이상적이다. 대부분의 수련생들이 처음에는 어깨와 뒷머리에 몸무게가 실리도록 하는 데에 어려움을 느끼지만, 카르나피다아사나에서 균형을 잡기 위해서는 이렇게 하는 것이 필수적이다. 몸무게 배분을 온전히 제어하게 되면, 공간 속의 몸에 대한 감각을 더 잘 알아차리게 되며, 균형을 잃는 것과 관련된 두려움도 줄어든다. 자세를 취하는 동안 코어 근육의 힘과 주의 깊은 반다의 사용으로 몸을 지지할 수 있게 한다. 자기의 몸에 귀를 기울이고, 자세를 지지하는 내부의 에너지를 느껴 본다.

이 자세에서 의식이 내면을 향할 때 명백해지는 특징은 감각 기관들이 몸 내부를 향하게 된다는 것이다. 바깥세계의 소리를 차단하면 내부 통로들의 소리들을 더 잘들을 수 있게 된다. 심장박동이나 맥박, 혈액 순환의 소리, 혹은 미세한 몸의 다른 소리들을 들을 수 있는지 확인해 보자. 더 섬세하게 집중할 수 있게 되면, 더 많은 소리를 듣고 더 많은 느낌을 경험하게 될 것이다.

자세를 유지하며 여덟 번 호흡한다. 자세에서 빠져나와 곧장 다음 자세인 우르드바 파드마아사나로 넘어간다.

효과

귀울림(이명)과 같은 귀의 기능 장애가 치유된다.
불면증과 피로가 완화된다.
등근육이 신장된다.
척추 옆굽음증(측만증) 등 척추의 불균형과 비틀림이 완화된다.
골반 기저근이 강화된다.

우르드바 파드마아사나 Urdhva Padmasana

거꾸로 선 연꽃 자세
드리쉬티: 나사그라이(코끝)

이 자세를 하기 위해서는 몸이 거꾸로 선 채로 연꽃 자세를 할 수 있어야 한다. 이 자세를 시도하기 전에 먼저 앉은 상태에서 어려움 없이 안전하게 연꽃 자세를 취할 수 있는지 확인해 보자. 편안히 앉은 채로 파드마아사나(연꽃 자세)를 취하는 데 어려움을 느낀다면, 거꾸로 선 채로 자세를 취하는 것은 더욱 어려울 것이다. 그러니 좀 더 쉬운 자세를 잘 취할 수 있게 된 다음에 정자세로 들어가는 것이 좋다. 만일 지금은 연꽃 자세를 취하기가 어렵다면, 억지로 무리해서 자세로 들어가지 않는다. 우선은 반연꽃 자세를 취하거나 공중에서 두 다리를 교차시키기만 해도 된다. 시도하기 진에 먼저 어떤 완화된 방법으로 자세를 취할지 결정한다.

사진 9.5

연꽃 자세, 반연꽃 자세, 공중에서 두 다리만 교차하는 자세 중에서 어떤 방식으로 할지 결정했다면, 카르나피 다아사나에서 시작하여 다리를 들어 올린 뒤 사르방가아 사나로 돌아온다. 필요하면 두 손으로 등 중간부분을 받쳐 준다. 사르방가아사나를 취했다면, 이제 균형을 잡으며 미리 결정한 방식으로 다리를 교차한다.

다음 일련의 동작들을 시도하는 동안에는 목을 돌리거나 비틀지 않도록 주의한다. 고관절이 충분히 열려 있다면, 두 손의 도움 없이도 연꽃 자세로 들어갈 수 있다. 하지만 대부분의 사람들은 다리와 발을 올바른 위치에 놓기 위해 손의 도움이 필요할 것이다. 거꾸로 선 상태에서 연꽃 자세로 들어가기 위해서는 앉아서 연꽃 자세를 취할 때보다 골반 앞부분이 조금 더 열려 있어야 한다. 주의해야 할 점이 많은 자세이므로 세심하고 부드럽게 몸을 대한다. 앉아서 하는 자세와 마찬가지로, 연꽃 자세로 들어가기 위해 억지로 무리하게 다리를 꼬지 않는 등 똑같은 안전 지침을 따른다.

연꽃 자세를 시도한다면, 왼 다리를 얼굴에서 멀어지도록 등 쪽으로 젖혀 고관절과 서혜부 주름진 곳을 연다. 오른 다리를 접으면서 오른발을 왼쪽 서혜부 주름진 곳 위로 가져오며, 이때 오른쪽 고관절을 바깥으로 회전하여 오른발이 제자리에 바르게 놓이게 한다. 필요하면 양손으로 오른발을 잡고서 제자리에 올려놓는다. 오른발이 올바른 위치에 놓이면, 오른 무릎을 들어서 천장을 향하게 했다가 내린다. 이제 왼쪽 고관절을 바깥으로 돌리면서, 왼 다리를 접어 왼발을 오른 무릎 뒤쪽을 향해 비스듬히 내린다. 가능하면 왼발이 오른 무릎 부위를 지나 오른쪽 서혜부 주름진 곳을 향해 내려오게 한다. 만일 왼발이 중간에 걸려 움직이지 않으면, 발과 발가락을 조금씩 움직여 들어오거나, 손을 이용한다. 후자처럼 손을 사용하면 균형 잡기가 조금 어려울 수 있지만 연꽃 자세를 취하기는 쉬워진다.

만일 반연꽃 자세를 시도한다면, 왼발을 오른 무릎 뒤쪽 허공에 둔다. 만일 연꽃을 빼고 공중에서 두 다리만 교차시키려면, 공중에서 양쪽 발목만 교차해 준다.

두 다리를 안정되게 잘 접었다면, 이제 몸의 무게를 어깨 위쪽과 뒷머리 쪽으로 옮겨 주고, 두 손을 올려 무릎을 받쳐 준다. 이 자세에서 균형점은 대개 처음에 편안해 보이는 지점보다는 뒷머리와 어깨 쪽에 조금 더 치우치게 될 것이다. 두 손을 바닥에서 안전하게 뗄 수 있을 때까지 균형점을 잘 찾아본다. 이 자세를 시도해 보는 한 가지 방법은 한 손만 들어서 한쪽 무릎을 단단히 받치고 다섯 번 호흡한 뒤, 손을 내리고, 다른 손을 들어서 다른 쪽 무릎을 받친 뒤 다시 다섯 번 호흡을 하는 것이다. 거꾸로 선 상태에서 균형을 잘 유지할 수 있게 되었다면, 이제 두 손을 들어서 무릎을 받칠 수 있을 것이다.

안정되게 균형을 잡은 상태에서 두 손을 양 무릎에 댈 수 있다면, 이제 양팔을 쭉 펴면서 무릎을 밀어, 연꽃 자세를 취한 다리를 위로 밀어 올린다(사진 9.5). 이상적으로는, 앉아서 하는 파드마아사나에서와 같이 우르드바 파드마아사나에서도 척추를 최대한 곧게 펴야 한다. 만일 연꽃 자세나 반연꽃 자세를 유지하는 데 무릎에 별 문제가 없다면, 어깨(어깨뼈)를 등 쪽으로 끌어내리고, 등근육을 사용하여 몸을 지지하고, 복부를 끌어당기고, 팔로 안정되게 떠받친다. 어떤 방식으로 다리를 교차하더라도 이 자세의 본질이 변하는 것은 아니다.

등을 최대한 곧게 편 상태로 어깨 서기를 하듯이 몸을 들어 준다. 무릎이 손바닥에 놓이게 하되, 전체 무게가 손으로 쏠리는 것은 피하도록 한다. 무릎과 손의 접촉은 에너지가 안정되게 연결될 만큼만 이루어지게 하고, 척추와 몸을 내부로부터 들어 올리는 동작을 저해할 정도로 지나치면 안 된다. 만일 몸의 무게가 손으로 지나치게 쏠리도록 놓아두면, 목에 너무 많은 압력이 가해질 수 있다. 목이 꽉 눌린다고 느껴지기 시작하면, 그런 압력을 줄이기 위해 각 부위의 힘을 최대한 사용하여 몸을 바닥에서 들어 올린다. 이 자세에서 척추는 길게 늘어나거나 많이 굽어지지 않고 자연스러운 만곡을 따르며 중립적인 위치에서 늘어나게 된다.

이 자세를 취할 때는 편안하고 치유되는 느낌뿐 아니라 활발하고 역동적인 느낌도 느껴져야 한다. 일단 어깨와 뒷머리가 바닥에 제대로 밀착되어 있고, 양손을 바르게 무릎에 대고, 반다들이 안에서부터 몸을 들어 올리고 있다면, 온전한 균형을 찾을 수 있게 될 것이다. 우르드바 파드마아사나를 유지하면 암리타빈두의 생성이 촉진되며, 정수리 센터의 미묘한 에너지 통로들이 열리는 데 도움이 된다.

자세를 유지하며 여덟 번 숨을 쉬고, 바로 다음 자세인 핀다아사나로 들어간다.

효과

반다들이 강화된다.
뇌로 가는 혈액의 흐름이 증가한다.
어깨가 강화된다.
생명 에너지가 중심 통로인 수슘나 나디로 들어간다.

사진 9.6

신경계가 진정된다.

핀다아사나 Pindasana

태아 자세
드리쉬티: 나사그라이(코끝)

우르드바 파드마아사나에 이어 곧바로 이 자세로 들어간다. 연꽃 자세 또는 완화된 연꽃 자세를 취한 두 다리를 몸 쪽으로 내리며 접는다. 척추를 머리 쪽으로 말며 등을 안으로 말아서 공간을 만든다. 스스로 둥글게 말리면서 몸 안으로 깊이 접혀서 고둥 껍데기의 입구 같은 모습을 이룬다고 상상해 보자. 몸을 내부로 말아 들이면, 마음도 이와 비슷하게 내면으로 향하도록 자극하는 효과가 일어난다. 골반 내부의 공간들이 열리는 것을 느끼기 시작할 때, 마음도 새로운 수준의 영적 자각에 열리게 될 것이다.

우르드바 파드마아사나에서, 정강이를 아래로 내려서 눈썹에 닿을 만큼 당긴다. 다리를 가슴이나 배 위에 그저 올려놓기만 하기보다는, 몸을 머리 위로 능동적으로 들어 올려서 골반과 배 안에 공간이 만들어지게 한다. 이 공간을 이용하여 등근육을 신장시키고, 척추를 구부리며 몸의 내부를 느낀다. 균형이 잡혔다고 느껴지면, 두 팔로 다리를 감싼 뒤 한 손으로 다른 손목을 잡거나 양손을 깍지 낀다(사진 9.6).

이 동작은 밧다 코나아사나 B와 비슷하며, 여기에서도 마찬가지로 반다에 주의를 기울여야 한다. 척추를 구부리는 동안에는 척추를 안정시키고 척추 마디마디를 보호하기 위해 아랫배를 끌어당기는 것이 중요하다. 복부와 골반 기저근을 당기고 조이면, 몸이 더 쉽게 바닥에서 들릴 수 있으며, 점프 백과 점프 스루를 하는 힘이 강해지고, 훨씬 어려운 역자세(거꾸로 서는 자세)들을 행하는 데도 도움이 된다.

이 자세의 의도는 척추를 뒤로 구부려 편안하면서도 힘 있는 역동적인 자세를 취하도록 돕고, 마치는 자세들이 내면에 미치는 효과가 더 깊어지게 하려는 것이다. 이 자세를 수련하면 몸의 내부에 대한 자각이 꾸준히 깊어지는 것을 느끼게 될 것이다. 아쉬탕가 요가의 마치는 자세들이 효과를 발휘하는 데 중요한 요소는 호흡의 길이를 늘이는 것이다. 그러므로 들숨과 날숨의 길이가 똑같은 비율로 늘어나도록 주의를 기울인다.

이 자세를 유지하며 여덟 번 호흡한다. 숨을 내쉬면서 말았던 몸을 풀고 다리는 연꽃 자세 또는 완화된 자세를 유지한 채로 눕는다. 곧바로 다음 자세인 마츠야아사나로 들어간다.

효과

마음이 내면으로 향하게 된다.
척추가 신장된다.
반다가 강화된다.
아갸(ajna) 차크라(두 눈썹 사이의 중심에 위치)가 자극을 받는다.

사진 9.7

마츠야아사나 Matsyasana

물고기 자세
드리쉬티: 브루마디야(두 눈썹 사이의 중심)

이전 자세인 핀다아사나에서 곧바로 이 자세로 들어간다. 양손을 골반 옆 바닥에 내려놓고, 복부를 강하게 끌어당기며, 다리를 다시 들어 올린다. 머리와 어깨는 바닥에 붙인 채로, 마치 털실뭉치가 서서히 실을 풀어내며 구르듯이 척추를 천천히 바닥으로 내려놓는다. 척추가 부드럽게 펼쳐지면서 완전히 바닥에 닿을 때까지 척추 마디마디의 움직임을 주의 깊게 제어한다. 엉덩이까지 바닥에 내려오면, 연꽃 자세나 완화된 연꽃 자세를 취하고 있는 다리도 바닥에 내려놓아 무릎이 바닥에 닿게 하되, 억지로 힘을 써서 닿게 하지는 않는다.

숨을 들이쉬면서 척추를 지면에서 떼어 들어 올리며 신장한다. 몸을 머리 쪽으로 더 들어 올릴 때, 팔꿈치로 바닥을 밀어 주면 도움이 된다. 마지막으로, 세투 반다아사나를 할 때처럼 정수리를 바닥에 대고 두 눈썹 사이의 중심을 응시한다. 목을 더 뒤로 젖히며 목뼈(경추)를 신장시키기 위해서 손을 이용해 머리를 조정할 수도 있다. 목의 근육을 써서 목뼈 마디마디를 들어 주고, 자세가 무너지지 않도록 주의한다.

이전의 두 자세인 우르드바 파드마아사나, 핀다아사나에서 이 자세로 이동하는 동안, 척추는 중립적인 자세에서 구부리는 자세로, 다시 길게 늘이는 자세로 전환되면서 동작의 전체 범위를 부드럽게 거치게 된다. 척추를 길게 늘이는 자세로 마치게 되면, 에너지가 몸의 중심 통로에서 상승하는 데 도움이 되며, 에너지 센터들로 들어가는 에너지의 흐름이 증가하여 영적 자각으로 나아가는 데에도 도움이 된다. 아랫배를 끌어당긴 상태를 동작 내내 유지하여 척추를 지지하고, 에너지가 내적인 몸을 통해 원활히 상승하게 한다.

이 자세에서 견고한 토대를 마련했다면 양손을 앞으로 내밀어서 연꽃 자세를 취하고 있는 두 발을 잡는다. 연꽃 자세가 아니라 완화된 자세를 취하고 있다면, 양손을 다리 위에 올려놓는다. 어깨를 등 쪽으로 끌어내리며 두 팔을 곧게 뻗으면, 가슴 윗부분이 들리고 열리는 데 도움이 된다(사진 9.7).

우르드바 다누라아사나에서 했던 것처럼 등근육을 써서 신장된 상태의 척추를 지지한다. 엉덩이(궁둥뼈)로 바닥을 눌러 골반을 안정시키고 의식적으로 반다를 적용한다. 엉덩이(궁둥뼈)를 아래로 밀면서 누르면 허리뼈(요추)가 능동적으로 들리며, 엉치뼈(천골)는 골반 속으로 들어가게 하듯이 앞으로 민다. 무릎은 가능한 만큼 바닥을 향하게 하되, 무릎이 과도하게 긴장하지 않도록 주의한다. 엉덩이 굽힘근(굴근)이 열림에 따라 자연스럽게 넓적다리가 바닥을 향해 움직이게 한다. 두 눈썹 사이의 공간을 계속 응시하면, 에너지가 척추를 따라 상승하는 데 도움이 된다.

이 자세의 주된 목적은 생명 에너지가 미묘한 몸을 따라 상승하게 함으로써 정수리에 있는 영적 자각의 중심에 도달할 수 있게 하려는 것이다. 생명 에너지가 이 높은 수준의 자각에 도달하면, 깊은 평화와 합일의 느낌이 몸과 마음에 차오른다. 마치는 자세를 길게 유지하면 에너지가 꾸준히 축적되는 데 도움이 된다.

이 자세를 유지하면서 여덟 번 호흡한다. 곧바로 다음 자세인 우따나 파다아사나로 넘어간다.

효과

척추가 신장되고 강화된다.
중심 통로인 수슘나 나디를 통해 생명 에너지가 상승한다.
아갸 차크라(미간 센터)와 비슏디 차크라(목구멍 센터)가 열린다
복부를 이용하여 척추를 지지하는 법을 익히게 한다.
피로, 불안, 호흡기 장애가 완화된다.

우따나 파다아사나 Uttana Padasana

발 뻗는 자세
드리쉬티: 브루마디야(두 눈썹 사이의 중심)

사진 9.8

이전 자세인 마츠야아사나에서 곧바로 이 자세로 들어간다. 척추를 최대한 신장한 상태로 유지하며, 연꽃 자세나 반연꽃 자세로 접혀 있는 다리를 풀어 준다. 두 다리를 바닥에서 45도로 들어 뻗어 준다. 양팔도 바닥과 45도를 이루도록 함께 앞으로 내뻗는다. 두 손바닥은 마주 붙이고, 다리와 팔은 서로 평행을 이루게 한다. 등 아랫부분에 가해지는 압력을 완화하기 위해 복부를 강하게 끌어당기고, 엉덩이(궁둥뼈)를 바닥으로 밀며, 등 아랫부분 근육의 힘을 강하게 써서 척추가 골반에서 들리게 하며, 다리 근육을 수축하여 스스로의 힘으로 들리게 한다(사진 9.8). 다리를 앞으로 뻗으면 목에 가해지는 압력이 덜어진다.

이 자세는 육체적으로나 에너지적으로나 충분한 주의를 기울여야 하는 어려운 자세다. 이 자세는 에너지가 더 강하게 척추를 따라 상승하고 몸의 중심 통로로 들어가게 하여, 다음에 나오는 거꾸로 서는 자세가 더 쉬워지게 하며 자각의 수준이 더 깊어지게 한다. 또한 등의 근육도 강화하여, 깊은 후굴을 하는 동안 생긴 긴장을 풀어 준다.

두 눈썹 사이의 공간을 강하게 응시한다. 만일 척추나 목에 가해지는 압력이 너무 심하면, 등을 바닥에 대고 편히 누워서, 척추를 늘이지 않은 채로 단순히 팔과 다리만 들어 줄 수도 있다. 하지만 가능하면 척추를 신장시키는 자세를 취해 보기 바

사진 9.9

란다. 왜냐하면 이 자세의 효과를 보기 위해서는 그렇게 하는 것이 중요하기 때문이다. 이 자세를 유지하며 여덟 번 호흡한다.

숨을 내쉬면서, 다리는 계속 들고 있는 채로, 등을 바닥에 내려 자세에서 나온다. 등을 바닥에 대고 편히 눕는 동안 잠시 멈출 수도 있겠지만, 다리는 계속 공중에 들려 있게 한다. 양손을 어깨 밑에 짚고, 복부와 가슴우리(흉곽) 아랫부분을 끌어당기고, 할라아사나에서처럼 두 다리를 머리 위로 넘기는데, 다른 점이 있다면 여기에서는 발을 접어서 발가락 밑이 바닥에 닿게 해 주는 것이다. 숨을 들이쉬면서, 엉덩이를 머리 너머로 들면서 뒤로 굴러 차크라아사나를 한다. 바닥에 착지하면, 숨을 내쉬면서 차투랑가 단다아사나를 취해 준다.

효과

갑상선이 자극된다.
척추, 다리, 등이 강화된다.
중심 통로인 수슘나 나디를 통해 생명 에너지가 상승한다.
아갸 차크라(미간 차크라)와 비슛디 차크라(목구멍 센터)가 열린다.

쉬르샤아사나 Sirsasana

머리서기 자세
드리쉬티: 나사그라이(코끝)

쉬르샤아사나는 하타 요가 전통에서 흔히 볼 수 있는 자세 중 하나로 여러 가지 변형 자세들이 있다. 아쉬탕가 요가의 마치는 자세에서는 그런 자세들 가운데 가장 접근하기 쉬운 자세를 수련한다(사진 9.9). 전통적인 요가 문헌에서는 머리서기 자세를 적어도 3분에서 5분가량 유지해야 치유 효과를 느끼기 시작한다고 말한다. 하지만 꾸준한 수련을 통해 차츰 유지 시간을 늘여 가야 한다는 점을 잊지 말기 바란다.

올바른 자세를 취할 때 척추는 자연스러운 만곡을 유지하고, 어깨(팔이음뼈)의 힘이 몸 전체를 견고히 떠받치게 된다. 쉬르샤아사나는 균형, 안정, 힘의 적절한 조화로 이루어져야 하는데, 많은 사람들이 머리에 너무 많은 몸무게를 싣는 실수를 저지른다. 파타비 조이스는 항상 말씀하시길, 머리서기 자세는 육체적으로는 어깨의 힘을 키워 주고, 영적으로는 마음의 안정을 가져다준다고 하셨다.

사진 9.10

이 아사나를 시도하는 동안 우리는 균형 잡힌 자세를 유지하게 되고, 수련의 막바지에 이르러 자세를 오래 유지하는 데 필요한 힘을 기르게 되는데, 이 두 가지를 통해 깊은 영적 혜택을 얻게 된다. 오직 마음과 몸이 열려 있고 강할 때만 에너지는 몸의 중심 통로로 들어올 수 있다. 이 자세를 더 오래 유지할수록 더 강한 효과를 볼 것이다. 머리서기는 내분비기관을 자극하여 신체의 다양한 층들에 치유 효과를 불러일으키는 치유 자세다.

무릎을 꿇고 앉는 자세로 시작한다. 몸을 앞으로 굽히며 팔뚝을 바닥에 댄다. 팔꿈치 사이의 알맞은 거리를 결정하기 위해 두 손으로 각각 반대쪽 팔꿈치를 잡는다. 팔꿈치를 바닥에 댄 채로 이 간격을 유지하되, 두 손을 앞으로 내밀어 손바닥을 편 채로 양손을 깍지 낀다. 이제 두 팔은 삼각대의 받침 모양이 되었을 것이다. 어깨세모근(삼각근)과 넓은등근(광배근)을 수축하고, 양쪽 어깨(어깨뼈)를 등쪽으로 끌어내리되 서로 멀어지게 한다. 앞으로 무게중심을 옮기기 전에 양팔로 만든 토대가 견고한지 느껴 보고, 만일 어깨(팔이음뼈)에서 안정감이 느껴지지 않으면 동작을 진행하지 않는다. 만일 안정감이 느껴지면, 이제 머리를 바닥 위 삼각형의 꼭짓점 부분, 즉 손바닥 사이의 열린 공간에 갖다 댄다. 깍지 낀 손가락으로 머리를 감싸고, 새끼손가락으로는 바닥을 누른다. 팔꿈치와 손으로 바닥을 더 단단히 밀면서, 어깨는 견고하게 유지하고 팔을 능동적으로 사용한다. 넓은등근(광배근)의 힘을 이용해서 자세를 지지해 준다. 아도 무카 슈바나아사나(다운독)를 할 때와 마찬가지로 귀와 어깨 사이에 충분한 공간이 있어야 한다.

사진 9.11

토대가 견고하게 자리 잡았다면, 이제 발가락으로 바닥을 밀어 다리를 쭉 편다(사진 9.10). 발을 움직여 최대한 머리 쪽으로 걸어 들어오되, 팔꿈치가 바닥에서 떨어지지 않도록 주의한다. 팔꿈치로 바닥을 더 단단히 눌러 토대를 견고히 하며, 어깨(팔이음뼈)를 곧게 펴고, 엉덩이가 그 토대 위에 가능한 한 수직으로 오게 한다. 엉치뼈(천골)와 등이 어깨 위에서 움직이는 느낌으로 동작을 시작한다. 숨을 들이쉬면서, 엉덩이가 팔꿈치를 지나, 골반에서 자연스럽게 들릴 것 같은 느낌이 일어나는 지점으로 이동하게 한다. 곧바로 다리를 들거나 다리를 공중으로 차올리려고 하지 않는다. 그 대신, 발이 점점 더 가벼워져서 마침내 자연스럽게 바닥에서 떨어져 올라갈 때까지 골반을 조금씩 계속 앞으로 움직인다.

사진 9.12

만일 오금줄(햄스트링)이 충분히 유연하다면 다리를 쭉 편 채로 이 동작을 계속 진행할 수 있을 것이다. 만일 오금줄이 너무 뻣뻣해서 다리를 편 채로 발을 움직여 머리 쪽으로 가까이 걸어 들어올 수 없다면, 계속하기 힘든 지점부터는 무릎을 구부리고 더 걸어 들어와 본다.

만일 바닥에서 발을 들어 올리는 데 계속 어려움을 느낀다면, 먼저 한쪽 무릎을 접어 가슴 쪽으로 끌어당긴 채로, 바닥에 있는 다른 발이 바닥에서 자연스럽게 들리고 싶어질 때까지 골반을 앞으로 이동한다. 만일 두 무릎을 가슴에 댄 채로 균형을 잡을 수 있다면(사진 9.11), 이제 정자세까지 가는 길의 중요한 중간 단계에 온 것이다.

만일 아직 두 발 다 바닥에서 떼기는 어렵다면, 준비 자세(두 발을 바닥에 댄 상태)로 머물면서 다섯 번에서 열 번 정도 호흡한다. 호흡을 마치면, 두 무릎을 조금 굽히고서, 두 팔로 받친 상태로 골반을 앞으로 이동하며 살짝, 부드럽게 뛸 수 있는지 본다. 과하게 힘주어 뛰지 않도록 조심한다.

두 다리를 곧게 편 채로 들든 두 무릎을 굽힌 채로 들든, 고요히 호흡하면서 두 발을 천천히 견고하게 위로 들어 올린다. 몸을 급격히 움직이거나 토대가 흔들리지 않게 한다. 복부를 끌어당기고 골반 기저근을 조인 상태로, 두 팔로 바닥을 계속 누르면서 골반을 앞으로 보낸다. 두 발이 공중에 떠 있고 두 넓적다리가 바닥과 평행을 이루는 지점에 이르면, 이제 엉덩이를 다시 삼각형 토대의 중심 위로 가져온다. 복부를 끌어당기며 엉덩이가 가슴우리(흉곽)와 몸통 위에 놓이게 하여, 결국에는 몸통 전체가 삼각형 토대의 중심 위에 놓이게 한다. 어깨세모근(삼각근)과 넓은등근(광배근)을 수축하면서 계속 팔꿈치로 바닥을 단단히 누른다. 복부를 끌어당기고, 다리를 힘주어 쭉 펴서 발가락이 하늘을 향하게 한다. 고요한 마음으로 균형을 유지하며 코끝을 응시한다.

이 자세를 유지하면서 약 5분 동안 15번에서 25번 정도 호흡을 하거나, 최대한 할 수 있는 만큼 한다. 다음에는 다리를 내려서 바닥과 평행이 되게 하고, 골반은 중심에서 살짝 뒤로 빠지게 한다. 이 자세는 쉬르샤아사나로 들어갈 때 중간 단계에서 취했던 자세와 같다. 두 다리를 최대한 곧게 편 상태를 유지한다(사진 9.12). 복부와 가슴우리(흉곽) 아랫부분을 의식적으로 끌어당긴다.

사진 9.13

이 자세를 유지할 때는 단지 척추를 젖히고 등근육을 과도하게 사용하기보다는 몸의 앞면을 이용해야 한다. 복부와 가슴우리(흉곽)를 당겨 골반 내부가 비어 있다는 느낌을 만들고, 그 비어 있는 공간감으로 인해 스스로 골반이 들어 올려지는 듯한 감각을 만들어 본다.

이 자세를 유지하며 열 번 호흡한다. 다시 다리를 들어 머리서기 정자세를 취하고 균형을 잡는다. 균형을 찾았다면, 이제 다리를 천천히 바닥으로 내리고 무릎을 꿇으면서 발라아사나, 즉 아기 자세(사진 9.13)로 들어간다. 무릎을 모으고, 복부를 끌어당기며, 넓적다리는 살짝 안으로 회전한다. 이마를 바닥에 대고, 엉덩이(궁둥뼈)는 발뒤꿈치 위에 얹고, 눈을 감으며, 양팔은 머리 위로 뻗는다. 편안히 이완하며 마음이 내면을 향하게 한다. 이 자세로 머무르며 다섯 번 호흡한다. 그 뒤 숨을 내쉬면서 뒤로 점프하여 차투랑가 단다아사나로 들어간다.

효과

몸과 마음 전체에 힘이 길러진다.

신경계가 차분히 진정된다.

중심 통로인 수슘나 나디를 통해 생명 에너지가 상승한다.

뇌로 흐르는 혈액량이 증가한다.

송과선과 뇌하수체가 자극된다.

소화력이 좋아진다.

림프계가 자극되어 면역력이 향상된다.

다리의 부종이 완화된다.

자신감과 정신력이 향상된다.

밧다 파드마아사나 Baddha Padmasana / 요가 무드라 Yoga Mudra

묶은 연꽃 자세 / 성스러운 봉인

드리쉬티: 나사그라이(코끝)

밧다 파드마아사나와 요가 무드라는 성스러운 봉인으로 여겨진다. 이 자세들의 의도는 아쉬탕가 요가 수련이라는 의식(儀式)을 완성하고 마음을 내면으로 오롯이

사진 9.14

사진 9.15

가져오는 데 있다. 그렇게 되면 영적인 몸이 깨어나고 생명의 기운이 자유롭게 흐르게 되어 마음이 고요해지고 육체가 치유되며 내면이 빛나게 된다.

다운독 자세에서 숨을 들이쉬며 양팔 사이로 점프 스루 하여 자리에 앉는다. 숨을 내쉬면서 오른발을 잡고 반연꽃 자세를 취한 뒤, 왼발도 올려서 연꽃 자세를 완성한다. 이렇게 하는 동안 앉은 자세에서 고관절을 안전하게 바깥으로 회전하는 방법에 관한 지침을 따른다(7장을 참고하라). 양쪽 발뒤꿈치가 서로 벌어져 배꼽에 닿지 않으면서 배꼽의 좌우에 정렬되게 한다. 가능하면 무릎이 바닥에 닿게 하되, 억지로 강제하지는 않는다. 이 자세가 편안하게 느껴지면, 왼손을 등 뒤로 둘러 왼발을 잡고, 오른손을 등 뒤로 둘러 오른발을 잡는다. 이 동작은 문자 그대로 당신의 연꽃을 묶어, 몸에서 에너지가 빠져나가지 못하도록 몸의 에너지 선들을 봉인한다(사진 9.14). 등 뒤에서 양쪽 팔꿈치가 교차할 필요는 없으며, 단지 발을 확실히 잡을 수 있을 만큼만 팔을 등 뒤로 둘러 뻗으면 된다. 이렇게 하기 위해서는 숩타 쿠르마아사나에서 했던 것처럼 어깨 관절 깊은 곳에서부터 팔을 뻗어야 한다. 이 동작은 가슴(흉부)과 그에 해당하는 에너지 센터들을 열어 주어 미묘한 에너지가 자유롭게 흐르게 한다.

만일 연꽃 자세를 취할 수 없다면, 반연꽃 자세를 취하거나, 아니면 다리를 교차만 해 준다. 정자세와 비슷한 효과를 내기 위하여, 두 손을 등 뒤로 돌려 반대편 팔꿈치를 잡아 준다. 만일 연꽃 자세는 취할 수 있지만 손으로 발을 잡을 수는 없다면, 양쪽 팔꿈치만 잡기보다는 양쪽 발에 각각 수건을 걸어서 수건을 잡아 본다. 양쪽 수건을 꽉 잡으면 어깨가 열리는 데 도움이 될 것이다. 만일 한쪽 발만 잡고 다른 발은 잡을 수 없다면, 잡지 못하는 한쪽 발에만 수건을 걸어 잡아 주되, 날마다 발을 바꿔 수건을 걸어 준다. 시간이 지나면서 어깨가 열릴 것이다. 밧다 파드마아사나를 취한 채로 한 번만 숨을 쉬고, 다음 자세를 준비한다.

정자세로 묶든 완화된 자세로 묶든 일단 묶어 주었다면, 숨을 내쉬면서 상체를 앞으로 접어 요가 무드라 자세로 들어간다(사진 9.15). 복부를 끌어당김으로써 골반을 비워 내는 듯한 느낌을 가져 본다. 만일 연꽃 자세를 쉽게 할 수 있다면, 이 비우는 동작을 지원하기 위해 두 발뒤꿈치로 복부를 누를 수 있다. 엉덩이(궁둥뼈)가 바닥에서 살짝 들릴 수는 있지만, 엉덩이(궁둥뼈)가 바닥에 닿아 있다는 느낌을 유지한다. 척추를 다리 위로 길게 뻗으며, 턱을 바닥에 댄다. 만일 턱이 바닥에 닿지 않으면, 이마를 바닥에 갖다 대거나 바닥을 향해 뻗는 동안 공중에 떠 있게 놓아둔다. 몸 앞부분의 근육들이 밑에서 지지해 주는 동안, 척추를 앞으로 늘이면서 살짝 구부려 준다. 이 자세는 수련하는 동안 얻은 모든 에너지와 배움을 몸과 마음에 온전히 갈무리하게 해 주는 효과가 있다. 이 자세를 취하는 동안에는 들이쉬는 숨과 내쉬는 숨의 길이를 의식적으로 길게 늘여 주도록 한다.

자세를 유지하며 열 번 호흡한다. 상체를 들고, 곧바로 다음 자세인 파드마아사나로 넘어간다.

효과

고관절과 어깨관절이 열린다.
마음이 내적인 몸을 향하게 된다.
소화력이 좋아진다.
반다에 대한 자각이 향상된다.
관절염이 완화된다.

파드마아사나 Padmasana

연꽃 자세
드리쉬티: 나사그라이(코끝)

연꽃 자세는 당신의 영적인 에너지와, 아쉬탕가 요가에 관한 의도를 시험한다. 진정성과 결의를 가지고 수련한다면, 파드마아사나는 그 어떤 자세보다도 더 깊은 의식의 상태로 들어가는 관문이 될 수 있다. 이 자세는 명상과 호흡 수련을 위한 준비 자세로도 이용된다.

이 자세로 들어가기 위해, 요가 무드라 자세에서 숨을 들이쉬며 상체를 들고, 발을 잡고 있던 손을 놓는다. 두 다리는 연꽃 자세를 유지한다. 어깨를 등 쪽으로 끌어 내리고, 가슴을 들고, 팔을 쭉 펴서 무릎 위에 올린다. 손바닥은 천장을 향하게 하고, 양손 다 엄지와 검지의 끝을 붙여 요가 무드라(이전의 자세와 이름은 같지만 다른

218

사진 9.16

것이다)를 취해 준다. 엄지와 검지의 끝을 붙이면 고리 모양이 만들어지는데, 이 모양은 개인의 자아가 우주의 생명력과 합일됨을 상징한다. 나머지 세 손가락은 곧게 펴는데, 이는 세 가지 구나(사트바, 라자스, 타마스)를 다스리는 것을 나타낸다. 세 가지 구나는 자연의 형상들을 발현시키는 것으로서 끊임없이 변화하는 상태에 있다.

파드마아사나를 취하고 있는 동안, 골반의 내부 움직임에 세심한 주의를 기울여야 한다. 반다에 중점을 두고, 골반의 동굴 같은 부위 내부 깊은 곳에 마음을 집중한다. 들이쉬는 숨의 끝자락과 내쉬는 숨의 끝자락에서 마음이 내면과 진정으로 연결되는 느낌에 주의를 기울인다. 몸에서 숨이 들어가고 나올 때 골반 기저근이 자연스럽게 당겨지는 것이 느껴지는지 본다. 의식적으로 복부를 끌어당겨, 숨을 쉴 때마다 골반 기저근이 더 강하게 끌어당겨지는 느낌을 적용한다. 이렇게 하면 골반 내부의 파워 센터(power center)에 더 많은 힘을 채우고, 영적인 에너지가 척추를 따라 올라가도록 강하게 끌어올려지게 될 것이다. 반다를 견고하게 하는 동안, 들이쉬는 숨과 내쉬는 숨을 길이를 더 늘여 본다. 각각 10초 동안 들이쉬고 내쉬는 것을 목표로 한다.

엉덩이(궁둥뼈)는 바닥에 붙인 채로 척추를 골반 멀리 들어 올린다. 숨을 들이쉴 때마다 복장빗장관절(흉골쇄골관절)이 턱 쪽으로 들리게 된다. 턱은 자연스럽게 아래로 당긴다. 숨을 내쉴 때는 턱과 가슴 사이에 공간이 생길 것이다. 호흡을 하는 동안 복부는 강하게 끌어당긴 상태를 유지한다. 이 자세를 취하는 내내 척추는 자연스러운 상태로 있게 하며, 지나치게 늘이거나 굽지 않게 해야 한다. 이 상태로 코끝을 응시한다(사진 9.16). 깊고 강하게 호흡을 하면서, 아쉬탕가 요가 수련을 통해 얻는 힘을 느껴 본다. 호흡을 할 때 나는 소리가 생명 에너지의 온전한 표현이게 하고, 영적인 몸의 중심 통로가 이 힘으로 채워지는 것을 느껴 본다.

자세를 유지하며 열 번 호흡한다. 곧바로 다음 자세로 나아간다.

효과

모든 차크라가 열린다.

골반이 안정된다.

미묘한 에너지 흐름이 증가한다.

호흡이 고르게 된다.

신경계가 차분히 진정된다.

고관절과 어깨관절이 열린다

우트플루티히 Utplutih

상승하는 자세
드리쉬티: 나사그라이(코끝)

문자 그대로 번역하면 '(용수철처럼) 튀어 오른'이라는 의미를 가진 우트플루티히는 몸 내부에 채워진 힘을 이용하여 육체적으로나 에너지적으로 위로 상승시킨다. 이 자세는 정신적, 영적 인내력에 대한 진정한 시험이며, 많은 수련생이 이 자세는 도저히 해낼 수 없을 것이라고 느낀다. 하지만 좋은 방법으로 꾸준히 수련하면 누구나 해낼 수 있으며 그 혜택을 얻을 수 있다.

이 자세를 해낼 수 있는 열쇠는 아무리 어려워도 반드시 내적인 힘을 키우고야 말겠다는 굳센 의지다. 이 자세를 처음 할 때면 모든 요가 수련생이 호흡을 다 채우지 못하고 일찍 내려와 끝내고 싶은 유혹에 빠진다. 하지만 이 자세를 통해 배울 수 있는 더 깊은 수업은, 어떤 과정이 처음에는 아무리 힘들어 보여도 그만두지 않고 인내하며 완주하겠다는 결의를 키우는 것이다. 이 자세를 해내게 될 때 당신은 육체적인 요가 수련을 통해 얻을 수 있는 가장 깊은 힘의 원천들 중 하나를 이용할 수 있게 될 것이다.

두 손으로 골반 약간 앞쪽 바닥을 짚는다. 넓적다리 중간쯤이 좋을 것이다. 손가락을 펴고, 의식적으로 어깨를 이용해 강한 토대를 만든다. 몸을 바닥에서 들어 올릴 준비를 하는 동안, 어깨세모근(삼각근), 넓은등근(광배근), 앞톱니근(전거근), 마름근(능형근)[29]을 수축한다. 고관절을 앞으로 구부리며 가슴우리(흉곽) 아랫부분을 중앙으로 짜듯이 모아 준다. 복부를 강하게 끌어당기고 골반 기저근을 조여 엉덩이는 바닥에 댄 채로 무릎을 가슴 쪽으로 들어 올린다. 숨을 들이쉬면서, 양팔로 견고히 떠받치며 몸을 앞으로 기울이고, 골반의 내부 공간을 조이며 몸을 바닥에서 들

사진 9.17

29 마름근 척추와 어깨뼈를 이어 주는 근육. 능형근. rhomboid.
30 배가로근 배의 양옆에서 세 번째 층을 이루며 가로놓여 있는 넓은 근육. 이 근육의 작용으로 배안의 압력이 높게 되며 숨을 내쉬게 된다. 복횡근. transverse abdominal muscles.

어 올린다(사진 9.17). 몸의 모든 근육을 사용해서 들어 올려야 하는데, 왜냐하면 몸을 들어 올리기 위해서는 몸의 각 부위들이 저마다 수행해야 할 역할이 있기 때문이다. 두 팔로 힘주어 바닥을 누르고, 다리 근육을 수축하고, 복부는 안으로 더 끌어당기며, 가슴우리(흉곽)를 조이고, 손가락 끝으로 바닥을 누르고, 배가로근(복횡근)[30]을 활성화시킨다. 호흡은 길고, 느리고, 고르게, 깊게 한다. 호흡을 빠르게 하거나 짧게 하고 싶은 유혹은 무시한다. 이렇게 들어 올린 상태로 열 번 또는 그 이상 호흡한다. 어쩔 수 없이 바닥으로 주저앉게 되어도 다시 힘을 내어 올라가도록 한다.

만일 엉덩이를 바닥에서 들어 올릴 수 없다면, 엉덩이는 바닥에 댄 채로 무릎을 가슴 쪽으로 끌어당기며 두 팔로 바닥을 누른다. 비록 아직은 아무 효과가 없는 것처럼 느껴져도, 이런 노력이 근섬유를 발달시켜 어느 순간 몸을 바닥에서 뜨게 해 줄 것이다. 몸을 팔 쪽으로 기울이고, 골반이 스스로의 힘으로 들리는 데 초점을 맞추며, 숨을 쉬면서, 믿음을 가져라. 처음에 나는 세 달 동안 매일 이 자세를 수련한 뒤에야 비로소 바닥에서 약간 몸을 들어 올릴 수 있었다. 그러니 꾸준히 수련하면 당신의 골반도 어느 날 바닥에서 들리게 될 것이다.

이렇게 마지막 이완으로 들어가기 직전에 몸 내부를 에너지로 채우면, 몸 전체가 온전히 휴식을 취하는 데 도움이 된다. 이렇게 강력히 충전되지 않으면, 일부 근육과 조직들은 긴장이 완전히 풀리지 않을 것이다.

자세를 유지한 채 적어도 열 번 호흡한 뒤, 가능하면 내려와서 휴식을 취하는 대신, 자세 그대로 내려오지 않은 채 곧바로 뒤로 점프하여 차투랑가 단다아사나로 들어간다. 숨을 들이쉬며 우르드바 무카 슈바나아사나(업독)로 들어간다. 숨을 내쉬며 아도 무카 슈바나아사나(다운독)로 들어간다. 숨을 들이쉬면서 앞으로 뛰어 일어선 뒤, 아쉬탕가 요가의 마치는 만트라를 암송한다(부록 A 참고). 만트라를 마치면, 수리야 나마스카라 A를 시작하여 아도 무카 슈바나아사나(다운독)까지 취해 준다. 마지막으로, 숨을 들이쉬면서 양팔 사이로 점프 스루 하여 앉고, 숨을 내쉬면서 바닥에 누워 수카아사나, 즉 마지막 이완 자세로 휴식을 취한다(사진 9.18).

수카아사나 Sukhasana

사진 9.18

편안한 자세

다른 방식의 요가에서는 흔히 이 자세를 사바아사나(Savasana)라고 부른다. 하지만 아쉬탕가 요가에서는 이 자세를 수카아사나, 즉 편안한 자세라고 부른다. 아쉬탕가 요가에서 '송장 자세'라는 뜻의 사바아사나는 다섯 번째 시리즈에 있는 어려운 동작이다. 수카아사나에서는 단순히 누워서 편히 이완한다.

다운독 자세에서 양팔 사이로 점프 스루 하여 자리에 눕는다. 두 발을 엉덩이 너비보다 더 넓게 벌리고, 두 발이 자연스러운 한도 내에서 바깥으로 회전되게 한다. 다리 전체가 편안히 이완되게 한다. 어깨(어깨뼈)를 등 쪽으로 끌어 내리고 두 팔도 다리를 벌린 각도와 비슷하게 벌린다. 어깨를 열고, 손바닥은 천장을 향하게 한다. 눈을 감고 마음을 비운 채로 5분 이상 쉬되, 20분을 넘기지는 않도록 한다. 마음이 고요해지지 않으면, 호흡과 미묘한 몸에 주의를 기울인다.

10

힘:
참된 힘의 요가

아쉬탕가 요가의 수련은 영혼의 중심을 향해 나아가는 영웅적인 여행이라고 할 수 있다. 이 성스러운 길을 걷는 도중에 수련생들은 저마다 시험과 시련에 맞닥뜨리게 된다. 요가라는 영적인 길을 걷다가 지친 나그네들이 배워야 할 가장 중요한 수업 가운데 하나는 힘에 관한 수업이다. 아쉬탕가 요가에서 말하는 힘은 단순히 육체적인 완력이나 신체적인 기량으로 측정되는 것이 아니다. 요가를 수련하는 데 필요한 힘과 현존은 내면을 더욱 강건하게 하여 영적 자각으로 나아가게 한다.

평생에 걸친 아쉬탕가 요가 수련을 통해 얻을 수 있는 것 중 하나는 중력을 거스르듯이 움직일 수 있는 유연한 몸이지만, 그 지점까지 나아가는 것은 온전히 영적인 여행이다. 건강하고 숙련된 아사나 수행을 위해 힘을 기르고 구조적인 지지를 강화하는 과정이 그 자체로 목적은 아닌 것이다. 오히려 아사나는 자유와 해방으로 인도하는 삶의 교훈을 배우는 시험장과 같아서, 여기에서 우리는 자존감과 자신감, 그리고 자기의 참된 가치를 배운다.

바닥에 머리를 대거나 손을 짚고 거꾸로 서서 균형 잡는 자세를 처음 시도하는 사람들은 흔히 자기는 도저히 이런 자세들을 해낼 수 없을 것 같다고 느낀다. 새로운 동작에 직면할 때 마음은 자주 반발하면서, 이 몸이 무엇은 할 수 있고 무엇은 할 수 없는지에 대해 이미 정해 놓은 선입견을 제시한다. 이런 믿음들은 대부분 개인의 정신에 깊이 스며들어 있으며, 자신의 신체적, 영적 잠재력이 실제 어떠한지에 관한 진실보다는 감정적으로 그어 놓은 경계선들과 더 밀접히 관련되어 있다.

마음속 깊이 간직된, 자기 자신에 관한 부정적인 믿음들은 요가 매트 위에서 분명히 드러나게 되며, 이 안전한 공간에서 그런 믿음들을 직면하면 자유와 해방으로 이어질 수 있다. 예를 들어, 만약 자기 자신이 나약하고 쉽게 포기하는 사람이라고 믿는다면, 힘을 기르기 위한 도전과 노력은—여러 해가 걸릴 수도 있지만—그동안 좋은 선생님이 되어 줄 것이다. 반면에 만약 자신이 본래 강하게 타고나서 요가 자세들도 쉽게 해낼 수 있을 것이라고 믿는다면, 당신은 힘이라는 주제를 통해 겸손을 배우게 될 것이다.

요가 수련에서 말하는 힘이란 단순히 탄탄한 근육량을 늘리는 방법 같은 육체적인 경험이 아니다. 요가 수련을 통해 얻는 힘은 그보다는 마음을 고요히 안정시키고 몸을 치유하는 것에 더 가깝다. 많은 사람들이 요가는 유연성을 기르고 스트레칭을 하는 것이 전부라고 생각한다. 물론 요가 수련의 상당 부분은 몸을 더 유연하게 만들어 주지만, 요가의 진정한 정수는 몸과 마음에 힘과 유연성이 균형을 이루게 하는 것이다.

요가에서 힘은 열려 있음과 안정성의 균형을 요구한다. 예를 들어, 어깨는 몸무게를 감당할 수 있을 만큼 구조적으로 단단한 토대가 되어야 하지만, 어깨의 관절들은 자연스럽게 움직일 수 있도록 충분히 자유로워야 한다. 요가에서 말하는 힘이란 몸, 마음, 영혼이 하나로 합일되는 것이며, 이를 통해 우리는 개인적인 틀을 뛰어넘어 훨씬 광대한 존재를 향해 나아갈 수 있다.

산 밑자락에서 올려다볼 때에는 정상에 오르는 일이 불가능해 보일 때가 있다. 하지만 천천히, 꾸준히 산을 오르며 인내하다 보면 정상까지 오르는 데 필요한 기술과 힘, 믿음을 발견하게 되고, 그러면서 자존감도 함께 자라게 된다. 아쉬탕가 요가에서 두 팔로만 몸의 균형을 잡는 어려운 자세들도 그런 과정을 거치게 되어 있다.

요가에서는 목표를 달성하기 위해 의지할 수 있는 대상은 궁극적으로는 자기 자신 말고는 아무도 없다고 말한다. 아쉬탕가 요가라는 높은 산을 등정하려는 수련생들은 처음에는 산 밑자락에 서서 등정이 불가능하다고 여기지만, 겸허한 마음으로 천천히, 꾸준히 산을 오르면서 자기의 내적인 힘을 발견해 간다.

요가는 당신에게 첫날부터 강하기를 요구하지 않는다. 다양한 요가 자세들을 처음 시도하자마자 해낼 수는 없다. 그러나 매일 요가 매트를 펴고 수년간 노력하다 보면, 어느 날 문득 당신은 상상했던 것 이상으로 강해져 있을 것이다. 그것은 요가가 당신에게 주는 약속이다. 여기에 설명한 기술들을 시도하다 보면 자주 난관에 부딪칠 것이고 한계들을 시험 받을 것이다. 좋은 일이다! 오직 자신의 한계들에 실제로 도달할 때만 그 한계를 극복하면서 영적으로, 정신적으로, 또는 신체적으로 계속 성장할 것이기 때문이다.

조용히 강한 여성의 몸

남자가 할 수 있는 일과 여자가 할 수 있는 일이 다르다는 고정관념은 이 시대에도 여전히 널리 퍼져 있다. 이런 고정관념의 영향을 받은 요가 수련생들도 남자의 몸으로 할 수 있는 동작과 여자의 몸으로 할 수 있는 동작이 다르다고 믿는다. 그래서 만약 당신이 여성이라면, 엉덩이를 공중으로 들어 올리는 데 애를 먹을 때, 자신의 체형이나 체격, 체중에 문제가 있어서, 또는 여자의 몸이라서 할 수 없다고 여기면서, 그저 자신이 유연하다는 데에만 안주할 수도 있을 것이다. 하지만 이런 사고 방식은 남성에게든 여성에게든 진정한 의미의 힘을 기르는 데 방해가 된다.

요가를 하는 사람들 사이에서 불합리한 선입견들을 접하곤 한다. 그중 하나는 남성들은 별 노력 없이도 중력을 거스르는 듯한 동작을 쉽게 해낼 수 있으며, 여성들은 곡예사도 부러워할 만큼 유연하게 동작을 취할 수 있다는 것이다. 이런 사회적인 고정관념이 전통적인 성 역할을 영속시키는 경우가 많은데, 현실은 이와 다른 실태를 보여 준다. 남성들 중에도 몸이 매우 유연하지만 바닥에서 엉덩이를 들어올리지 못하는 사람들이 있고, 여성들 중에도 널빤지처럼 몸이 딱딱하지만 물구나무서기를 한 채 흔들림 없이 균형을 유지할 수 있는 사람들이 있다. 요가의 위대한 교훈 중 하나는 몸에 관한 획일적인 기준은 없으며, 몸이나 성별, 인종, 연령에 관계없이 누구나 이 고대의 수련법을 익힐 수 있고 그 효과를 볼 수 있다는 것이다.

요가의 세계에서 여성들도 강할 수 있다는 증거를 찾아보려 하면, 여성성의 본질이 무엇인지에 대해 질문을 던지게 된다. 유감스럽게도, 강한 힘이 요구되는 아사나들을 할 수 있는 여성들은 때로는 남성이 지배하는 세계에서 두각을 나타내기 위해 지나치게 강인한 척하려 한다고 여겨지는 것 같다. 여성성을 부드러움, 받아들임, 섬세함, 부드러움 같은 전형적인 특성들에만 결부시켜 가두어 놓으면, 강한 여성들은 너무 거칠고 센 사람으로 여겨져서 두려움의 대상이 되기 쉽다.

남자의 세계에서 성공하기 위해 여성의 본질적인 특성을 포기한다면, 그것은 여성적인 본질의 가치를 깎아내리는 거래일 뿐이다. 사실 성별의 문제는 그리 단순하지가 않아서, 예를 들어 '남성성의 본질이 무엇이고 여성성의 본질이 무엇인가?'라는 질문에 쉽고 간단한 답은 없다. 요가의 길을 걷는 동안 나는 '여성의 몸의 타고난 힘은 남성의 그것과 다르지만 열등한 것은 아니지 않을까?' 하는 어려운 질문을 묻게 되었다.

13년 전(2017년 기준으로는 18년 전) 요가를 처음 시작했을 때 나는 유연하지만 힘은 없는 평범한 여자였다. 그때 숙련자들이 하는 거꾸로 서는 자세들, 강인한 힘이 요구되는 아사나와 빈야사들을 보면서 놀라워하고 감탄하던 나는 나의 엉덩이 군살과 짧은 팔, 작은 체격이 문제라고 보았고, 이런 체형과 성별 때문에 내가 요가 자세들을 쉽게 할 수 없는 것이라며 나 자신을 비난했다. 서구의 남성 지도자들은, 나를 위로해 주려는 의도는 좋았지만, 여자들이 남자들만큼 힘을 쓸 수는 없다고 말하여 나를 좌절하게 만들었다. 과학적인 근거를 등에 업은 해부학 책들은 여성의 몸은 무게중심이 낮아서 남성과는 다른 방식으로 움직여야 한다고 말함으로써, 결국 여성은 남성에 비해 신체적으로 약한 성이라고 규정하고 있었다. 과학, 고정관념들, 그리고 여러 가지 관점들은 인위적인 한계를 그어 놓고 있었다. 그래서 나는 진실을 알기 위해 더 깊이 파고들어야 했다.

당시 93세였던 나의 구루지 파타비 조이스는 언젠가 마이소르에서 수련생들에게 "요가가 변화하고 있습니다. 이제 어떤 여성들은 아주 강합니다. 올바른 방법으로 아사나를 할 수 있게 되었어요. 예전에는 그렇지 않았습니다. 이제는 할 수 있어요. 모든 여성이 모든 아사나를 올바르게 하고 있습니다."라고 말씀하셨다. 파타비 조이스의 스승이었던 크리슈나마차리야는 여성도 인도의 경전을 공부할 수 있도록 허락한 브라만이었으며, 여성들이 요가의 미래라고 말씀하셨다고 한다.

세상에서 남성과 여성이 빠르게 평등해져 가고 있으니, 요가에서도 여성의 역할이 변하고 진보하는 것은 당연한 일이다. 요가의 기본적인 가르침은 양극단들의 합일이며, 그 가르침에 따라 남성과 여성은 둘 다 힘과 유연성의 균형을 향해 나아가야 한다. 나는 나의 몸에서 이 균형을 경험하고 싶었고, 이를 위해 나 자신을 육체적, 감정적, 영적 잠재력의 한계까지 밀어붙여야 했다.

반다 Bandha

많은 사람들은 신체적인 힘을 얘기할 때 상체의 힘만을 떠올리지만, 아쉬탕가 요가에서는 몸 전체가 안팎으로 강해야 한다고 가르친다. 몸의 각 부위는 몸을 들어 올리고 늘이고 강화하는 데 저마다 맡은 역할을 해내면서, 동시에 함께 더 큰 전체를 이루어 동작을 행하게 한다. 엉덩이를 바닥에서 들어 올리려고 시도할 때, 많은 수련생은 자신의 팔이 너무 짧은 것 같다고, 상체가 너무 약한 것 같다고, 또는 엉덩이가 너무 큰 것 같다고 느낀다. 이러한 의심에 대한 해결책은 반다(bandha)의 놀랍고도 신비한 능력이다.

반다는 원래 '잠금'을 의미한다. 이 신비한 잠금은 내부적으로 잠그는 동작이며, 골반의 근육을 주의 깊게 사용함으로써 계발된다. 앞으로 우리는 반다를 느끼는 데

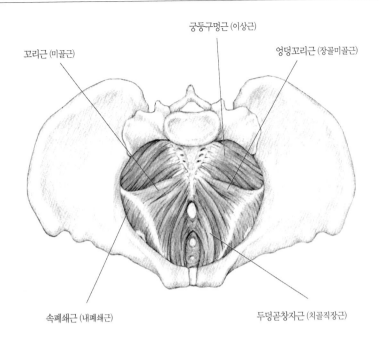

궁둥구멍근 (이상근)

꼬리근 (미골근)

엉덩꼬리근 (장골미골근)

속폐쇄근 (내폐쇄근)

두덩곧창자근 (치골직장근)

그림 10.1

도움이 되는 움직임들에 대해 얘기하겠지만, 사실 이런 움직임들은 근육의 움직임 보다는 오히려 '비어 있음(emptiness)'에 더 가까운 에너지적 경험이라는 것을 기억하기 바란다. 몸의 중심부에 주의를 기울여 자신이 얼마나 강해질 수 있는지를 깨닫게 될 때, 당신은 더욱 가벼워지고 자유로워짐을 느끼게 될 것이다. 반다는 척추에 있는 몸의 중심 통로를 따라 정수리 센터까지 에너지를 상승시키는 성스러운 노력에서 더없이 귀중한 역할을 한다.

물라 반다 Mula Bandha
뿌리 잠금

편안히 허리를 펴고 앉아서 다리를 교차한다. 양쪽 궁둥뼈(좌골)와 그 사이의 공간을 느껴 본다. 이제 골반을 움직이거나 엉덩이 근육을 수축하지 않은 채로 양쪽 궁둥뼈를 모아 준다. 다음에는 꼬리뼈와 두덩뼈(치골)를 느껴 본다. 꼬리뼈와 두덩뼈를 모아 주어서, 이제 골반의 네 지점(양쪽 궁둥뼈, 꼬리뼈와 두덩뼈) 모두가 서로 가까워지게 한다. 모으는 느낌을 더 강화하여 양쪽 궁둥뼈와 꼬리뼈, 두덩뼈가 서로 최대한 가까워지게 한다. 이렇게 하면 골반의 내부 공간이 의식적으로 활성화된다 (그림 10.1). 이때 골반을 움직이거나 넓적다리와 엉덩이 근육을 사용하지 않도록 주의한다.

다음에는 항문을 수축하고, 마치 배뇨를 참듯이 요도를 조인다. 이미 행하고 있는 수축과 조임들에 이것을 더한다. 회음부(골반 기저근)를 골반에서 끌어 올려 수축한다. 여성이라면 자궁 경부와 질 벽을 수축하고, 남자라면 고환을 수축하여 끌어 올린다. 항문, 요도, 회음부, 생식기를 한꺼번에 모아 수축한다. 마지막으로, 이러한 수축의 느낌을 몸 내부로 끌어당기고 척추를 타고 끌어 올려 위로, 안으로 움직이도록 해 본다. 골반의 내부 공간으로 들어가는 움직임을 느껴 본다. 꾸준히 훈련하다 보면, 이 모든 움직임을 한 번의 매끄러운 수축으로 활성화시킬 수 있을 것이다.

웃디야나 반다 Uddiyana Bandha
위로 상승하는 잠금

물라 반다를 적용하면서, 복부를 이완하여 배근육의 긴장이 풀어지게 한다. 배꼽과 두덩뼈(치골) 사이의 복부를 마치 꽉 끼는 청바지를 입을 때처럼 등 쪽으로 빨아들이듯이 끌어당긴다. 이런 동작은 이완된 상태에서 해야 하지만 그렇다고 무작정 힘을 빼고 하는 것은 아니며, 배에 힘을 주기보다는 안쪽으로 빨아들인다는 느낌에 가깝다. 만약 배에 힘이 들어가 딱딱해진다면, 긴장을 풀고 처음부터 다시 시작한다.

물라 반다와 웃디야나 반다를 결합하면, 모든 근육이 함께하여 골반을 지지하며 내부에서 몸을 들어 올리게 된다. 허파로 숨을 들이쉬어 몸 전체에 퍼지게 하고, 그 호흡의 에너지가 척추를 오르내리게 한다. 배로 숨을 들이쉬는 것은 피해야 한다. 아쉬탕가 요가의 어려운 동작을 할 때 부상을 입는 원인이 될 수도 있기 때문이다.

반다의 적용

골반 기저근과 연관 근육들은 신체의 다른 근육들과 특별히 다를 게 없다. 더 자주 사용할수록 육체적으로나 에너지적으로 더 강해지는 것이다. 이 부위에 관한 수련을 더 많이 할수록 이 부위를 더 잘 알아차리게 되고 더 잘 제어할 수 있게 될 것이다.

이 연습에서 반다를 수련하는 이유 중 하나는 자신의 몸을 더 잘 느끼는 데 도움이 되기 때문이다. 이 반다라는 도구를 요가 수련에 적용할 수 있는데, 그 활성화와

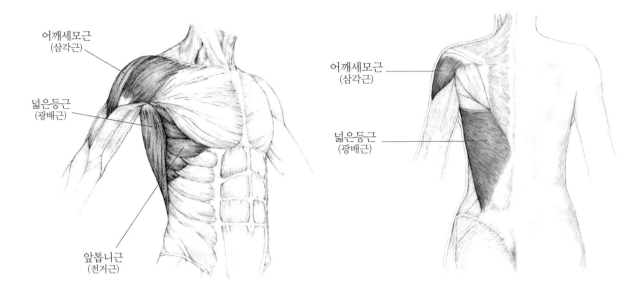

어깨세모근
(삼각근)

넓은등근
(광배근)

앞톱니근
(전거근)

어깨세모근
(삼각근)

넓은등근
(광배근)

그림 10.2

그림 10.3

힘을 10퍼센트에서 100퍼센트 사이에 적절히 조절하여 사용하면 된다. 강한 힘이 요구되는 어려운 자세들을 할 때는 반다를 최대한 활성화시켜야 할 것이다. 유연성이 필요한 자세를 할 때는 척추나 골반을 지지하는 데 필요한 만큼만 반다의 힘이 필요할 것이다.

이 부위 근육들을 활성화시키는 것은 골반과 고관절을 강화하여 골반이 내부에서부터 스스로 들리게 하는 데 핵심적인 역할을 한다. 만약 문자 그대로 골반 기저근을 느낄 수 있게 되면, 몸을 안팎으로 제어할 수 있게 된다. 척추가 어떤 자세를 취하든, 신장된 자세든 뒤로 젖힌 자세든 중립적인 자세든, 반다의 역동적인 작업과 연결되는 것이 중요하다.

물라 반다와 웃디야나 반다가 함께 어우러져 몸의 중심부에서 텅 비어 있는 에너지의 느낌 또는 밝은 빛을 만들어 낸다고 상상해 보는 것도 도움이 된다. 몇몇 하타 요가 경전에서는 골반 내부에 있는 영적 힘의 센터를 칸다(Kanda) 센터라고 하는데, 72,000개의 나디 모두가 골반 내부에 있는 이 깊은 곳에서 발원한다고 한다. 생명의 에너지를 이 힘의 센터로 다시 끌어당길 때만 아쉬탕가 요가 수련법의 모든 잠재력을 실현할 수 있을 것이다.

힘의 토대 세우기

상체는 힘을 기르는 데 매우 중요하지만, 상체가 가장 효율적으로 힘을 발휘하기

사진 10.4

위해서는 몸 전체와 유기적으로 어우러져야 한다. 그러니 단순히 팔의 힘만 기르려고 할 것이 아니라, 몸 전체의 구조적인 토대를 더 견고하게 만들어 가는 편이 나을 것이다.

먼저 손과 무릎에서부터 시작해 보자. 무릎을 꿇고 양손을 앞쪽 바닥에 짚은 뒤, 어깨는 손바닥 위에, 엉덩이는 무릎 위에 오도록 정렬을 맞춘다. 척추는 편안히 이완되게 한다. 손가락 끝에 힘을 주고, 손가락 마디가 바닥에 밀착되게 하며(손가락이나 손바닥은 이렇게 하지 않는다), 손꿈치(손목과 연결되는, 손바닥의 두툼한 아랫부분)로 바닥을 밀듯이 누른다. 어깨를 회전하여 등 쪽으로 끌어내리면서 어깨를 열어 주는데, 그러면 팔꿈치의 주름이 대략 전방으로 45도쯤을 가리킬 것이다.

양쪽 빗장뼈(쇄골)를 벌리고, 어깨뼈가 등 쪽으로 내려오며 서로 멀어지게 해 본다. 어깨세모근(삼각근), 넓은등근(광배근), 앞톱니근(전거근)을 활성화한다(그림 10.2와 10.3). 벌어진 양쪽 어깨 사이의 공간으로 가슴 중심(복장뼈)을 들어 준다. 갈비뼈를 끌어당기며, 물라 반다와 웃디야나 반다를 적용하고, 꼬리뼈를 안으로 말아 준다. 마지막으로, 다리에 힘을 주고 무릎을 펴는데, 이때 가슴은 계속 손 너머 앞을 향하도록 한다(사진 10.4).

이것이 토대가 되는 자세이며, 힘에 기반을 둔 모든 자세는 이러한 토대를 바탕으로 행해질 수 있다. 만약 이 자세가 어렵게 느껴지면, 하루에 한 번씩 자세를 취한 뒤 이 자세를 최대한 오래 유지해 본다. 점점 힘이 강해질 것이다.

사진 10.5

사진 10.6

힘의 방향

요가 수련을 통해 길러진 힘은 몸을 '들어 올려' 머리서기, 물구나무서기, 또는 다른 많은 '팔로 균형 잡는 자세(arm balance)'들을 취할 때 바깥으로 드러난다. 그런데 사실 이런 동작은 몸무게를 앞으로 이동하여 단단한 토대 위로 옮기는 행위이며, 이 토대를 이루는 것은 두 팔과 유기적으로 결합된 몸통과 반다의 힘이다. 골반에게 팔 위로 올라가도록 방향을 지시하면, 골반이 마법처럼 '들리는' 일이 일어난다. 요가의 힘에 관한 수수께끼는 마치 선불교의 공안 같아서, '위로' 가려고 생각하면 아래로 내려가게 되고, '앞으로' 가려고 생각하면 위로 올라가는 일이 일어난다. 머리서기, 다음에 나오는 점프 백과 점프 스루, 부자피다아사나, 그 밖의 팔로 균형 잡는 자세들을 할 때면, 두 팔이 동작을 시작하는 토대가 되게 한 뒤, 골반의 방향이 앞쪽을 향하게 하여 두 팔 위로 올라가게 하라.

점프 스루를 하는 법

아쉬탕가 요가를 처음 시작했을 때, 나에게는 점프 스루(jump through)가 가장 신기한 동작 가운데 하나였다. 마치 마법 같은 동작이어서 나에게는 불가능할 것만 같았다. 나는 온갖 체형과 체구를 가진 수련생들이 아도 무카 슈바나아사나(다운독)에서 시작하여, 무릎을 구부렸다가 공중으로 뛰어, 바닥에 발을 대지 않은 채 양팔 사이로 들어와 앉은 자세로 들어오는 모습을 지켜보았다. 나도 그 동작을 시도해 보았는데, 처음에는 동작 중에 발이 팔을 쳐서 앞으로 고꾸라질 뻔했다. 하지만 약간의 기법과 해부학적 지식을 배우고 좋은 선생님의 도움을 받으며 꾸준히 수련한 결과, 나는 이 기법을 몇 가지 부분으로 나누어 연습하는 쉬운 방법을 알게 되었다. 이 방법을 따르면 거의 모든 사람이 해낼 수 있을 것이다.

이 동작은 크게 네 가지 부분으로 이루어져 있는데, 결국은 이 부분들이 하나로 어우러져야 한다. 첫째 부분은, 두 발을 움직여 걷거나 뛰어 앞으로 보내면서 교차하여 바닥에 댄다(사진 10.5). 둘째 부분은, 양손으로 바닥을 단단히 누르는 상태에서 두 발이—두 발로 걷거나, 두 발을 차례로 조금씩 움직여 나아가거나, 두 발을 들거나, 또는 미끄러지듯 빠져나가게 해서—양팔 사이를 통과하게 한다. 셋째 부분은, 어깨를 강하게 수축하여 엉덩이를 바닥에서 든 채로 두 다리를 앞으로 쭉 뻗어 준다(사진 10.6). 넷째 부분은, 동작을 마무리하고 그대로 바닥에 몸을 내려서 앉는다. 동작을 하는 내내 척추는 말아 당기고 있도록 한다.

초보자라면 다음의 완화된 방법을 시도해 볼 수 있다. 아도 무카 슈바나아사나에서 시작한다. 어깨(팔이음뼈)를 강화하고 상체가 단단한 토대를 이루게 하면서, 몸무게를 앞으로 기울여 두 팔에 싣는다. 다음에는 오른발을 앞으로 가져와서 왼손 뒤쪽 바닥에 발등을 대고, 발끝은 똑바로 편다. 골반은 바닥 위로 들려 있고 척추는 말아 준 상태를 유지한다. 이제 왼발을 앞으로 가져오고, 발끝을 펴며, 왼발을 오른발 뒤에서 교차시킨다. 무릎은 두 팔 사이에 있어야 한다. 손꿈치로 바닥을 단단히 누르고, 복부를 끌어당기며, 골반 기저근은 조인다. 천천히 오른발을 앞으로 조금 움직여 몇 센티미터쯤 나아가고, 왼발도 그렇게 한다. 두 손은 바닥을 단단히 누른 채로 엉덩이는 높게 유지한다. 골반은 앞쪽을 겨냥하게 하며, 상체를 강하게 유지한다. 계속 두 발을 조금씩 움직이며 나아가서 양팔을 통과한 뒤, 두 다리를 앞으로 쭉 뻗는다. 엉덩이와 골반을 바닥에 내려놓는다. 서두르고 싶은 유혹은 무시하고, 편히 앉아 바닥에서 손을 뗀다. 정신적으로나 육체적으로 강한 상태를 유지한다.

이 과정을 쉽게 할 수 있게 되면, 이제는 아도 무카 슈바나아사나에서 두 발을 앞으로 뛰면서 오른발과 왼발을 교차하여 두 손의 뒤쪽에 착지한다. 무릎은 양팔 사이에 오게 하고, 엉덩이는 높게 유지한다. 두 발을 동시에 바닥에 대고 끌어서 앞으로 나오거나, 몸을 앞으로 더 기울여서 양팔에 무게를 실은 뒤 두 발을 바닥에서 들어 올리고 가슴으로 끌어당긴다. 마지막으로, 두 다리를 앞으로 쭉 뻗고 엉덩이를 바닥에 내린다. 동작을 하는 내내 손은 바닥에서 떼지 않는다.

위의 완화된 쉬운 동작들을 충분히 오래 반복해서 연습하다 보면, 가장 어려운 방식의 점프 스루도 쉬워질 때가 온다. 일단 두 발을 움직여 걷거나 끌거나 들어 올려서 양팔 사이로 통과하는 데 아무 문제가 없어지면, 이제 정자세로 점프 스루를 시도할 준비가 된 것이다.

아도 무카 슈바나아사나에서, 무릎을 구부리며, 양팔 사이 앞부분에 있는 지점을 바라본다. 이제 자신의 엉덩이와 골반을, 단단한 토대를 이루고 있는 양팔을 지나 앞쪽으로 보내겠다고, 자신에게 말해 보라. 그리고 그렇게 한다. 즉, 두 팔은 바닥을 단단히 누르고 아랫배와 가슴우리(흉곽)를 끌어당긴 상태에서, 숨을 들이쉬면서 앞으로 점프한다(사진 10.7). 두 다리를 가슴에 붙인 채로 천천히 밑으로 내리면서 양팔을 통과한 뒤, 앞으로 쭉 뻗어 준다. 마지막으로, 엉덩이를 바닥에 내려놓는다.

이 여러 가지 방식의 동작 중에서 마음에 드는 부분들을 자유롭게 조합하여 시도해 볼 수 있지만, 동작을 하는 내내 잊지 말고 호흡에 맞추어 하기 바란다. 만약 다리를 구부리지 않고 공중에 뜬 채로 양팔 사이를 통과할 수 있겠다고 느껴지면, 한번 다리를 쭉 편 채로 점프 스루를 시도해 본다.

사진 10.7

점프 백을 하는 법

이것은 아쉬탕가 요가 시리즈에서 가장 어려운 동작 가운데 하나다. 어려운 물구나무서기 자세를 할 수 있는 수련생들 중에도 점프 백(jump back)을 하지 못하는 이들이 있다. 이 동작에 붙여진 '점프 백'이라는 이름은 조금 오해의 소지가 있다. 왜냐하면 이 동작에는 점프가 없기 때문이다. 점프 백을 할 때는 어떤 추진력의 도움 없이 제자리에서 몸을 들어 올린다. 그러므로 이 복잡한 동작을 해내기 위해서는 충분한 힘을 갖추어야 하며, 몸의 내부에서 이루어지는 작용을 잘 이해해야 한다.

앉은 자세에서 시작한다. 두 다리를 교차해 몸 쪽으로 최대한 끌어당기고, 두 손은 골반 약간 앞쪽에 짚어 준다(사진 10.8). 이 동작이 어려울 수도 있다. 왜냐하면 다리를 깊게 접기 위해서는 고관절을 구부리면서 깊게 바깥으로 회전해야 하며, 이렇게 고관절이 충분히 유연해져서 다리를 가슴에 갖다 댈 수 있게 되면 그 자세를 유

사진 10.8

사진 10.9

사진 10.10

사진 10.11

지하기 위해 골반 안쪽 공간을 강화해야 하기 때문이다.

다리를 가슴에 끌어당긴 채로, 몸무게를 앞쪽의 양손으로 기울이면서 골반이 바닥에서 들리게 한다(사진 10.9). '위로' 드는 것에 대해서는 걱정하지 말고, 몸무게를 앞쪽의 양팔과 손으로 옮기는 데에만 주의를 기울인다. 이 무게를 지탱하기 위해 어깨(팔이음뼈)를 강화하고, 엉덩이가 스스로 들리도록 골반 기저근을 조인다.

초보자라면 발을 바닥에서 떼기가 어려울 것이다. 그럴 때는 몸을 앞으로 기울인 뒤, 두 발로 뒤로 걷거나, 두 발을 차례로 조금씩 움직여 뒤로 나아가거나, 미끄러지듯 뒤로 내보내서 양팔 사이를 통과하게 하여, 점프 스루의 첫 번째 부분과 같은 자세(사진 10.5)로 들어온다. 기본적으로 힘이 좋아서 이 자세(사진 10.10)로 발을 들수 있는 수련생도 제대로 점프 백을 하기까지는 몇 년이 걸릴 수도 있다.

초보자든 숙련자든 다음의 방법으로 더욱 힘을 기를 수 있다. 두 발을 손 뒤쪽에서 교차한 채로 몸을 앞으로 기울이며 팔을 구부리면 어깨(팔이음뼈)에 더욱 많은 힘이 실린다. 이 상태에서 한쪽 발을 바닥에서 들어 올리고 몸을 앞으로 더 기울인다. 그러면 아마도 차투랑가 단다아사나를 할 때처럼 머리가 바닥 가까이 내려갈 것이다(사진 10.11). 만약 이때 팔이 부들부들 떨리고 어깨세모근(삼각근)과 가슴 근육이 타는 듯이 느껴진다면, 지나치게 무리하지 않도록 주의한다. 그러나 한편으로는 이것이 바로 동작을 수행하는 데 필요한 힘을 기르는 과정임을 기억하자. 마지막으로, 몸을 앞쪽의 팔로 더 기울여서 뒤로 움직일 준비를 한 다음, 두 다리를 걸어서 뒤로 내뻗거나 공중에 뜬 채로 뻗어서 차투랑가 단다아사나를 취한다.

나는 이 자세를 익히는 데 5년이라는 시간이 걸렸고, 더 잘하기 위해 여전히 노력하는 중이다. 그러니 인내심과 믿음을 가지고 계속 연습하기 바란다. 이 동작이 지금은 아무리 어려워 보여도 어느 날 문득 당신도 해내게 될 것이다.

연꽃 자세에서 점프 백을 하는 법

연꽃 자세를 취한 채로 점프 백을 하는 방법은 두 가지가 있다. 첫째는 연꽃 자세를 취한 채로 무릎을 바닥에 대는 방법이다(사진 10.12). 두 손을 무릎 앞쪽에 짚고, 팔꿈치를 구부린 뒤, 복부를 팔꿈치 위에 얹는다. 몸을 앞으로 기울이며 양손에 무게를 싣는다. 연꽃 자세를 취하고 있는 다리가 바닥에서 들릴 때까지 그렇게 한다. 무릎이 공중에 뜨면(사진 10.13), 연꽃 자세를 풀고 점프 백을 하여 차투랑가 단다아사나를 취한다.

숙련자는 연꽃 자세로 있는 다리를 곧바로 바닥에서 들어, 양팔 사이에서 몸을

사진 10.12

사진 10.13

사진 10.14

뒤로 빼내 던져 연꽃 자세를 풀고 점프 백을 한다. 만약 연꽃 자세로 있는 다리를 뒤로 돌릴 때 엉덩이를 조금 더 들어 올리고 싶다면, 발을 팔 윗부분에 걸어 주면 도움이 된다(사진 10.14).

차크라아사나 Chakrasana

수레바퀴 자세

드리쉬티: 나사그라이(코끝)

바닥에 누운 자세에서 시작한다. 두 손을 뒤로 넘겨 어깨 아래 바닥을 짚는다. 손가락은 골반 쪽을 향하게 한다. 숨을 들이쉬면서 두 다리를 들어 머리 뒤로 넘긴다.

사진 10.15

발끝을 굽혀 발가락 밑부분으로 바닥을 누른다. 양손으로 바닥을 누르고 엉덩이를 더 넘기면서, 가슴우리(흉곽) 아랫부분을 배 쪽으로 보낸다. 양팔로 바닥을 누르면서 뒤로 구른다(사진 10.15). 뒤로 구를 때는 잊지 말고 숨을 들이쉬어야 한다. 숨을 내쉬면서 차투랑가 단다아사나로 바닥에 착지한다.

만약 뒤로 구르는 동작을 할 수 없다면, 다리를 머리 뒤로 넘긴 상태로 자세를 준비한다. 그 뒤 몸을 세 번 가볍게 흔들고, 그 힘을 이용하여 엉덩이를 머리 너머로 보낸다. 이때 팔로 바닥을 누르고 배는 끌어당긴 상태를 유지해야 한다. 만약 이 방법이 어려우면, 일어나 앉은 뒤 일반적인 방식으로 점프 백을 한다.

시작 만트라

ॐ

वन्दे गुरूनं चरणारविन्दे सन्दर्शित स्वात्म सुखाव बोधे
निः श्रेयसे जङ्गलिकायमाने संसार हाला हल मोहशांत्यै
आबाहु पुरुषकारं शंखचक्रासि धारिणम्
सहस्र शिरसं शवेतं प्रणमामि पतञ्जलिम

옴

반데 구루남 짜라나라빈데 산다르시따 스와뜨마 수카바 보데
니 쉬레야세 장갈리까야마네 삼사라 할라 할라 모하샨띠에

아바후 뿌루샤까람 샨카차끄라시 다리남
사하스라 쉬라삼 슈웨땀 쁘라남아미 빠딴잘림

옴

구루의 연꽃 발밑에 절합니다.
참나의 행복을 일깨워 알게 하시고,
비할 수 없는 밀림의 치유자로서

삼사라의 독인 망상을 잠재워 평화롭게 하십니다.

어깨 아래에 인간의 모습을 하시고서
소라고둥과 원반, 검을 드시고
천 개의 빛나는 하얀 머리를 가지신
파탄잘리, 그분께 경배합니다.

마치는 만트라

ॐ

स्वस्तिप्रजाभ्यः परिपालयंतां न्यायेन मार्गेण महीं महीशाः
गोब्राह्मणेभ्यः शुभमस्तु नित्यं लोकाः समस्ताः सुखिनो भवन्तु
ॐ शान्तिः शान्तिः शान्तिः

옴
스와스띠쁘라자비야하 빠리빨라얀땀 니아예나 마르게나 마힘 마히샤하
고브라마네비야하 슈바마스뚜 니띠얌 로까하 사마스따하 수키노 바반투
옴 샨띠 샨띠 샨띠

옴
모든 사람이 안녕하기를,
세상의 지도자들이 올바른 길을 지켜 모든 면에서 보호하기를,
지구의 신성함을 아는 이들에게 은총이 있기를,
모든 세상이 행복하기를.

수리야 나마스카라 A (9동작)

1 에캄	들숨	손을 들어 올리고
2 드웨	날숨	몸을 앞으로 접고, 우따나아사나
3 트리니	들숨	고개를 들고, 등을 펴고
4 차트와리	날숨	점프 백, 차투랑가 단다아사나
5 판차	들숨	업독
6 셋	날숨	다운독 – 5번 호흡
7 삽타	들숨	앞으로 점프, 고개를 들고, 등을 펴고
8 아쉬토	날숨	몸을 앞으로 접고, 우따나아사나
9 나와	들숨	손을 들어 올리고
	날숨	사마스티티

수리야 나마스카라 B (17동작)

1 에캄	들숨	웃카타아사나
2 드웨	날숨	몸을 앞으로 접고, 우따나아사나
3 트리니	들숨	고개를 들고, 등을 펴고
4 차트와리	날숨	점프 백, 차투랑가 단다아사나
5 판차	들숨	업독

6 셋	날숨	다운독
7 삽타	들숨	비라바드라아사나 A – 오른쪽
8 아쉬토	날숨	점프 백, 차투랑가 단다아사나
9 나와	들숨	업독
10 다샤	날숨	다운독
11 에카다샤	들숨	비라바드라아사나 A – 왼쪽
12 드와다샤	날숨	점프 백, 차투랑가 단다아사나
13 트라요다샤	들숨	업독
14 차투르다샤	날숨	다운독 – 5번 호흡
15 판차다샤	들숨	앞으로 점프, 고개를 들고, 등을 펴고
16 쇼다샤	날숨	몸을 앞으로 접고, 우따나아사나
17 삽타다샤	들숨	웃카타아사나
	날숨	사마스티티

파당구쉬타아사나 (3동작)

(두 발을 골반 너비로 벌리고, 엄지발가락을 잡는다)

1 에캄	들숨	고개를 들고, 등을 펴고
2 드웨	날숨	몸을 앞으로 접고, 파당구쉬타아사나 – 5번 호흡
3 트리니	들숨	고개를 들고, 등을 펴고
	날숨	

파다하스타아사나 (3동작)

1 에캄	들숨	손을 발밑에 넣고, 고개를 들고, 등을 펴고
2 드웨	날숨	몸을 앞으로 접고, 파다 하스타아사나 – 5번 호흡
3 트리니	들숨	고개를 들고, 등을 펴고
	날숨	사마스티티

웃티타 트리코나아사나 / (웃티타) 트리코나아사나 A (5동작)

1 에캄	들숨	오른쪽으로 돌며, 양팔을 벌리고
2 드웨	날숨	오른쪽 엄지발가락을 잡고, 웃티타 트리코나아사나 A – 5번 호흡
3 트리니	들숨	올라오고
4 차트와리	날숨	왼쪽 엄지발가락을 잡고, 웃티타 트리코나아사나 A – 5번 호흡
5 판차	들숨	올라오고

파리브리따 트리코나아사나 / (웃티타) 트리코나아사나 B (5동작)

2 드웨	날숨	몸을 비틀어 왼손으로 바닥을 짚고, 웃티타 트리코나아사나 B – 5번 호흡
3 트리니	들숨	올라오고
4 차트와리	날숨	몸을 비틀어 오른손으로 바닥을 짚고, 웃티타 트리코나아사나 B – 5번 호흡
5 판차	들숨	올라오고
	날숨	사마스티티

웃티타 파르쉬바코나아사나 / (웃티타) 파르쉬바코나아사나 A (5동작)

1 에캄	들숨	오른쪽으로 돌며 양팔을 벌리고
2 드웨	날숨	오른손으로 바닥을 짚고, 왼팔을 뻗고, 웃티타 파르쉬바코나아사나 A – 5번 호흡
3 트리니	들숨	올라오고
4 차트와리	날숨	왼손으로 바닥을 짚고, 오른팔을 뻗고, 웃티타 파르쉬바코나아사나 A – 5번 호흡
5 판차	들숨	올라오고

파리브리따 파르쉬바코나아사나 / (웃티타) 파르쉬바코나아사나 B (5동작)

2 드웨	날숨	몸을 비틀어 왼손으로 바닥을 짚고, 웃티타 파르쉬바코나아사나 B – 5번 호흡
3 트리니	들숨	올라오고
4 차트와리	날숨	몸을 비틀어 오른손으로 바닥을 짚고, 웃티타 파르쉬바코나아사나 B – 5번 호흡
5 판차	들숨	올라오고
	날숨	사마스티티

프라사리타 파도따나아사나 A (5동작)

1 에캄	들숨	오른쪽으로 돌고, 손을 허리에 얹고
2 드웨	날숨	몸을 앞으로 접고, 손을 바닥에 짚고
	들숨	고개를 들고, 등을 펴고
3 트리니	날숨	정수리를 바닥으로, 프라사리타 파도따나아사나 A – 5번 호흡
4 차트와리	들숨	고개를 들고, 등을 펴고
	날숨	
5 판차	들숨	올라오고
	날숨	

프라사리타 파도따나아사나 B (4동작)

1 에캄	들숨	양팔을 벌리고
2 드웨	날숨	손을 허리에 얹고
	들숨	정면을 보고, 등을 펴고
3 트리니	날숨	정수리를 바닥으로, 프라사리타 파도따나아사나 B – 5번 호흡
4 차트와리	들숨	올라오고
	날숨	

프라사리타 파도따나아사나 C (4동작)

1 에캄	들숨	양팔을 벌리고
2 드웨	날숨	등 뒤에서 양손을 깍지 끼고
	들숨	정면을 보고, 등을 펴고
3 트리니	날숨	정수리를 바닥으로, 프라사리타 파도따나아사나 C – 5번 호흡
4 차트와리	들숨	올라오고
	날숨	

프라사리타 파도따나아사나 D (5동작)

1 에캄	들숨	손을 허리에 얹고, 정면을 보고
2 드웨	날숨	몸을 앞으로 접고, 양쪽 엄지발가락을 잡고
	들숨	고개를 들고, 등을 펴고
3 트리니	날숨	정수리를 바닥으로, 프라사리타 파도따나아사나 D – 5번 호흡
4 차트와리	들숨	고개를 들고, 팔을 펴고
	날숨	
5 판차	들숨	올라오고
	날숨	사마스티티

파르쉬보따나아사나 (5동작)

1 에캄	들숨	오른쪽으로 돌고, 양손을 등 뒤에서 모아 합장하고
2 드웨	날숨	몸을 앞으로 접고, 파르쉬보따나아사나 – 5번 호흡
3 트리니	들숨	올라와서 왼쪽으로 돌고
4 차트와리	날숨	몸을 앞으로 접고, 파르쉬보따나아사나 – 5번 호흡
5 판차	들숨	올라오고, 오른쪽으로 돌고

	날숨	사마스티티

웃티타 하스타 파당구쉬타아사나 (14동작)

1 에캄	들숨	오른다리를 들어 엄지발가락 잡고
2 드웨	날숨	몸을 굽혀 턱을 정강이로 – 5번 호흡
3 트리니	들숨	올라오고
4 차트와리	날숨	다리를 오른쪽으로 열고, 왼쪽을 보고 – 5번 호흡
5 판차	들숨	다리를 앞으로
6 셋	날숨	몸을 굽혀 턱을 정강이로
7 삽타	들숨	올라오고, 다리를 앞으로 들고, 양손을 허리에 얹고 – 5번 호흡
	날숨	사마스티티
8 아쉬토	들숨	왼다리를 들어 엄지발가락 잡고
9 나와	날숨	몸을 굽혀 턱을 정강이로 – 5번 호흡
10 다샤	들숨	올라오고
11 에카다샤	날숨	다리를 왼쪽으로 열고, 오른쪽을 보고 – 5번 호흡
12 드와다샤	들숨	다리를 앞으로
13 트라요다샤	날숨	몸을 굽혀 턱을 정강이로
14 차투르다샤	들숨	올라오고, 다리를 앞으로 들고, 양손을 허리에 얹고 – 5번 호흡
	날숨	사마스티티

아르다 밧다 파드모따나아사나 (9동작)

1 에캄	들숨	오른 다리 접어 올리고, 오른손 등 뒤로 돌려 오른발 잡고
2 드웨	날숨	왼손을 바닥에 짚으며 몸을 앞으로 접고, 아르다 밧다 파드모따나아사나 – 5번 호흡
3 트리니	들숨	고개를 들고, 등을 펴고
	날숨	
4 차트와리	들숨	올라오고

5 판차	날숨	다리를 내려놓고
6 셋	들숨	왼 다리 접어 올리고, 왼손 등 뒤로 돌려 왼발 잡고
7 삽타	날숨	오른손을 바닥에 짚으며 몸을 앞으로 접고, 아르다 밧다 파드모따나아사나 – 5번 호흡
8 아쉬토	들숨	고개를 들고, 등을 펴고
	날숨	
9 나와	들숨	올라오고
	날숨	사마스티티

웃카타아사나 (11동작)

1 에캄	들숨	양손을 들어 합장하고
2 드웨	날숨	앞으로 몸을 접고, 우따나아사나
3 트리니	들숨	고개를 들고, 등을 펴고
4 차트와리	날숨	점프 백, 차투랑가 단다아사나
5 판차	들숨	업독
6 셋	날숨	다운독
7 삽타	들숨	앞으로 점프, 웃카타아사나 – 5번 호흡
	날숨	몸을 앞으로 접으며 손을 바닥에 짚고
8 아쉬토	들숨	몸을 들어 올리고
9 나와	날숨	점프 백, 차투랑가 단다아사나
10 다샤	들숨	업독
11 에카다샤	날숨	다운독

비라바드라아사나 A와 B (14동작)

7 삽타	들숨	비라바드라아사나 A 오른쪽 – 5번 호흡
8 아쉬토	날숨	비라바드라아사나 A 왼쪽 – 5번 호흡
9 나와	들숨	비라바드라아사나 B 왼쪽 – 5번 호흡
10 다샤	날숨	비라바드라아사나 B 오른쪽 – 5번 호흡
	날숨	손을 바닥에 짚고

11 에카다샤	들숨	몸을 들어 올리고
12 드와다샤	날숨	차투랑가 단다아사나
13 트라요다샤	들숨	업독
14 차투르다샤	날숨	다운독

파스치마따나아사나 A, D (14동작)

7 삽타	들숨	점프 스루, 단다아사나 – 5번 호흡
	날숨	
8 아쉬토	들숨	발가락을 잡고(A), 고개를 들고
9 나와	날숨	몸을 접고, 파스치마따나아사나 – 5번 호흡
10 다샤	들숨	고개를 들고, 등을 펴고
	날숨	
8 아쉬토	들숨	손목을 잡고(D), 고개를 들고
9 나와	날숨	몸을 접고, 파스치마따나아사나 – 5번 호흡
10 다샤	들숨	고개를 들고, 등을 펴고
	날숨	
11 에카다샤	들숨	몸을 들어 올리고
12 드와다샤	날숨	점프 백, 차투랑가 단다아사나
13 트라요다샤	들숨	업독
14 차투르다샤	날숨	다운독

푸르보따나아사나 (13동작)

7 삽타	들숨	점프 스루
	날숨	손을 엉덩이 뒤쪽 바닥에 짚고
8 아쉬토	들숨	올라오고, 푸르보따나아사나 – 5번 호흡
9 나와	날숨	내려오고
10 다샤	들숨	몸을 들어 올리고
11 에카다샤	날숨	점프 백, 차투랑가 단다아사나
12 드와다샤	들숨	업독
13 트라요다샤	날숨	다운독

아르다 밧다 파드마 파스치마따나아사나 (20동작)

7 삽타	들숨	점프 스루, 오른발 접어 잡고
8 아쉬토	날숨	몸을 접고, 아르다 밧다 파드마 파스치마따나아 사나 - 5번 호흡
9 나와	들숨	고개를 들고
	날숨	
10 다샤	들숨	몸을 들어 올리고
11 에카다샤	날숨	점프 백, 차투랑가 단다아사나
12 드와다샤	들숨	업독
13 트라요다샤	날숨	다운독
14 차투르다샤	들숨	점프 스루, 왼발 접어 잡고
15 판차다샤	날숨	몸을 접고, 아르다 밧다 파드마 파스치마따나아 사나 - 5번 호흡
16 쇼다샤	들숨	고개를 들고
	날숨	
17 삽타다샤	들숨	몸을 들어 올리고
18 아쉬타다샤	날숨	점프 백, 차투랑가 단다아사나
19 에쿠나빔샤티히	들숨	업독
20 빔샤티히	날숨	다운독

트리앙 무카 에카파다 파스치마따나아사나 (20동작)

7 삽타	들숨	점프 스루, 오른 다리 뒤로 접고
8 아쉬토	날숨	몸을 접고, 트리앙 무카 에카파다 파스치마따나 아사나 - 5번 호흡
9 나와	들숨	고개를 들고
	날숨	
10 다샤	들숨	몸을 들어 올리고
11 에카다샤	날숨	점프 백, 차투랑가 단다아사나
12 드와다샤	들숨	업독
13 트라요다샤	날숨	다운독

14 차투르다샤	들숨	점프 스루, 왼 다리 뒤로 접고
15 판차다샤	날숨	몸을 접고, 트리앙 무카 에카파다 파스치마따나 아사나 – 5번 호흡
16 쇼다샤	들숨	고개를 들고
	날숨	
17 삽타다샤	들숨	몸을 들어 올리고
18 아쉬타다샤	날숨	점프 백, 차투랑가 단다아사나
19 에쿠나빔샤티히	들숨	업독
20 빔샤티히	날숨	다운독

자누 쉬르샤아사나 A (20동작)

7 삽타	들숨	점프 스루, 오른발을 안으로 접고
8 아쉬토	날숨	몸을 접고, 자누 쉬르샤아사나 A – 5번 호흡
9 나와	들숨	고개를 들고
	날숨	
10 다샤	들숨	몸을 들어 올리고
11 에카다샤	날숨	점프 백, 차투랑가 단다아사나
12 드와다샤	들숨	업독
13 트라요다샤	날숨	다운독
14 차투르다샤	들숨	점프 스루, 왼발을 안으로 접고
15 판차다샤	날숨	몸을 접고, 자누 쉬르샤아사나 A – 5번 호흡
16 쇼다샤	들숨	고개를 들고
	날숨	
17 삽타다샤	들숨	몸을 들어 올리고
18 아쉬타다샤	날숨	점프 백, 차투랑가 단다아사나
19 에쿠나빔샤티히	들숨	업독
20 빔샤티히	날숨	다운독

자누 쉬르샤아사나 B (20동작)

| 7 삽타 | 들숨 | 점프 스루, 오른발을 안으로 접고 |

8 아쉬토	날숨	몸을 접고, 자누 쉬르샤아사나 B – 5번 호흡
9 나와	들숨	고개를 들고
	날숨	
10 다샤	들숨	몸을 들어 올리고
11 에카다샤	날숨	점프 백, 차투랑가 단다아사나
12 드와다샤	들숨	업독
13 트라요다샤	날숨	다운독
14 차투르다샤	들숨	점프 스루, 왼발을 안으로 접고
15 판차다샤	날숨	몸을 접고, 자누 쉬르샤아사나 B – 5번 호흡
16 쇼다샤	들숨	고개를 들고
	날숨	
17 삽타다샤	들숨	몸을 들어 올리고
18 아쉬타다샤	날숨	점프 백, 차투랑가 단다아사나
19 에쿠나빔샤티히	들숨	업독
20 빔샤티히	날숨	다운독

자누 쉬르샤아사나 C (20동작)

7 삽타	들숨	점프 스루, 오른발을 안으로 접고
8 아쉬토	날숨	몸을 접고, 자누 쉬르샤아사나 C – 5번 호흡
9 나와	들숨	고개를 들고
	날숨	
10 다샤	들숨	몸을 들어 올리고
11 에카다샤	날숨	점프 백, 차투랑가 단다아사나
12 드와다샤	들숨	업독
13 트라요다샤	날숨	다운독
14 차투르다샤	들숨	점프 스루, 왼발을 안으로 접고
15 판차다샤	날숨	몸을 접고, 자누 쉬르샤아사나 C – 5번 호흡
16 쇼다샤	들숨	고개를 들고
	날숨	
17 삽타다샤	들숨	몸을 들어 올리고
18 아쉬타다샤	날숨	점프 백, 차투랑가 단다아사나

| 19 에쿠나빔샤티히 | 들숨 | 업독 |
| 20 빔샤티히 | 날숨 | 다운독 |

마리챠아사나 A (20동작)

7 삽타	들숨	점프 스루, 오른 무릎 세우고, 양손 잡아 묶고
8 아쉬토	날숨	몸을 접고, 마리챠아사나 A – 5번 호흡
9 나와	들숨	고개를 들고
	날숨	
10 다샤	들숨	몸을 들어 올리고
11 에카다샤	날숨	점프 백, 차투랑가 단다아사나
12 드와다샤	들숨	업독
13 트라요다샤	날숨	다운독
14 차투르다샤	들숨	점프 스루, 왼 무릎 세우고, 양손 잡아 묶고
15 판차다샤	날숨	몸을 접고, 마리챠아사나 A – 5번 호흡
16 쇼다샤	들숨	고개를 들고
	날숨	
17 삽타다샤	들숨	몸을 들어 올리고
18 아쉬타다샤	날숨	점프 백, 차투랑가 단다아사나
19 에쿠나빔샤티히	들숨	업독
20 빔샤티히	날숨	다운독

마리챠아사나 B (20동작)

7 삽타	들숨	점프 스루, 왼발 안으로, 오른 무릎 세우고, 양손 잡아 묶고
8 아쉬토	날숨	몸을 접고, 마리챠아사나 B – 5번 호흡
9 나와	들숨	고개를 들고
	날숨	
10 다샤	들숨	몸을 들어 올리고
11 에카다샤	날숨	점프 백, 차투랑가 단다아사나
12 드와다샤	들숨	업독

13 트라요다샤	날숨	다운독
14 차투르다샤	들숨	점프 스루, 오른발 안으로, 왼 무릎 세우고,
		양손 잡아 묶고
15 판차다샤	날숨	몸을 접고, 마리챠아사나 B – 5번 호흡
16 쇼다샤	들숨	고개를 들고
	날숨	
17 삽타다샤	들숨	몸을 들어 올리고
18 아쉬타다샤	날숨	점프 백, 차투랑가 단다아사나
19 에쿠나빔샤티히	들숨	업독
20 빔샤티히	날숨	다운독

마리챠아사나 C (16동작)

7 삽타	들숨	점프 스루
	날숨	오른쪽으로 비틀면서 양손 잡아 묶어 자세 잡
		고, 마리챠 아사나 C – 5번 호흡
8 아쉬토	들숨	몸을 들어 올리고
9 나와	날숨	점프 백, 차투랑가 단다아사나
10 다샤	들숨	업독
11 에카다샤	날숨	다운독
12 드와다샤	들숨	점프 스루
	날숨	왼쪽으로 비틀면서 양손 잡아 묶어 자세 잡고,
		마리챠아사나 C – 5번 호흡
13 트라요다샤	들숨	몸을 들어 올리고
14 차투르다샤	날숨	점프 백, 차투랑가 단다아사나
15 판차다샤	들숨	업독
16 쇼다샤	날숨	다운독

마리챠아사나 D (16동작)

7 삽타	들숨	점프 스루
	날숨	왼발은 반연꽃 자세로, 오른 무릎 세우고, 오른

쪽으로 비틀고, 양손 잡아 묶고, 마리챠아사나
D – 5번 호흡

8 아쉬토	들숨	몸을 들어 올리고
9 나와	날숨	점프 백, 차투랑가 단다아사나
10 다샤	들숨	업독
11 에카다샤	날숨	다운독
12 드와다샤	들숨	점프 스루
	날숨	오른발은 반연꽃 자세로, 왼 무릎 세우고, 왼쪽으로 비틀고, 양손 잡아 묶고, 마리챠아사나 D – 5번 호흡
13 트라요다샤	들숨	몸을 들어 올리고
14 차투르다샤	날숨	점프 백, 차투랑가 단다아사나
15 판차다샤	들숨	업독
16 쇼다샤	날숨	다운독

나바아사나 (11동작)

7 삽타	들숨	점프 스루, 다리 들고, 팔 앞으로 뻗고, 나바아사나 – 5번 호흡
8 아쉬토	들숨	몸을 들어 올리고 7 삽타, 8 아쉬토를 다섯 번 반복하고
9 나와	날숨	점프 백, 차투랑가 단다아사나
10 다샤	들숨	업독
11 에카다샤	날숨	다운독

부자피다아사나 (13동작)

7 삽타	들숨	점프하며 팔에 다리를 걸고, 발을 교차하고
8 아쉬토	날숨	몸을 접어 턱을 바닥에 대고, 부자피다아사나 – 5번 호흡
9 나와	들숨	올라와 상체를 세우고
	날숨	

10 다샤	들숨	바카아사나
11 에카다샤	날숨	점프 백, 차투랑가 단다아사나
12 드와다샤	들숨	업독
13 트라요다샤	날숨	다운독

숩타 쿠르마아사나 (14동작)

7 삽타	들숨	점프 스루, 쿠르마아사나 – 5번 호흡
8 아쉬토	날숨	양손을 뒤로 둘러 맞잡고
9 나와		발을 교차하고, 숩타 쿠르마아사나 – 5번 호흡
10 다샤	들숨	머리 뒤에 발을 교차한 채로 몸을 들어 올려 고개를 들고
	날숨	
11 에카다샤	들숨	바카아사나
12 드와다샤	날숨	점프 백, 차투랑가 단다아사나
13 트라요다샤	들숨	업독
14 차투르다샤	날숨	다운독

가르바 핀다아사나 (13동작)

7 삽타	들숨	점프 스루, 단다아사나
8 아쉬토	날숨	연꽃 자세, 팔을 끼우고, 얼굴을 감싸고, 가르바 핀다아사나 – 5번 호흡
9 나와	들숨	원을 그리며 구른다
		(내쉬는 숨에 내려가고, 들이쉬는 숨에 올라오고)

쿡쿠타아사나 (13동작)

9 나와	들숨	몸을 들어 올리고, 쿡쿠타아사나 – 5번 호흡
	날숨	몸을 내리고, 팔을 빼고
10 다샤	들숨	몸을 들어 올리고
11 에카다샤	날숨	점프 백, 차투랑가 단다아사나

| 12 드와다샤 | 들숨 | 업독 |
| 13 트라요다샤 | 날숨 | 다운독 |

밧다 코나아사나 (15동작)

7 삽타	들숨	점프 스루, 두 발을 모으고
8 아쉬토	날숨	몸을 접으며, 가슴을 바닥으로, 밧다 코나아사나 (A) – 5번 호흡
9 나와	들숨	올라오고
10 다샤	날숨	몸을 둥글게 말아서, 머리를 발바닥으로, 밧다 코나아사나 (B) – 5번 호흡
11 에카다샤	들숨	올라오고
	날숨	
12 드와다샤	들숨	몸을 들어 올리고
13 트라요다샤	날숨	점프 백, 차투랑가 단다아사나
14 차투르다샤	들숨	업독
15 판차다샤	날숨	다운독

우파비쉬타 코나아사나 (14동작)

7 삽타	들숨	점프 스루, 두 발을 잡고
8 아쉬토	날숨	몸을 접고, 우파비쉬타 코나아사나 – 5번 호흡
9 나와	들숨	고개를 들고
	날숨	
10 다샤	들숨	다리를 들고, 위를 보고 – 5번 호흡
	날숨	
11 에카다샤	들숨	몸을 들어 올리고
12 드와다샤	날숨	점프 백, 차투랑가 단다아사나
13 트라요다샤	들숨	업독
14 차투르다샤	날숨	다운독

숩타 코나아사나 (14동작)

7 삽타	들숨	점프 스루
	날숨	자리에 눕고
8 아쉬토	들숨	다리를 넘겨, 발가락을 잡고, 숩타 코나아사나 – 5번 호흡
9 나와	들숨	굴러 올라오고
	날숨	내려가고
10 다샤	들숨	고개를 들고
	날숨	
11 에카다샤	들숨	몸을 들어 올리고
12 드와다샤	날숨	점프 백, 차투랑가 단다아사나
13 트라요다샤	들숨	업독
14 차투르다샤	날숨	다운독

숩타 파당구쉬타아사나 (26동작)

7 삽타	들숨	점프 스루
	날숨	자리에 눕고
8 아쉬토	들숨	오른 다리 들어 발가락을 잡고
9 나와	날숨	몸을 들어 턱을 정강이에 대고 – 5번 호흡
10 다샤	들숨	머리를 바닥으로
11 에카다샤	날숨	오른 다리 옆으로 내리고, 왼쪽을 보고 – 5번 호흡
12 드와다샤	들숨	오른 다리 정면으로 가져오고
13 트라요다샤	날숨	몸을 들어 턱을 정강이에 대고
14 차투르다샤	들숨	머리만 바닥으로
15 판차다샤	날숨	오른 다리 내려놓고
16 쇼다샤	들숨	왼 다리 들어 발가락을 잡고
17 삽타다샤	날숨	몸을 들어 턱을 정강이에 대고 – 5번 호흡
18 아쉬타다샤	들숨	머리를 바닥으로
19 에쿠나빔샤티히	날숨	왼 다리 옆으로 내리고, 오른쪽을 보고 – 5번 호흡
20 빔샤티히	들숨	왼 다리 정면으로 가져오고

21 에카빔샤티히	날숨	몸을 들어 턱을 정강이에 대고
22 드와빔샤티히	들숨	머리를 바닥으로
23 트라요빔샤티히	날숨	왼 다리 내려놓고
24 차투르빔샤티히	들숨	차크라아사나
	날숨	차투랑가 단다아사나
25 판차빔샤티히	들숨	업독
26 쇼다빔샤티히	날숨	다운독

우바야 파당구쉬타아사나 (13동작)

7 삽타	들숨	점프 스루
	날숨	자리에 눕고
8 아쉬토	들숨	다리를 넘기고
	날숨	발가락을 잡고
9 나와	들숨	굴러 올라와 위를 보고, 우바야 파당구쉬타아사나 – 5번 호흡
	날숨	
10 다샤	들숨	몸을 들어 올리고
11 에카다샤	날숨	점프 백, 차투랑가 단다아사나
12 드와다샤	들숨	업독
13 트라요다샤	날숨	다운독

우르드바 무카 파스치마따나아사나 (15동작)

7 삽타	들숨	점프 스루
	날숨	자리에 눕고
8 아쉬토	들숨	다리를 넘기고
	날숨	발을 잡고
9 나와	들숨	굴러 올라와 팔을 편 채로 균형 잡고
10 다샤	날숨	턱을 다리에 붙이고, 우르드바 무카 파스치마따나아사나 – 5번 호흡
11 에카다샤	들숨	고개를 들고, 팔을 펴고

	날숨	자세를 유지하고
12 드와다샤	들숨	몸을 들어 올리고
13 트라요다샤	날숨	점프 백, 차투랑가 단다아사나
14 차투르다샤	들숨	업독
15 판차다샤	날숨	다운독

세투 반다아사나 (13동작)

7 삽타	들숨	점프 스루, 자리에 눕고
8 아쉬토	날숨	양팔을 교차하고 다리를 조정하여 자세를 준비
		하고
9 나와	들숨	몸을 들어 올리고, 세투 반다아사나 – 5번 호흡
10 다샤	날숨	내려오고
11 에카다샤	들숨	차크라아사나
	날숨	차투랑가 단다아사나
12 드와다샤	들숨	업독
13 트라요다샤	날숨	다운독

우르드바 다누라아사나 (13동작)

7 삽타	들숨	점프 스루, 자리에 눕고
8 아쉬토	날숨	자세를 준비하고
9 나와	들숨	들어 올리고, 우르드바 다누라아사나 – 5번 호흡
10 다샤	날숨	내려오고
		9 나와, 10 다샤를 세 번 반복하고
11 에카다샤	들숨	차크라아사나
	날숨	차투랑가 단다아사나
12 드와다샤	들숨	업독
13 트라요다샤	날숨	다운독

파스치마따나아사나 (14동작)

7 삽타	들숨	점프 스루
	날숨	
8 아쉬토	들숨	발이나 손목을 잡고, 고개를 들고
9 나와	날숨	몸을 접고, 파스치마따나아사나 – 10번 호흡
10 다샤	들숨	고개를 들고, 등을 펴고
	날숨	
11 에카다샤	들숨	몸을 들어 올리고
12 드와다샤	날숨	점프 백, 차투랑가 단다아사나
13 트라요다샤	들숨	업독
14 차투르다샤	날숨	다운독

사르방가아사나 (11동작)

7 삽타	들숨	점프 스루
	날숨	자리에 눕고
8 아쉬토	들숨	들어 올리고, 사르방가아사나 – 15~25번 호흡

할라아사나 (11동작)

| 8 아쉬토 | 날숨 | 발을 넘기고, 양손을 깍지 끼고, 할라아사나 – 8번 호흡 |

카르나피다아사나 (11동작)

| 8 아쉬토 | 날숨 | 무릎을 접고, 카르나피다아사나 – 8번 호흡 |

우르드바 파드마아사나 (12동작)

| 9 나와 | 들숨 | 공중에서 연꽃 자세 취하고, 우르드바 파드마아사나 – 8번 호흡 |

핀다아사나 (12동작)

9 나와		날숨	두 팔로 감싸고, 핀다아사나 – 8번 호흡

마츠야아사나 (12동작)

9 나와		날숨	가슴을 들어 올리고, 마츠야아사나 – 8번 호흡

우따나 파다아사나 (12동작)

9 나와	들숨	자세를 취하고, 우따나 파다아사나 – 8번 호흡
	날숨	내려오고
10 다샤	들숨	차크라아사나
	날숨	차투랑가 단다아사나
11 에카다샤	들숨	업독
12 드와다샤	날숨	다운독

쉬르샤아사나 (13동작)

7 삽타	날숨	준비하고
8 아쉬토	들숨	들어 올리고, 쉬르샤아사나 – 15~25번 호흡
9 나와	날숨	절반만 내려오고 – 10번 호흡
	들숨	들어 올리고
10 다샤	날숨	내려오고
		발라아사나 – 5번 호흡
11 에카다샤	날숨	점프 백, 차투랑가 단다아사나
12 드와다샤	들숨	업독
13 트라요다샤	날숨	다운독

밧다 파드마아사나 / 요가 무드라 (14동작)

7 삽타	들숨	점프 스루

| 8 아쉬토 | 날숨 | 자세를 취하고 |
| 9 나와 | 날숨 | 몸을 숙여 요가 무드라 – 10번 호흡 |

파드마아사나 (14동작)

| 10 다샤 | 들숨 | 올라와서, 자세를 취하고, 파드마아사나 – 10번 호흡 |

우트플루티히 (16동작)

11 에카다샤	들숨	몸을 들어 올리고, 우트플루티히 – 10번 이상 호흡
12 드와다샤	날숨	점프 백, 차투랑가 단다아사나
13 트라요다샤	들숨	업독
14 차투르다샤	날숨	다운독
15 판차다샤	들숨	앞으로 점프, 고개를 들고
16 쇼다샤	날숨	앞으로 몸을 접고, 우따나아사나
	들숨	사마스티티
1 에캄	들숨	손을 들어 올리고
2 드웨	날숨	몸을 앞으로 접고, 우따나아사나
3 트리니	들숨	고개를 들고, 등을 펴고
4 차트와리	날숨	점프 백, 차투랑가 단다아사나
5 판차	들숨	업독
6 셋	날숨	다운독
7 삽타	들숨	점프 스루, 자리에 눕고, 휴식

수리야 나마스카라 A

수리야 나마스카라 B

선 자세

파당구쉬타아사나

파다하스타아사나

웃티타 트리코나아사나

파리브리따 트리코나아사나

웃티타 파르쉬바코나아사나

파리브리따 파르쉬바코나아사나

프라사리타 파도따나아사나 A

프라사리타 파도따나아사나 B

프라사리타 파도따나아사나 C

프라사리타 파도따나아사나 D

파르쉬보따나아사나

웃티타 하스타
파당구쉬타아사나 A

웃티타 하스타
파당구쉬타아사나 B

웃티타 하스타
파당구쉬타아사나 C

아르다 밧다
파드모따나아사나

웃카타아사나

비라바드라아사나 A

비라바드라아사나 B

앉은 자세

단다아사나

파스치마따나아사나 A

파스치마따나아사나 D

푸르보따나아사나

아르다 밧다 파드마
파스치마따나아사나

트리앙 무카 에카파다
파스치마따나아사나

자누 쉬르샤아사나 A

자누 쉬르샤아사나 B

자누 쉬르샤아사나 C

마리챠아사나 A

마리챠아사나 B

마리챠아사나 C

마리챠아사나 D

나바아사나(다섯 번)

부자피다아사나　　　　　　쿠르마아사나　　　　　숩타 쿠르마아사나

가르바 핀다아사나　　　쿡쿠타아사나　　　밧다 코나아사나 A　　밧다 코나아사나 B

우파비쉬타 코나아사나

숩타 코나아사나

숩타 파당구쉬타아사나

우바야 파당구쉬타아사나

우르드바 무카
파스치마따나아사나

세투 반다아사나

후굴

우르드바 다누라아사나
(세 번)

파스치마따나아사나

마치는 자세

살람바 사르방가아사나

할라아사나

카르나피다아사나

우르드바 파드마아사나

핀다아사나

마츠야아사나

우따나 파다아사나

쉬르샤아사나

밧다 파드마아사나

요가 무드라

파드마아사나

우트플루티히

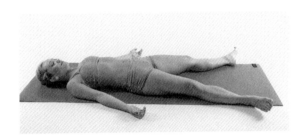

수카아사나

갸나 딥티르 Jnana Diptir '지혜의 등불'이라는 뜻의 산스크리트 단어. 아쉬탕가 요가의 내적인 수련을 통해 얻게 되는 자각의 빛으로서 무지의 어둠을 몰아낸다.

구나 Guna '가닥'이나 '줄'이라는 뜻의 산스크리트 단어. 사트바, 라자스, 타자스라는 세 가지 구나는 물질계를 이루는 세 가지 본질적인 성질이다.

그란티 Granthi 미세한 몸의 중심 통로에 있는 에너지적, 카르마적 매듭들. 에너지의 상승을 가로막는 장애물들이다. 요가 수련을 통해 정화하고 태워 버려야 한다.

나디 Nadi 미세한 몸에 있는 에너지 통로들. 하타 요가의 고전 문헌에는 72,000개의 나디가 있다고 기술되어 있다. 요가 수련을 통해 나디를 정화한다.

나디 쇼다나 Nadi Shodhana 나디 즉 신경의 정화. 아쉬탕가 요가의 인터미디어트 시리즈를 가리키는 다른 이름이며, 양쪽 콧구멍으로 번갈아 가며 호흡하는 교대 호흡법을 지칭하는 이름이기도 하다.

나울리 크리야 Nauli Kriya 《하타 요가 프라디피카》에 기술된 집중 정화법. 아랫배를 강하게 끌어당기고 복부를 좌우로 세게 움직여 장기를 정화한다.

네티 크리야 Neti Kriya 《하타 요가 프라디피카》에 기술된 코 정화법. 물을 이용하여 비강을 청소한다.

니야마 Niyama 파탄잘리의 《요가 수트라》에 있는 아쉬탕가 요가의 여덟 단계 중 두 번째 단계. 요가의 원칙들에 따라 자기 자신을 대하도록 안내하는 다섯 가지 권계로 이루어져 있다.

다라나 Dharana 집중. 파탄잘리의 아쉬탕가 요가 여덟 단계 중 여섯 번째 단계.

드리쉬티 Drishti 스리 K. 파타비 조이스의 아쉬탕가 요가에서 각 자세마다 정해져 있는 응시점. 마음을 한곳에 모아 강해지도록 훈련하는 방법이다. 아쉬탕가 요가의 세 가지 핵심 요소 중 하나.

드릭-스티티 Dhrik-Sthiti 시선의 안정. 감각 기관을 통해 들어오는 에너지의 흐름을 통제하는 능력. 주의를 한 점에 모으는 절대적인 집중.

디비야 데하 Divya Deha 신성한 몸. 모든 하타 요가 수련의 목표.

디야나 Dhyana 명상, 파탄잘리의 아쉬탕가 요가 여덟 단계 중 일곱 번째 단계.

라자스 Rajas 세 가지 구나 중 하나. 활동성, 에너지, 열정과 관련된다.

로바 Lobha 탐욕. 스리 K. 파타비 조이스가 언급한 여섯 가지 독(毒) 중 하나.

루드라 그란티 Rudra Granthi 수슘나 나디를 따라 놓여 있는 세 개의 그란티 중 하나. 요가 수련을 통해 정화해야 하는 매듭이다. 미간에 위치해 있다.

리쉬 Rish 보는 자, 현자. 베다를 처음 받은 현자를 의미하기도 한다.

마나스 Manas '마음'을 뜻하는 산스크리트 단어. 치따를 이루는 세 가지 요소 중 하나. 비교적 자동적으로 정보를 처리하는 마음의 측면을 상징한다.

마노마야 코샤 Manomaya Kosha 다섯 겹의 코샤 중 세 번째로, 정신적인 몸 또는 생각의 몸을 상징한다.

마다 Mada   나태. 스리 K. 파타비 조이스가 언급한 여섯 가지 독(毒) 중 하나.

마이소르 방식 Mysore Style   아쉬탕가 요가를 수련하는 방식. 스리 K. 파타비 조이스가 살면서 요가를 가르치던 인도 남부의 도시 마이소르에서 그 이름이 유래했다. 수련생들이 자세들을 기억한 뒤 자신의 속도에 따라 스스로 진행하는 방식으로서 필요할 때만 지도자들의 도움을 받는다.

마하바라타 Mahabharata   산스크리트 어로 쓰인 대서사시. 악으로 상징되는 카우라바들과 선으로 상징되는 판다바들의 전투에 관한 이야기로서, 요가적인 가르침을 전하는 바가바드 기타가 담겨 있다.

마하브리탐 Mahavritam   위대한 서약. 계급, 인종, 성별, 시간에 상관없이 누구나 지켜야 할, 파탄잘리 《요가 수트라》의 야마와 니야마를 가리킨다.

맛사리야 Matsarya   질투. 스리 K. 파타비 조이스가 언급한 여섯 가지 독(毒) 중 하나.

모하 Moha   망상. 스리 K. 파타비 조이스가 언급한 여섯 가지 독(毒) 중 하나.

물라 반다 Mula Bandha   뿌리 잠금. 골반 기저근의 조임으로 행한다. 척추 아래의 쿤달리니를 일깨우는 수련법.

미묘한 몸 Subtle Body   훈련되지 않은 마음은 감지하기 어려운 미묘한 감각으로 이루어진 몸.

바가바드기타 Bhagavad Gita   대서사시 마하바라타의 핵심적인 부분으로서, 쿠르크셰트라 전쟁 전야에 신의 현현인 크리슈나가 왕자 아르주나에게 요가를 가르친다.

바사나 Vasana   개인적인 삼스카라들의 집합.

바즈라 데하 Vajra Deha   견고한 몸. 금강석처럼 강하며 빛나는 몸. 하타 요가 아사나 수련의 명시적인 목표 중 하나.

반다 Bandha '잠금'이라는 뜻의 산스크리트 단어로서 몸 안의 세 가지 에너지적인 잠금(물라 반다, 웃디야나 반다, 잘란다라 반다)을 가리킨다.

베다 Veda 기원전 1,300년경부터 지어진 것으로 여겨지는 고대의 경전. 리그베다, 야주르베다, 사마베다, 아타르바베다 등 네 가지 주요 작품으로 이루어진다.

붓디 Buddhi 치따를 이루는 세 가지 요소 중 하나. 높은 지성과 지혜의 근원. 식별하는 안목을 가리킨다.

브라마 그란티 Brahma Granthi 브라마와 관련된 카르마적 매듭. 에너지가 몸의 중심 통로로 상승하지 못하도록 가로막는 세 가지 장애물 중 하나로서 엉치뼈(천골)에 있다.

브라마차리야 Brahmacharya 성적 충동의 절제. 파탄잘리의 《요가 수트라》에서 네 번째 야마.

브라만 Brahman 단일한 우주적인 신성(神性). 지고의 신.

브리띠 Vritti 치따라고 알려진 의식의 장에 나타나는 물결 또는 파동. 고통을 일으킬 수도 있고 무해할 수도 있다.

비갸나마야 코샤 Vijnanamaya Kosha 다섯 가지 코샤 중 두 번째로 미묘한 코샤. 지혜의 몸을 상징한다. 붓디와 관련된다. 깨달음에 가깝지만 아직 마지막 단계는 아니다.

비베카 키야티르 Viveka Khyatir 진실을 식별하는 안목. 파탄잘리의 《요가 수트라》에서 아쉬탕가 요가의 여덟 단계가 지향하는 목표 중 하나. 진실을 알아보는 능력.

비슈누 그란티 Vishnu Granthi 수슘나 나디를 따라 놓여 있는 세 개의 그란티 중 하나. 요가 수련을 통해 정화해야 하는 매듭이다. 가슴 센터에 위치해 있다.

빈야사 Vinyasa 호흡과 동작의 일치. 아쉬탕가 요가의 기초를 이룬다. 각각의 동작을 산스크리트 어 숫자로 세며 행하는 요가 수련법이다.

사마디 Samadhi 파탄잘리의 《요가 수트라》에 기술되어 있는 아쉬탕가 요가의 여덟 가지 단계 중에서 마지막 단계이다. 평화로운 마지막 상태.

사트바 Sattva 세 가지 구나 중 하나. 평화, 조화로움, 균형과 관련된다.

사티야 Satya 진실함. 파탄잘리의 《요가 수트라》에서 두 번째 야마.

산토샤 Santosha 만족. 파탄잘리의 《요가 수트라》에서 두 번째 니야마.

삼스카라 Samskara 치따 속에 뿌리 내린 생각 패턴과 행동 패턴. 제거되지 않으면 계속 되풀이된다.

샤우챠 Shauca 정결. 파탄잘리의 《요가 수트라》에서 첫 번째 니야마.

수슘나 나디 Sushumna Nadi 척추와 연관된, 몸의 중심축을 따라 뻗어 있는 중심 나디. 요가 수련을 통해 생명력(쿤달리니)이 이 길을 따라 상승하여 정수리에 도달하면 영적인 자유에 이를 수 있다고 한다.

스와디야야 Svadyaya 영적인 자기탐구. 파탄잘리의 《요가 수트라》에서 네 번째 니야마, 크리야 요가의 두 번째 요소. 경전을 읽을 때의 공부 체계.

아그니 Agni 불(火)을 뜻하는 산스크리트 단어. 아그니라는 신으로 상징되기도 한다.

아난다마야 코샤 Anandamaya Kosha 인간의 몸을 이루는 다섯 가지 코샤 가운데 가장 안쪽에 있는 층. 지복의 몸. 사마디와 연관된다.

아드바이타 베단타 Advaita Vedanta 베다의 영적 전통을 따르는 철학으로서 비이원성, 즉 개인적인 자아와 지고의 신성한 참나가 분리되어 있지 않다는 근본적인 진실을 믿는다.

아쉬탕가 요가 Ashtanga Yoga　파탄잘리가 정립한 여덟 단계 요가의 길. 스리 K. 파타비 조이스가 보급한 요가 체계를 가리키는 말이기도 하며, 아쉬탕가 빈야사 요가라고도 불린다. 후자는 파탄잘리의 요가 수트라, 전통적인 하타 요가 자세들, 바가바드 기타의 철학이 결합된 요가 체계로서 영적 변형을 위한 종합 체계이다.

아스테야 Asteya　훔치지 않음. 파탄잘리의 《요가 수트라》에서 세 번째 야마.

아유르베다 Ayurveda　인도의 전통 의약 체계로서 '생명의 과학'이라는 뜻을 지니고 있다. 스리 K. 파타비 조이스는 요가 수련생들에게 아유르베다의 원리들을 따를 것을 강조했다.

아트만 Atman　시간과 공간을 초월하는 진실하고 영원한 자기 자신.

아파리그라하 Aparigraha　무집착 또는 무소유. 파탄잘리의 《요가 수트라》에서 다섯 번째 야마.

아함카라 Ahamkara　치따를 이루는 세 가지 요소 중 하나. 자아를 상징한다.

아힘사 Ahimsa　비폭력. 파탄잘리의 《요가 수트라》에서 첫 번째 야마.

안나마야 코샤 Annamaya Kosha　다섯 가지 코샤 가운데 가장 바깥에 있는 층. 음식과 연관되며, 때로는 음식의 몸이라 불리기도 한다.

야마 Yama　파탄잘리 《요가 수트라》에 기술된 아쉬탕가 요가의 여덟 단계 중 첫 번째 단계. 아힘사(비폭력), 사티야(진실함), 아스테야(훔치지 않음), 브라마차리야(성욕의 절제), 아파리그라하(무집착) 등 도덕적 계율로 이루어진다.

에카그라타 Ekagrata　한 점에 집중. 하나의 대상에 일정 시간 마음을 고정할 수 있는 능력.

여섯 가지 독(毒)　분노, 욕망, 탐욕, 나태, 질투, 망상 등 스리 K. 파타비 조이스가 언급한 여섯 가지 장애. 요가 수련을 통해 정화해야 한다.

요가 치킷사 Yoga Chikitsa　요가의 치유법. 스리 K. 파타비 조이스가 가르친 아쉬탕가 요가의 프라이머리 시리즈를 지칭하기도 한다.

우파니샤드 Upanishad　인도 영적 사상의 정통파들이 사상의 기초로 삼는 성스러운 경전.

웃자이 프라나야마 Ujjayi Pranayama　아쉬탕가 요가 수련에서 호흡법의 기초를 이루는 깊은 호흡 수련법. 들숨과 날숨을 같은 길이로 소리를 내며 호흡한다. 때로는 10초까지 길게 하기도 한다. '승리의 호흡'으로 번역된다.

이슈와라 프라니다나 Ishvara Pranidhana　신에게 헌신. 파탄잘리의 《요가 수트라》에서 다섯 번째 니야마, 크리야 요가의 세 번째 측면.

잘란다라 반다 Jalandhara Bandha　목 잠금. 턱으로 복장빗장(흉골쇄골) 관절을 누른다.

차크라 Chakra　'바퀴'라는 뜻으로, 미묘한 몸에 있는 에너지 센터들을 가리킨다. 인간의 에너지 체계에는 일곱 개의 주요 차크라가 있는데, 척추 밑에서 시작하여 정수리에서 끝난다.

치따 Citta　흔히 마음을 의미하며, 아함카라, 붓디, 마나스 등 세 가지 요소로 이루어진다. 여기에는 잠재의식과 의식의 흐름도 포함된다.

카르마 Karma　원인과 결과의 순환. 무한한 시간에 걸쳐 보편적인 규모로 계속된다.

카르마 아사야 Karma Asaya　여러 번의 생애를 거치며 쌓인 카르마 중에서 아직 남아 있는 카르마의 총합.

카마 Kama　욕망. 스리 K. 파타비 조이스가 언급한 여섯 가지 독(毒) 중 하나.

코샤 Kosha　살아 있는 존재를 구성하는 다섯 겹의 덮개 혹은 몸.

쿤달리니 Kundalini　잠들어 있는 생명력. 척추 아래쪽에 뱀처럼 똬리를 틀고 있다고 한다. 쿤달리니를 일깨워 몸의 중심축을 따라 정수리까지 상승시키고자 하는 수련법이 있다.

쿤달리니 샥티 Kundalini Shakti 여성적인 에너지로 여겨지는 생명력으로서 정수리로 상승하여 지고의 존재와 합일되면 영적인 자각이 실현된다고 한다.

크로다 Krodha 분노. 스리 K. 파타비 조이스가 언급한 여섯 가지 독(毒) 중 하나.

크리야 Kriya 물리적, 정신적, 감정적인 장애물을 제거하기 위한 요가의 정화 수련법.

타마스 Tamas 세 가지 구나 중 하나. 무지, 침체, 저항, 죽음과 관련된다.

타파스 Tapas 열기. 고행. 파탄잘리의 《요가 수트라》에서 세 번째 니야마, 크리야 요가의 첫 번째 요소. 아쉬탕가 요가를 통해 계발되는 정화의 불과 관련이 있다.

트리스타나 방법 Tristana Method 스리 K 파타비 조이스가 아쉬탕가 요가 매일 수련의 기초로 제시한 세 가지 요소. 호흡(웃자이 프라나야마를 기반으로 소리를 내는 깊은 호흡), 아사나(자세), 드리쉬티(응시점)로 이루어진다.

푸루샤 Purusha 전통적인 요가 철학에서 말하는, 영원하고 변화하지 않는 불멸의 참나. 때로는 개인의 영혼이나 범우주적인 영혼을 가리키기도 한다.

프라나 바유 Prana Vayu 생명력의 바람들. 프라나야마 같은 요가 수련을 통해 조절될 수 있다.

프라나야마 Pranayama 몸을 정화하는 호흡법으로서 고전적인 요가 수련법이다. 파탄잘리의 《요가 수트라》에 기술되어 있는 아쉬탕가 요가의 여덟 가지 단계 중에서 네 번째 길이다.

프라나마야 코샤 Pranamaya Kosha 다섯 가지 코샤 중 바깥에서 두 번째 층. 에너지의 몸 혹은 공기의 몸을 상징한다.

프라크리티 Prakriti 자연. 마음과 물질의 현상계로서 영원히 변한다. 세 가지 구나로 이루어진다.

프라티야하라 Pratyahara 외부세계로 향해 있는 감각을 철수하여 내면 깊은 곳을 자각하게 하는 감각 조절. 파탄잘리의 《요가 수트라》에 기술되어 있는 아쉬탕가 요가의 여덟 가지 단계 중에서 다섯 번째 길이다.

하타 요가 프라디피카 Hatha Yoga Pradipika 약 오백 년 전에 저술된 하타 요가의 고전. 아사나, 프라나야마, 반다 및 다른 요가 수행법에 대한 핵심적인 내용이 담겨 있다.

참고 문헌

Bryant, Edwin. *The Yoga Sutras of Patanjali*. New York: North Point Press, 2009.

Donahaye, Guy, and Eddie Stern. *Guruji: A Portrait of Sri K. Pattabhi Jois through the Eyes of His Students*. New York: North Point Press, 2012.

Feuerstein, Georg. *The Deeper Dimension of Yoga: Theory and Practice*. Boston: Shambhala Publications, 2003.

Frawley, David. *Yoga and Ayurveda: Self-Healing and Self-Realization*. Twin Lakes, Minn: Lotus Press, 1999.

Freeman, Richard. *The Mirror of Yoga: Awakening the Intelligence of Body and Mind*. Boston: Shambhala Publications, 2012.

Jois, Sri K. Pattabhi. *Yoga Mala: The Original Teachings of Yoga Master Sri K. Pattabhi Jois*. New York: North Point Press, 2010.

Long, Ray. *The Key Muscles of Hatha Yoga: Scientific Keys, Vol. I*. Baldvinsville, N.Y.: Bandha Yoga Publications, 2005.

Mohan, A. G., Ganesh Mohan. *Krishnamacharya: His Life and Teachings*. Boston: Shambhala Publications, 2010.

Swami Svatmarama. *Hatha Yoga Pradipika*, 3rd edition. Munger: Bihar School of Yoga, 1998.

Yogananda, Paramahansa. *The Yoga of the Bhagavad Gita*. Los Angeles: Self Realization Fellowship, 2007.

아쉬탕가 요가 프라이머리 시리즈의 자세 동영상은 www.shambhala.com이나 지은이의 웹사이트 www.kinoyoga.com에서 보실 수 있습니다.

옮긴이 홍승준

십수 년 전 미국 오클라호마 주립대학 서양철학과 4학년 재학 중 자동차 사고를 당하고 구사일생
으로 살아났으나 목 부상 후유증으로 자퇴했다. 이라크 파병 중에는 전쟁 지역에서 보게 된 인간
삶의 참상과 사막 대자연의 광막함으로부터 깊은 인상을 받아 마음공부를 시작했다. 우연한 기회
에 만난 아쉬탕가 요가를 통해 여러모로 큰 도움을 받게 되어 인도를 오가며 수련하고 있으며, 구
리시 〈구리 아쉬탕가 요가원〉에서 강사로 일하고 있다.
그동안 번역한 책으로는 리노 밀레의 《아쉬탕가 요가》가 있다.

옮긴이 김윤

서울대학교 경영학과를 졸업했다. 지금은 자유롭고 평화로운 삶으로 안내하는 글들을 우리말로
옮기고 소개하는 일을 하고 있다. 그동안 번역한 책으로는 《네 가지 질문》 《기쁨의 천 가지 이름》
《가장 깊은 받아들임》 《아잔 차 스님의 오두막》 《지금 여기에 현존하라》 《고요한 현존》 《현존 명상》
《모든 것은 하나다》 등이 있고, 공역한 책으로는 《순수한 앎의 빛》 《사랑에 대한 네 가지 질문》 《직
접적인 길》 《요가 매트 위의 명상》 《요가 수업》 등이 있다.

아쉬탕가 요가의 힘

초판 1쇄 발행	2017년 11월 20일
3쇄 발행	2018년 8월 1일
2판 1쇄 발행	2019년 7월 15일
3판 1쇄 발행	2020년 12월 8일
4판 1쇄 발행	2023년 10월 25일

지은이 키노 맥그레거
옮긴이 홍승준, 김윤

펴낸이 김윤
펴낸곳 침묵의 향기
출판등록 2000년 8월 30일. 제1-2836호
주소 10401 경기도 고양시 일산동구 무궁화로 8-28
　　　삼성메르헨하우스 913호
전화 031) 905-9425
팩스 031) 629-5429
전자우편 chimmukbooks@naver.com
블로그 http://blog.naver.com/chimmukbooks

ISBN 978-89-89590-69-9 03690

*책값은 뒤표지에 있습니다.